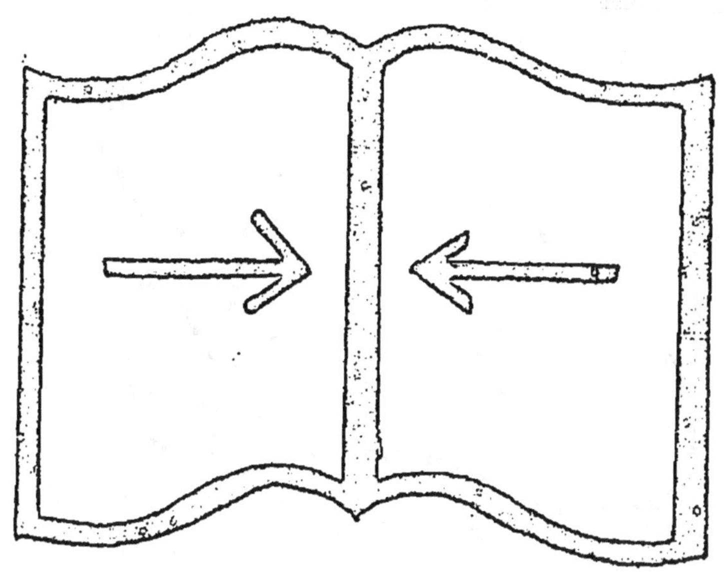

RELIURE SERREE
Absence de marges
intérieures

VALABLE POUR TOUT OU PARTIE DU
DOCUMENT REPRODUIT

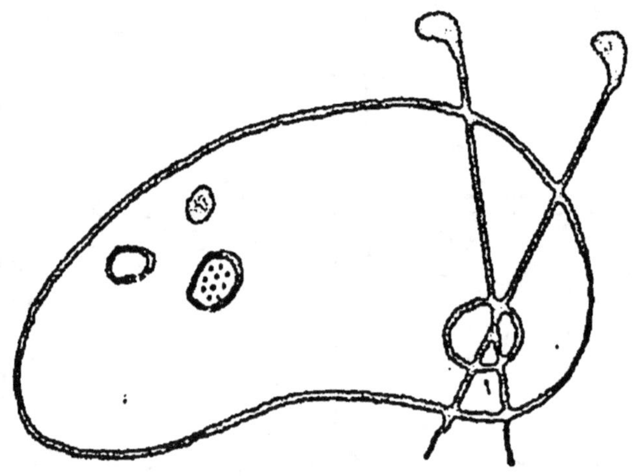

Début d'une série de documents
en couleur

L'ESPION ANGLOIS,

OU

CORRESPONDANCE SECRETE

ENTRE

MILORD ALL'EYE

ET

MILORD ALL'EAR.

Singula quæque notando. Hor.

Nouvelle Edition, revue, corrigée & considérablement augmentée.

TOME CINQUIEME.

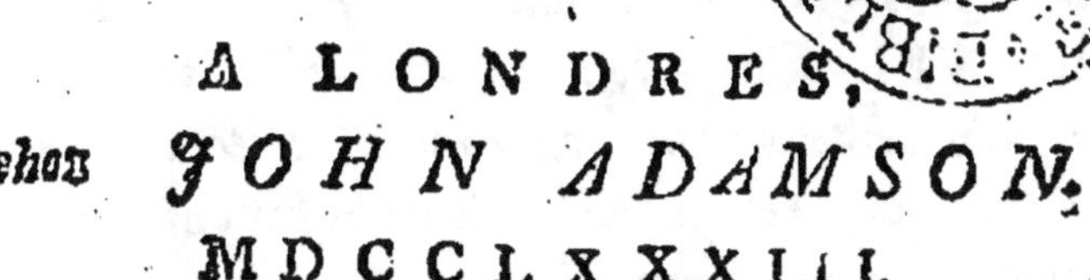

A LONDRES,

chez *JOHN ADAMSON.*

MDCCLXXXIII.

LETTRES

Contenues dans le cinquieme Volume.

LETTRE I. *Sur M. Franklin. Dialogue avec lui. Faits qui annoncent la continuation des irréfolutions du Miniftere de France, & de la Paix conféquemmnent.*   1

LETTRE II. *Sur un livre nouveau intitulé: Aux manes de Louis XV, des grands hommes qui ont vécu fous fon regne; fur l'Auteur: digreffion fur les Cenfeurs.*   32

LETTRE III. *Des Converfations du jour de l'an. Anecdotes, Hiftoriettes.*   63

LETTRE IV. *Tableau général des impofitions du Royaume, année 1777: entretien à ce fujet avec un membre de la Cour des Aides & un premier Commis des finances.*   84

LETTRE V. *fur M. de la Chalotais. Anecdotes nouvelles fur ce Procureur général. Extraits d'un mémoire qu'il compofa fur fon affaire & refté manufcrit. Faits relatifs aux Etats de Bretagne de 1776.*   126

LETTRE VI. *Suite du même Sujet.*   156

LETTRE VII. *Suite de l'examen du Tableau des impofitions pour l'année 1777.*   171

LETTRE VIII. *Sur le journal des Théâtres; fur fon Auteur; fur fon Procès. Pieces de littérature rejetées de ce journal & qui méritent d'être connues & confervées.*   202

TABLE

LETTRE IX. *Séance du Parlement. Représentations de cette Cour, sur l'emprunt de
Janvier Innovation de M. Necker dans
la maniere de le faire. Remontrances de
la Cour des Aides de 1777.*   227

LETTRE X. *Suspension du journal de Paris;
son rétablissement. Anecdote qui a donné lieu à la premiere.*   253

LETTRE XI. *Dénonciations au Parlement
contre les Ex-Jésuites. Faits & Ecrits relatifs à ce sujet.*   271

LETTRE XII. *Sur M. Delisle de Salces,
& sur son livre de la Philosophie de la
Nature.*   302

Fin de la table.

AVERTISSEMENT

DES

LIBRAIRES ANGLOIS.

VOICI enfin les tomes 5, 6 & 7 d'un ouvrage attendu depuis si longtems du public ; du moins à en juger par les sollicitations fréquentes de nos confreres à cet égard. Nous regardons comme superflu d'entrer dans le détail des raisons de notre retard ; il nous suffira d'avouer notre tort & de promettre d'être désormais plus exacts à tenir notre engagement pour la continuation. Elle paroîtra successivement à des époques plus rapprochées jusqu'à la fin de la guerre actuelle.

Un autre reproche que nous entendons faire, c'est d'avoir changé le titre d'Observateur en celui d'Espion. Le dernier avoit en effet répugné à notre délicatesse, comme bas & malhonnête ; mais un critique nous a séverement relevés, & nous devons rapporter ses raisons qui nous justifieront mieux que tout ce que nous pourrions dire. Voici le Paragraphe tiré de la Gazette littéraire de L'Europe (mois de Mai 1778) „ Il paroît d'abord que „ celui d'Espion Anglois à Paris auroit mieux

,, convenu, auroit été plus juste, plus piquant
,, plus analogue à l'ouvrage. Sans doute, on
,, l'aura trouvé trop effrayant dans les cir-
,, constances actuelles, & l'on aura jugé celui
,, d'Observateur plus honnête. Nous préfu-
,, mons d'autant mieux que tel étoit le plan,
,, qu'il en a résulté une balourdise grossiere
,, dans la lettre en forme de Préface, adres-
,, sée par Milord All'Eye à Milord All'Ear,
,, auquel il dit : je tranche le mot :,, Vous
,, me regardez comme propre à être votre
,, observateur; quoique ce titre n'aille guere
,, avec celui d'Anglois, je l'accepte.
,, Assurément il faudroit que le politique fût
,, un débarqué du pole, n'ayant jamais en-
,, tendu parler d'aucune nation de l'Europe
,, pour croire pareille chose & ne pas mieux
,, définir un peuple, appelé pas excellence le
,, peuple pensant; ou l'Ecrivain un Ostrogoth,
,, initié récemment dans la langue Françoise
,, pour ne pas mieux connoître l'acception du
,, mot Observateur; &, pour comble d'absur-
,, dité, c'est un Milord qui est censé le proférer.
,, Au contraire, substituez-y celui d'Espion,
,, la phrase devient claire; elle contient une
,, louange incontestable de la loyauté, de la
,, générosité des Anglois. Ce qui confirme en-
,, core mieux notre soupçon, c'est le point de
,, vue sous lequel l'Auteur expose lui même
,, son projet. Il annonce que c'est pour sup-

,, pléer à la difette totale où l'on eſt à Londres
,, de Gazette Françoiſe; car le Courier de
,, l'Europe n'étoit pas commencé alors.,, Il
,, continue:

,, J'écrirai jour par jour ce que j'aurai vu,
,, lu ou entendu de mémorable. Et en y ajou-
,, tant de courtes réflexions propres à mieux
,, développer les faits, j'eſpere remplir mon
,, engagement d'une façon plus fatisfaiſante que
,, de toute autre maniere. Je vous mettrai de-
,, vant les yeux le peuple chez lequel je vis,
,, pour ainſi parler, toujours en mouvement.
,, Vous paſſerez en revue tour-à-tour les
,, perſonnages remarquables dans tous lesgen-
,, res, à meſure qu'ils feront ſur la ſcene, &
,, vous les apprécierez vous-même.

,, Or, cette occupation de notes journalie-
,, res, courtes & priſes à la hâte, décele beau-
,, coup mieux le travail furtif & découſu
,, d'un Eſpion que celui d'un Obſervateur,
,, qui réfléchit, combine à l'aiſe & arrange
,, lentement."

D'Après ces Obſervations, il eſt clair que
notre premier tort étoit envers l'Auteur; que
nous n'aurions pas dû être plus difficiles que
lui & que nous n'avons pu nous diſpenſer de
nous rendre à ſon deſir de le faire paroître
ſous ſa dénomination véritable.

Quant à cet Auteur, l'apparition des volumes que nous publions va dérouter bien des

ſpéculateurs & démentir bien des propos. Ce n'eſt pas qu'il n'y ait des connoiſſeurs fins, qui jugeront que ce n'eſt plus le même Ecrivain, le même homme; & cependant nous pouvons leur certifier que notre Eſpion n'a été ni empallé, ni roué, ni pendu, n'eſt mort ni phyſiquement, ni civilement, & que c'eſt toujours lui. Il nous charge, au ſurplus, de déſavouer un ſupplément prétendu à l'Eſpion Anglois qu'on a mis ſous ſon nom, & de déclarer qu'il ne connoît ni l'Eſpion François à Londres, ni l'Eſpion des Boulevards, ni l'Eſpion dévaliſé, & qu'il n'a ni ne veut avoir rien de commun avec ces confreres de trop mauvaiſe & trop dangereuſe compagnie.

L'ESPION

L'ESPION ANGLOIS.

LETTRE I.

Sur M. Franklin. Dialogue avec lui. Faits qui annoncent la continuation des irréfolutions du Miniftere de France, & de la Paix conféquemment.

Vous favēz que tout eft mode, Milord, dans ce pays frivole, & que tel perfonnage y occupe fouvent la fcene, moins par fon importance véritable que par une vogue paffagere qu'il doit à quelque circonftance bizarre. Affurément, fi jamais Etranger auroit dû faire fenfation à Paris par fon apparition fubite, ç'auroit été M. *Deane*, lorfqu'il y vint l'année derniere, chargé de deux commiffions, l'une de cimenter des relations de commerce déjà établies entre les François & les Américains, l'autre de propofer au Miniftere une alliance conçue dans les termes les plus étendus. Quel étonnant fpectacle en effet que de voir à la Cour d'un Monarque devenu prefque defpote (1), qui prétend ne tenir fa couronne que de Dieu, ne devoir rendre compte de fa conduite qu'à Dieu, un fier Infurgent, venir lui apprendre

---

(1) Il faut faire attention que c'eft un Anglois qui parle dans le génie & fuivant les préjugés de fa nation. *Note de l'Editeur.*

Tome. *V.*　　　　　A

qu'il eſt un contrat entre ſa Nation & ſon Souverain ; que tous deux ſont également obligés d'en remplir les conditions, & que lorſque celui-ci les enfreint, il délie néceſſairement celle-là de ſon ſerment: & non-ſeulement lui apprendre ces maximes ſi nouvelles à Verſailles, mais lui propoſer de les adopter de fait, & en l'établiſſant juge entre le Roi de la Grande-Bretagne & ſes ſujets, de reconnoître les derniers comme n'étant plus rebelles, parce qu'ils ſe ſont déclarés indépendans; de qualifier le premier un Monarque de tirannique, parce qu'il ſe ſert de ſa puiſſance pour les faire rentrer dans leur devoir; enfin, dans les vues de juſtice & d'humanité dignes d'un grand Roi, de prendre les armes pour les tirer de l'oppreſſion. [L'obſcurité dans laquelle affectoit de vivre cet Agent miſtérieux, étoit une raiſon de plus d'exciter la curioſité; & l'éclat que fit bientôt le Lord *Stormont* en éventant ſa retraite, & en reprochant aux Miniſtres de Louis XVI d'avilir la dignité de leur Maître en formant des liaiſons ſecretes avec un traître, lui donna d'ailleurs une publicité qui ne le laiſſoit plus dans *l'incognito.*]

Quoi qu'il en ſoit, on ſavoit vaguement qu'un Négociateur Américain étoit à Paris; mais beaucoup de gens en ignoroient juſqu'au nom; perſonne n'étoit empreſſé de le voir, de ſuivre ſes démarches; &, depuis qu'on en avoit annoncé la venue, on avoit preſque oublié ſon ſéjour dans cette Capitale. Il n'en a pas été de même de M. *Franklin*; à peine étoit-il arrivé à Nan-

tés qu'on l'a fu à Paris; qu'on a fu qu'il avoit
amené deux prifes Angloifes avec lui; qu'il étoit
parti le 15 Décembre pour fe rendre ici. Dès
lors on a commencé à s'informer de ce qu'il venoit faire. On a répondu pour les fots qu'il venoit fe repofer; qu'il avoit amené fes enfans, afin
de leur donner une éducation parifienne, & de
leur apprendre la langue de ce pays; que fes compatriotes & lui renonçoient à avoir aucune liaifon
avec l'Angleterre & vouloient déjà *françifer* leur
race future. Dès le port où il avoit débarqué, on
commençoit à l'aduler; on écrivoit: (1) „ le voya-
„ ge a un peu fatigué ce vieillard vénérable; je
„ l'ai trouvé trop âgé pour le bonheur du mon-
„ de: vous le connoiffez fans doute de réputa-
„ tion, car où la fienne n'a t-elle pas péné-
„ tré? Il eft de notre Académie des Sciences (2)
„ & autant admiré de l'Europe par fes rares ta-
„ lens, fes connoiffances prodigieufes, qu'il eft
„ refpecté, chéri, adoré de fa Patrie."

Dès qu'on a été informé que ce Député du Congrès étoit parti de Nantes, on s'eft hâté de guet-
ter le moment de fon entrée dans cette capitale;
on auroit été l'attendre fur le chemin pour prévenir fon arrivée & fatisfaire fa curiofité, fi l'on
eût été fûr de la route qu'il avoit prife, du jour
& de l'heure de fa venue. On n'a pas tardé à

---

(1) Extrait d'une lettre de Nantes du 9 Décembre 1776.
(2) Il eft en effet affocié étranger de l'Académie Royale
des Sciences depuis 1772.

être informé qu'il avoit choisi pour logement le même hôtel garni où étoit M. *Deane*, & celui ci reçoit de l'association de son fameux collegue une célébrité qu'il n'auroit peut-être jamais eue. Il paroît qu'il reste cependant renfermé dans les fonctions obscures & minutieuses du commerce, de la dispensation des fonds, de la comptabilité, lorsque l'autre traite les grands objets des négociations & de la politique. Ils-vivent sans appareil, sans luxe, sans ostentation ; ils ont seulement leurs commodités, leurs aises ; ils sont dans une honnêteté bourgeoise. Pour mieux vous faire connoître, Milord, ce qu'on pense ici du dernier, combien & comment on s'en occupe, voici ce que je lis dans le bulletin, attribué à un homme de qualité (1) qui rédige jour par jour ce qui se passe de plus intéressant dans Paris & l'envoie à ses amis de province & des pays étrangers.

15 Janvier 1777. ,, Le Docteur *Franklin*, ar-
,, rivé depuis peu dans ce pays-ci des Colonies
,, Angloises, est très-couru, très-fêté, non-seu-
,, lement des Savans, ses confreres, mais de tous
,, les gens qui peuvent le posséder, car il se
,, communique avec difficulté & vit dans une ré-
,, serve qu'on lui croit prescrite par le Gouverne-
,, ment. Ce Quaker est dans tout le costume de
,, sa secte. Il a une belle phisionomie, des
,, lunettes toujours sur les yeux, peu de cheveux,
,, un bonnet de peau qu'il porte constamment sur

____

(1) M. l'Abbé de Flamarens.

„ fa tête, point de poudre, mais un air net;
„ du linge extrêmement blanc, un habit brun,
„ font toute fa parure. Il porte pour feule dé-
„ fenfe un bâton à la main.

„ Il eft fort circonfpect en public fur les nou-
„ velles de fon pays qu'il vante beaucoup : il dit
„ que le Ciel, jaloux de fa beauté, lui a en-
„ voyé le fléau de la guerre. Nos efprits forts
„ l'ont adroitement fondé fur fa religion, & ils
„ ont cru entrevoir qu'il étoit de la leur; c'eft
„ à dire qu'il n'en avoit point.

„ On n'a pas manqué de graver M. *Franklin*,
„ dont le portrait eft devenu l'Etrenne à la mode
„ pour cette année : on l'a fur fa cheminée,
„ comme on avoit autrefois un pantin; & le cos-
„ tume fimple & fingulier de ce grave perfon-
„ nage fait tourner fon effigie en dérifion par
„ nos femmes & nos petits maîtres, à peu près
„ comme celle du futile colifichet qui fervoit de
„ joujou il y a trente ans.

„ Ce nouveau Député des Infurgens, du refte,
„ n'a point paru jufqu'ici à Verfailles; on croit
„ que c'eft concerté pour ne point effaroucher
„ l'Ambaffadeur d'Angleterre qui a fait des ré-
„ quifitions vigoureufes à fon fujet & auroit defi-
„ ré qu'on ne l'eût pas reçu dans cette capitale,
„ & qu'on l'eût même renvoyé de France auffi
„ promptement qu'il y étoit venu. S'il voit nos
„ Miniftres, c'eft à Paris, c'eft la nuit, c'eft
„ dans le plus grand fecret; mais il a de fré-
„ quentes conférences avec les Sieurs de *Beau-*

„ *marchais* & le Rez-de *Chaumont.* Le premier
„ eſt le *toutou* de M. & Mad. De *Maurepas*, &
„ vraiſemblablement le porteur de paroles.] Quant
„ au ſecond, c'eſt un homme ardent, induſtrieux,
„ cupide, & qui embraſſeroit à lui ſeul le com-
„ merce des treize colonies unies, s'il le pouvoit."

Pour moi, Milord, ne pouvant réſiſter à mon
envie extrême de voir ce ſage Américain que j'a-
vois connu en Angleterre, je lui ai écrit un mot
pour lui demander s'il n'y auroit point d'indiſcré-
tion à l'aller trouver, & il m'a répondu très-
honnêtement, en me diſant qu'il me préviendroit,
ſans la néceſſité où il étoit de ne viſiter aucun
Anglois. Je me ſuis rendu chez lui au jour & à
l'heure indiqués. Après les premiers complimens
& les plus tendres embraſſades, je ne lui ai pas
diſſimulé que j'étois gros de queſtions, que je lui
en ferois peut-être de téméraires; mais qu'il auroit toute la liberté de n'y pas donner de ſolution;
à quoi il a répliqué en riant, qu'il la prendroit,
quand je ne la lui accorderois pas.

L'ANGLOIS.

Je ſuis ſincerement pénétré d'admiration pour
vos compatriotes, qui, après avoir épuiſé tous
les moyens offerts par les loix de défendre leur
droits, ont enfin pris la réſolution généreuſe de
repouſſer la force par la force, & d'apprendre
aux Souverains qu'il eſt un terme à leur puiſſance
lorſqu'ils en abuſent. Il faut de tems en tems à
la terre de ces ſpectacles, &, s'il étoient renou-
velés plus ſouvent, le deſpotiſme n'auroit pas fait

les progrès rapides avec lesquels il s'avance même sur la tête des Anglois ; mais plus l'effort est grand, plus il doit être soutenu & sans vous départir d'une défense légitime & vigoureuse, ne vous êtes-vous pas trop pressés , en publiant votre acte d'indépendance, de vous ôter toute ressource de réunion avec la Mere-Patrie, autrement que par la conquête, c'est-à-dire l'esclavage ?

M. FRANKLIN.

Il est parmi nous des gens sensés qui l'ont pensé, & le pensent encore mieux à présent. La nécessité nous a forcés à cet acte, sans lequel nous n'avions aucun secours à attendre de la France, je dis aucun secours militaire; car elle n'auroit pas mieux demandé que de continuer à enrichir sourdement son commerce à nos dépens, de rester spectatrice tranquile de nos débats, de laisser s'épuiser réciproquement d'hommes & d'argent la Mere Patrie & nous, pendant cette lutte sanglante qui pourroit durer aussi longtems que celle des Provinces-Unies contre l'Espagne. D'un autre côté, elle refusoit constamment jusque-là, non-seulement de recevoir les projets de Traité que M. *Deane* avoit présentés, mais même de reconnoître la qualité de Commissaire que le Congrès lui avoit donnée: elle se bornoit à lui accorder, comme particulier, le même azile & la même protection dont jouissent tous les étrangers qui habitent le Royaume; elle nous menaçoit de prohiber très séverement à ses sujets l'exportation des armes & des munitions de guerre directement pour l'Amérique septentrionale, de défendre à nos corsaires de vendre leurs prises dans ses ports, & aux négocians de les acheter, de ne permettre même aux premiers d'y séjourner que le tems prescrit par le Traité d'Utrecht (1) & sous les conditions expresses portées dans ce même Traité.

L'ANGLOIS.

Eh bien ! cela devoit vous rendre suspectes les insinuations de la France, qui sentoit l'importance de cette démarche, pour être bien assurée de votre rupture, de l'impossibilité de votre réconciliation avec la Mere-Patrie, de la dépendance où vous alliez être d'elle, & de tous les avantages qu'elle espéroit d'une scission funeste aux deux Etats & dont elle seule recueilleroit le fruit sans se compromettre & sans s'avancer qu'autant & jusqu'où elle le voudroit bien.

M. FRANKLIN.

Oui ; mais nous avions besoin de la France, & la France n'avoit pas besoin de nous. Son Ministre des affaires étrangeres nous exposoit, d'ailleurs, que son Maître, ami de la paix, sentant combien elle étoit encore nécessaire à son Royaume

(1) L'Article 15 de ce Traité porte en substance : „ Que „ les parties contractantes (la France & l'Angleterre) ne „ permettront pas à leurs ennemis respectifs d'armer dans „ leurs ports, d'y vendre leurs prises, & d'y séjourner „ au-delà du tems requis pour réparer leurs dommages, „ & se pourvoir des choses nécessaires pour être en état „ de remettre à la mer.

me, ne pouvoit se hazarder à donner affez d'ombrage à la Cour de Londres pour s'attirer fon reffentiment, fans que les malheurs de la guerre qui en devoient réfulter, ne fuffent au moins compenfés par un Traité qui procurât des fruits durables; que ces fruits ne pouvoient être que la diminution de la puiffance Angloife par notre féparation abfolue & irrévocable, & l'équilibre rétabli fur les mers & dans le commerce, dont la balance penchoit trop énormément en faveur de cette rivale.

L'ANGLOIS.

Ainfi c'étoit à qui pafferoit le premier. Le Congrès ne vouloit pas prudemment déclarer avec éclat votre indépendance que vous ne fuffiez affurés de la bonne foi de la France par des fecours réels, efficaces, en activité; & la France vous en refufoit jufqu'à ce qu'elle fût certaine qu'ils ne tourneroient pas à fon détriment & à fa confufion.

M. FRANKLIN.

Outre la raifon d'utilité, la premiere en politique, M. *de Vergennes* nous en donnoit une de dignité: c'eft que la France en prévénant par fa déclaration de guerre, notre ruptare ouverte, fembloit devenir l'auteur de notre révolte; & confirmer les bruits peu honorables qu'on répandoit à cet égard; au lieu qu'en ne faifant que nous appuyer dans notre fciffion & dans la formation de notre nouvel Etat, elle ufoit d'un droit, d'un bénéfice de commerce, conduite dont elle ne feroit que la premiere à donner l'exemple, & à laquelle s'empresseroient bientôt de se conformer les autres Etats maritimes. Il n'y avoit guere de réplique à ces objections.

L'ANGLOIS.

Ainsi vous vous êtes déterminés à prouver votre bonne foi en abjurant authentiquement toute réconciliation avec une marâtre qui vous traitoit plutôt comme ses ennemis que comme ses enfans. La démarche étoit indispensable : mais j'en reviens à ma premiere idée, c'est que cette démarche qui a fixé sur vous les yeux de l'un & l'autre Hémisphere, n'a, ce me semble, pas été suivie des efforts héroïques qu'elle exigeoit & auxquels on s'attendoit. Suivant les relations de la derniere campagne. Vous avez laissé bien facilement prendre poste aux Anglois dans l'Isle des Etats, à l'Isle longue, à New-York : on regardoit comme plus aisé de s'opposer à leur descente, que de les repousser aujourd'hui qu'ils sont maîtres de tous ces lieux, & qu'ils s'y sont fortifiés.

M. FRANKLIN.

Vraiment, voilà un des principaux objets de ma venue., pour dessiler les yeux du Ministere François, qui, refroidi sensiblement par ces mauvaises nouvelles, avoit besoin d'être éclairé. Si nous avions été maîtres de repousser de vive force les *Howe*, & de les empêcher de prendre pied lorsqu'ils traînoient à leur suite une escadre formidable & une armée de troupes réglées, bien disciplinées, nombreuses & fournies abondammenr

dé tout, nous aurions été dès-lors en état de
nous foutenir par nous-mêmes, & nous n'aurions
pas eu befoin de recourir à aucun allié. Notre
Général *Washington*, vrai *Fabius*, a fait ce que
la prudence exigeoit; le plus habile ne fe fût pas
mieux conduit. Sans aucune marine pour le fe-
courir dans la défenfe des côtes, il n'avoit que
des milices mal-aguerries, mal pourvues d'armes,
qu'il ne pouvoit pas recruter facilement; il falloit
ne point fe laiffer entamer, tout attendre du bénéfice du tems, & fe réduire à une guerre de
chicane, qui en exerçant nos troupes, en les
fortifiant, en formant nos Officiers, nous rendra
quelque jour capables d'actions plus brillantes.
Ce font les Ruffes qui s'inftruifent à l'école des
Suédois; ou plutôt, il n'y a point de comparaifon
à faire. Quand nous avons commencé à combattre, nous n'avions que notre courage pour nous,
ni habits, ni canon, ni fufils, ni munitions; &
les caricatures des Soldats Boftoniens dont on
égayoit la populace Angloife, n'étoient que trop
juftes; mais fous cet acoutrement miférable &
grotefque dans ces individus peu façonnés à l'art
des combats, il réfidoit des ames enflammées de
l'amour de la liberté, & de la haine de la tirannie.

L'ANGLOIS.

Oui, mais aujourd'ui qu'on ne croit plus à ces
antiques vertus, c'eft par le nombre des batail-
lons, par un artillerie plus ou moins formidable,
par les talens des Généraux qu'on calcule les pro-
babilités de la victoire; & je me fuis bien douté

que si vous n'éblouissiez la France par des prodiges de valeur, elle ne vous tiendroit pas parole.

M. FRANKLIN.

Elle présente des raisons plausibles de retard ;
elle ne veut rien faire sans le concours de l'Espagne ; & cette Puissance, fatiguée de l'échec
reçu à la côte d'Afrique, de la campagne qu'elle
vient de faire contre les Portugais, a besoin d'un
peu de repos. D'ailleurs, cette année est encore
nécessaire à la France, afin de remonter sa marine, d'approvisionner ses ports & arsenaux, de se
concilier les Puissances neutres, de cerner en
quelque sorte les Anglois, & les priver de tous
leurs alliés, en convainquant ceux-ci de la modération de Sa Majesté Très-Chrétienne, qui ne
travaille que pour le bonheur général.

L'ANGLOIS.

Au moins vous envoie-t-elle des secours indirects, plus considérables, plus utiles & plus efficaces que ceux que vous en avez reçus jusqu'à
présent ? car j'ai ouï-dire que vous aviez été
cruellement trompés ; que vos Capitaines s'en
étoient plaints dans les ports de France, & y
avoient reproché aux négocians & armateurs leur
mauvaise foi.

M. FRANKLIN.

Rien de plus vrai. Outre qu'ils nous vendoient
leurs marchandises au poids de l'or, c'est qu'ils
ne nous en donnoient que le rebut. A l'égard
des armes surtout, ils nous ont fait passer tous
aux fusils de réforme devenus en nos mains plus

funeftes à ceux qui les portoient qu'à nos ennemis ; & quant aux individus, l'Amérique a été
l'égout de la France. Au lieu d'Officiers expé-
rimentés dont nous avions befoin, de bons Ar-
tilleurs, d'Ingénieurs habiles, nous n'avons reçu
que de mauvais fujets, des efcrocs, des gens
perdus d'honneur & de dettes, ou des petits-maîtres avantageux, impudens, infultant à notre
franchife, à notre bonhommie, cherchant à dé-
baucher nos femmes & nos filles, propres à nous
infecter de leur corruption, nous apportant des
vices inconnus jufqu'à lors parmi nous.

L'ANGLOIS.

Auffi quel homme aviez-vous pour préfider à
ce triage? J'ai toujours été indigné de voir le
Sieur De *Beaumarchais* correfpondre avec M. *Deane.*
Que pouvoit il y avoir de commun entre un pareil
Agent & une République farouche & auftere?

M. FRANKLIN.

Ce n'eft pas nous qui l'avions choifi; on nous
l'avoit indiqué comme l'homme du Gouvernement
propre à fervir d'intermédiaire; il a bien fallu le
prendre; nous fommes même forcés de le conferver encore, vu les liaifons commencées avec
lui, qui ne peuvent fe rompre brufquement; mais
M. *Deane* doit le furveiller.

L'ANGLOIS.

N'importe: le vice & la vertu, l'honneur &
l'infamie ne doivent jamais fympathifer enfemble:
on dit même aujourd'hui publiquement que, par
fon indifcrétion, il a réveillé plus que jamais la

A 7

Vigilance de l'Ambaſſadeur de S. M. Britannique, & que les Miniſtres de Verſailles ſont fort embarraſſés de répondre à ſes plaintes, articulées dans le plus grand détail; on dit qu'en conſéquence la frégate *l'Amphitrite*, partie du Havre, eſt obligée de relâcher à l'Orient, ne partira pas.....

Ici, Milord, M. Franklin pouſſa un grand ſoupir, & reſta dans un morne ſilence qui me fit juger qu'il ne vouloit pas entrer en explication ſur ces faits particuliers dont je vous rendrai compte plus bas; je repris donc les objets de politique générale & continuai de la ſorte.

Le fâcheux de votre poſition, c'eſt que vous n'ayez pu tirer de votre propre fonds toutes les reſſources dont vous aviez beſoin; c'eſt qu'entre les diverſes nations auxquelles vous pouviez avoir recours, la France ait été la ſeule diſpoſée à vous entendre & la ſeule dans le fait en état de vous ſeconder; c'eſt qu'au moment où vous avez pris votre réſolution généreuſe, ſon Miniſtere ſe ſoit trouvé foible, indécis, *tâtonneur*, cherchant à pallier l'inconſéquence de ſa conduite avec ſes principes, incapable d'être ébloui par la gloire, plus brillante que ſolide, en effet, de procurer une puiſſante révolution, mettant de l'aſtuce où il auroit fallu de la grandeur, voulant vous laiſſer faire tous les eſſais périlleux à vos propres dépens, même aux riſques de manquer le but qu'elle enviſage, & ne ſe hazarder que lorſqu'un ſuccès certain couvrira la honte du rôle que l'Angleterre pourroit lui reprocher.......

Ici, Milord, nouveau foupir de M. Franklin, & continuation de filence. Je me tournai d'une autre maniere.

Quoi qu'il en foit, repris-je, plus on vous abandonne à vous-mêmes, plus vous exciterez d'admiration, fi, contre l'attente des Militaires de ce pays-ci, vous mettez en défaut l'art de vos ennemis & rendez leurs efforts vains.

M. FRANKLIN.

Je l'efpere, Milord; j'efpere que tous ces froids calculateurs apprendront que l'énergie de l'ame d'un peuple neuf devoit entrer pour quelque chofe dans leurs combinaifons, & qu'il n'eft nul parallele à établir entre des mercenaires, vendant leur fang à qui veut le payer, & des Spartiates le verfant pour la défenfe de la Patrie, combattant pour leurs foyers, pour fecouer, brifer les fers dont on cherche à les accabler.

L'ANGLOIS.

Au refte, fi (*Quod omen Deus avertat*) par une fatalité affligeante, défaftreufe pour l'humanité entiere, vous veniez à fuccomber, la France, à qui vous auriez à reprocher & votre défection, occafionnée par fes inftigations, & vos défaites, pour ne vous avoir pas tenu fes promeffes, vous feroit du moins utile malgré elle en ce moment. Le peuple Anglois, la Nation, le Monarque font fi outrés contre cette Puiffance, dont la conduite infidieufe les a jetés dans la crife la plus embarraffante où ils fe foient jamais trouvés, qu'ils vous accor-

deroient les conditions les plus avantageufes, fi vous
vouliez les feconder dans leur vengeance & faire
la guerre......

M. Franklin.

Arrêtez, Milord; point de ces fuppofitions
odieufes & exécrables. Jamais, non jamais d'alliance offenfive avec l'Angleterre, encore moins
contre la France notre bienfaitrice. J'ai la plus
grande confiance en fon Miniftre des affaires
étrangeres; je le crois incapable de nous tromper;
je le crois furtout trop bon politique pour ne pas
fentir toute l'importance de ce moment d'humilier
l'Angleterre, de profiter d'une occurence unique
& qui ne fe retrouvera plus, s'il laiffe paffer l'occafion; mais il n'eft pas feul dans le Confeil: il
y a des Miniftres qui ont une façon de voir moins
étendue, qui regardent comme tout bénéfice le
tems ou la France pourra refter dans cette neutra-
lité apparente; ils ne fentent pas que fi l'Angleterre fe fatigue dans cet intervalle, nous nous
affoiblirons encore plus & que notre indépendance confirmée, qui auroit peut-être été le fruit
d'une campagne vigoureufe, exigera, pour avoir
trop tardé, des années de guerre; qu'il faudra répandre une immenfité de tréfors, verfer des flots
de fang.

L'Anglois.

O Sage Américain! encore un coup, je vous
admire, je vous applaudis, je defire ardemment
que vous fouteniez vos privileges avec tout le

fuccès que mérite la bonté de votre caufe ; que lu Miniftere perfide, auteur de vos maux, fubiffe le châtiment qu'il mérite : mais j'aime ma patrie ; je ne puis m'empêcher de frémir en la voyant décheoir de fa fplendeur, en voyant la France s'élever fur fes débris & fur les vôtres ; car vous ne pouvez vous diffimuler qu'après avoir excité votre infurrection, elle ne rie intérieurement de vos fouffrances & de vos calamités.

M. FRANKLIN.

Je le fais.

L'ANGLOIS.

Vous ne pouvez attribuer le zele qu'elle femble témoigner pour votre défenfe ni à la conviction intérieure qu'elle a de la légitimité de votre querelle, ni à cet efprit de droiture & d'équité qui devroit être toujours le principe de la conduite des Souverains, encore moins à cet amour ardent de venger les droits de l'humanité bleffée.

M. FRANKLIN.

Je le fais.

L'ANGLOIS.

Vous ne pouvez vous cacher même qu'elle vous regarde intérieurement comme des rebelles, que fi les Américains de fes Colonies s'étoient portés a la centieme partie des excès que vous reproche l'Angleterre, les échaffauts n'euffent été dreffés ; les gibets, les roues n'euffent été remplis de victimes ; ou que, dans l'impoffibilité de punir, elle n'eût tenu la même condu.. que l'Angleterre;

elle n'eût jeté les hauts cris contre ceux qui
auroient affisté, secouru ses sujets révoltés, ou
conservé la moindre liaison avec eux :

M. FRANKLIN.

Je le sais.

L'ANGLOIS.

Pour mieux connoître le génie de ce Gouvernement, songez au peu d'attachement qu'il a pour
ses propres sujets, à son peu de reconnoissance
d'un dévouement aveugle , d'une idolatrie sans
bornes. Sans remonter bien loin, voyez comment, non par droit de conquête, mais par droit
de convenance & d'arrangement, en pleine paix,
ayant cédé à l'Espagne, les peuples de la Louisia-
ne, sans leur aveu, sans leur en avoir fait part,
ces peuples, par un excès d'amour envers leur Patrie,
ayant refusé de reconnoître leur nouveau Souverain, avant d'avoir reçu une réponse à leur dépu-
tation , à leurs dernieres instances pour rester
sous une domination qu'il chérissoient, ont été
victimes d'un zele si mal placé; comment douze
chefs , sans aucune forme de procès, ont été
fusillés impitoyablement, sans la moindre réclamation, sans la plus légere interposition des bons
offices de leur premier Souverain.

M. FRANKLIN.

Je le sais.

L'ANGLOIS.

Un exemple plus récent vous prouvera combien
son systême de despotisme est opposé au langage
qu'il vous tient à présent. Voyez comment la

Cour de Versailles en a usé à l'égard des Corses,
sur lesquels n'ayant d'autres droits qu'une cession
des Génois qu'elle savoit bien n'être pas leur
Souverain paisible & reconnu, dont ce peuple,
plus ami de la liberté que vous encore, & plus
cruellement vexé, repoussoit constamment la tirannie, après avoir servi de médiatrice contre les
opprimés & les opprimans, a prétendu acquérir
une autorité légitime de Genes qui ne l'avoit même pas, & qui, l'eût-elle eue, n'étoit pas en
droit de la céder sans l'aveu des Corses ?

M. FRANKLIN.

Je le sais.

L'ANGLOIS.

Voulez-vous enfin, une considération plus
puissante encore pour connoître le peu de foi à
ajouter à ses promesses, à ses engagemens même ?
Voyez comment, instigatrice des troubles de Po-
logne, des confédérations qui s'y sont élevées
pour repousser une Souveraine étrangere, qui
sembloit déjà regarder ce Royaume au rang de ses
Provinces, garante des Traités qui conservoient
l'indivisibilité de la République, elle a abandonné
ces peuples; elle a vu trois Puissances s'en partager les dépouilles impunément, & donner l'exemple le plus funeste aux petits Etats d'Allemagne &
de l'Europe entiere, exemple que cette partie du
monde policé n'offre nulle part depuis l'invasion
des peuples barbares.

M. FRANKLIN.

Je sais tout cela; mais, outre que ces faits

font du regne précédent ; outre que le Monarque & le Miniftere actuel de Verfailles fe conduifent d'une maniere différente ; outre que l'intérêt de la France eft aujourd'hui tellement lié avec le nôtre, qu'elle doit craindre prefqu'autant que le Congrès de nous voir retourner fous la domina-tion de l'Angleterre, c'eft qu'en politique comme en médecine, dans les crifes capitales où il va de la vie, on cherche à remédier au mal le plus grand & le plus preffant : nous ne pouvons prévoir ce qui arrivera dans un fiecle, dans cinquante ans.... Jugez par cette alliance monftrueufe à quel excès de défefpoir nous a porté la Mere-Patrie !

Ici, Milord, roulerent des larmes dans les yeux de ce vieillard vénérable, & je jugeai qu'il avoit le cœur profondément ulcéré. Je ne voulus pas le pouffer plus loin de queftions ; je crus devoir refpecter le rôle délicat qu'il remplit. J'avois tiré de lui le feul fecret que je defirois, & effentiel à nos amis de l'oppofition, favoir que la France commence déjà à tergiverfer avec ces peuples qu'elle a pouffés à la révolte, que l'Angleterre, toute déchirée de factions dans fon fein, toute démembrée de fes plus belles Provinces, toute fatiguée des efforts violens qu'elle a faits, l'effraie encore de l'ombre de fa puiffance ; que les Infurgens ne font pas à fe repentir de leur démarche de l'acte d'indépendance ; qu'ils ont de l'humeur, & que, tandis que les liens de la confanguinité, d'une même langue, des mêmes loix,

du même intérêt, ne font pas rompus, on pourroit les ramener. On le pourroit d'autant mieux
à préfent qu'ils n'ont jufqu'ici aucun Traité avec
la France, qu'elle n'a point prodigué encore fon
fang pour eux, & que fi elle leur a donné quelque
fecours en munitions ou en argent, elle en eft
bien dédommagée par le profit énorme de fes
commerçans avec les Etats-Unis.

Pour mieux appuyer les inductions que j'ai tirées
de ma converfation avec M. Franklin, je reviens,
Milord, aux faits, & furtout à ce qui concerne
cette fameufe frégate *l'Amphitrite* qui a occafionné
tant de fcandale à la Cour de Londres, & forcé
la France à des dénégations auffi fauffes qu'humiliantes. En effet, le port où s'eft conduit l'armement, qui, quoique marchand, eft en même tems
un port de Roi, le Sieur *de Beaumarchais*, qui
eft venu de Paris y préfider, connu par fes liaifons avec le Miniftere & les Infurgens, la nature
de fa cargaifon confiftant principalement en munitions de guerre, l'efpece de fes paffagers, la
plupart Officiers augmentés de grade, tout prou-
voit la collufion du Gouvernement avec les Armateurs; il fentoit fi bien les reproches dont étoit
fufceptible cette conduite, qu'il avoit cherché à
s'y dérober par le myftere du prépofé. Le Sieur
de Beaumarchais étoit refté au Havre fous un nom
étranger; mais fon amour-propre l'ayant fait fortir
trop tôt de fon incognito, (1) Le Lord *Stormont*

---

a été fur le champ informé, & a tourmenté la Cour
de Verfailles ; il fe plaint de l'activité de cet Agent
infatigable, ayant des correfpondances à Dunker-
que, à Nantes, à Bordeaux ; l'ame d'une compagnie de commerce qui s'eft affociée pour fournir
aux Américains tout ce qui peut nourrir & entretenir le feu de la révolte ; qu'on rencontre fur
toutes les routes ; qui fe tranfporte fans relâche
d'un port à l'autre ; qui vient d'expédier & fréter
récemment neuf gros navires pour le même objet.
Il a repréfenté avec autant de chaleur que de vérité, qu'il n'étoit pas poffible que, dans un Royaume où la volonté du Prince ne trouve point d'obftacle, où, par la nature des formalités, des réglemens & des gênes, l'on ne peut pas faire partir

---

Nous fommes peu émerveillés de la conduite du Sieur de
Beaumarchais, venu ici pour preffer le départ du Vaiffeau
deftiné à paffer chez les Infurgens, quoiqu'il eût en apparence voulu mettre du myftere dans fa miffion, puifqu'il
s'étoit déguifé fous un nom étranger, fe faifant appeler
M. Durand ; fon amour-propre, d'un autre côté, ne lui
a pas permis de garder l'incognito que fuppofoit fon nom,
& il a pouffé l'indifcrétion jufqu'à faire jouer fa comédie
du Barbier de Séville ; mais il en a été puni, car les habitans de cette ville, moins indulgens que vos Badauds, ne
l'ont nullement goûtée, & elle eft tombée ; par dérifion
on a demandé à la fin l'Auteur, qui, quoique dans une
loge, n'a ofé fe montrer. Il a cru faire fans doute un
grand préfent aux Infurgens en leur envoyant fon neveu de
l'Epine fils de l'Horloger, poliçon auquel il a fait avoir un
brevet de Capitaine, & pour le rendre plus agréable chez
fes nouveaux hôtes, il a farci les malles du jeune homme
d'une pacotille de fes mémoires, drames, comédies, &c.

une chaloupe, y charger une piece d'étoffe, y
embarquer un paffager, fans que le Miniftre de
la Marine en foit informé, des fecours fi confidérables, fi publics, fi longtems foutenus, fi néceffaires enfin à l'entretien de la guerre chez des
fujets révoltés de S. M. Britannique, annonçoient
affez clairement des intentions contraires à la te-
neur des traités.

Le Comte de Vergennes, étourdi, à répondu
à ces repréfentations par des expreffions de
furprife & d'indignation, & par la déclaration
pofitive qu'on ne fouffriroit jamais le trans-
port des armes & des munitions de guerre chez
les Américains ; que l'intention de Sa Majefté
étoit d'empêcher des entreprifes violant auffi effentiellement la paix fubfiftante entre les deux
Couronnes; il a rejeté ces abus fur M. De *Sartines*, & il pouvoit fe faire réellement que le Miniftre des affaires étrangeres, d'une politique
franche & fimple, ne participât point à ces infractions fourdes. Quoi qu'il en foit, le Sieur
de *Beaumarchais*, fpécialement défigné par le Lord
Stormont comme le recruteur des Infurgens, a reçu
ordre d'être plus circonfpect; il a déclaré à divers
Officiers qui font venus le trouver & lui faire
part de leur bonne volonté, qu'il ne pouvoit plus
rien pour eux; cependant il a pris leur adreffe,
ce qui prouve que cette réferve n'eft que momentanée & adaptée aux circonftances. Un autre fait
plus pofitif & plus concluant à l'extérieur, c'eft
qu'il a été expédié fur le champ un courier au

Havre dont on favoit bien fans doute que *l'Am-phitrite* étoit déjà partie. (1) L'objet annoncé étoit d'en empêcher le départ & d'en faire vifiter la cargaifon ; l'on croyoit en être quitte pour cet acte de bonne volonté fans effet ; heureufement les vents ont mieux fervi l'Angleterre que le Mi-niftre françois; cette frégate à été obligée de re-lâcher à l'Orient; on n'a pu fe difpenfer de la décharger, & l'on a vu fortir de fon ventre des canons, des boulets, de la poudre, des muni-tions de guerre de toute efpece, juftifiant trop bien les plaintes du Lord *Stormont*. On prétend que tout cela n'eft qu'un jeu, & qu'on y fera rentrer par *tribord* ce qu'on en a tiré de *bas-bord*. Je le croirois affez, furtout fi quelques meilleu-

res

---

(1) Extrait d'une lettre du Havre du 1er. Janvier 1777. Nous ne fommes point inquiets de *l'Amphitrite*, le navire de 20 canons, parti il y a environ quinze jours pour aller chez les Infurgéns porter des munitions de guerre & des Officiers. Voici ce qui nous raffure : trois jours après fon départ, le Miniftre de la Marine, toujours très-variable, envoya un courier pour arrêter ce bâtiment. On mit une chaloupe en mer avec des pilotes pour aller à fa pourfuite & le joindre, en cas qu'il eût été retardé par les vents ou quelque autre obftacle, mais ils parcoururent en vain toute la Manche jufqu'à fon débouchement; ils n'en purent rien apprendre; c'eft ce qui a fait préfumer qu'il a paffé fans difficulté. Il pouvoit y avoir 30 ou 40 Officiers fur ce Na-vire; les autres qui attendoient le départ du fecond bâti-ment, pour s'embarquer, ont reçu contr'ordre & font re-tournés à Paris. Il y a apparence que le Miniftre Anglois a parlé haut & a fait peur.

res nouvelles raniment le zèle des Députés des Infurgens, & l'efpoir de la France.

Quoi qu'il en foit, on étoit fi perfuadé ici de la deftination de ce bâtiment & de la contrebande qu'il devoit faire, que, peu après fon départ, ayant entendu une canonade vive au Havre, on ne douta pas que ce fût l'attaque de cette frégate par les Anglois qui l'attendoient: on a été jufqu'à dire qu'ils l'avoient coulé bas pour effrayer, par cet exemple terrible, les armateurs cupides qui formeroient de pareilles entreprifes, & les équipages trop dociles pour s'y prêter. Et j'ai entendu les politiques impartiaux convenir qu'ils ne pouvoient défaprouver cet acte de juftice que nos Compatriotes fe feroient fait eux-mêmes, voyant l'inutilité des réprefentations de l'Ambaffadeur, & l'hipocrifie du Miniftere François.

La Cour de Verfailles, malgré fa complaifance apparente en cette circonftance pour celle de Londres, eft, au furplus, fi peu difpofée à fe conduire avec fincérité, que l'on annonce que le Corfaire la *Réprefaille*, porteur de M. *Franklin*, après être refté au port de Nantes auffi longtems qu'il conviendra à fes vûes, après s'être recruté de Matelots François & y avoir pris toutes les munitions dont il a befoin, doit reffortir, ou eft peut être déjà refforti, non pour retourner en Amérique, mais pour exercer des incurfions aux côtes d'Angleterre, faire des prifes & les amener en France; on croit même que cet armement fera foutenu par des négocians François; je vois plufieurs fpéculateurs excités par le même efprit de rapine, qui n'attendent que le moment où le Gouvernement voudra bien le leur permettre, où du moins fermer les yeux pour, avec des lettres de marque prétendues du Congrès, armer des corfaires & faire le même métier.

Telle eft, Milord, la petite guerre fourde qu'on médite cette année, à moins que quelque grand coup frappé de part ou d'autre ne détermine le Cabinet de Verfailles ou à abandonner tout-à-fait les Infurgens, fi leurs affaires font défefpérées, ou à lever le mafque fi elles profperent. Jufque-là l'on continuera à parler à l'Ambaffadeur d'Angleterre le langage de la paix & de l'amitié, & l'on épuifera toutes les reffources de l'artifice & de la diffimulation pour calmer les juftes plaintes de la Grande-Rretagne, pour tromper fes foupçons, & arrêter les effets de fon reffentiment. Cependant, on s'applique avec une ardeur opiniâtre à l'augmentation de la Marine; on précipite dans tous les ports les conftructions & les aprovifionnemens néceffaires pour l'armement des vaiffeaux, & l'on doit détourner cette année une partie confidérable des revenus annuels pour fubvenir à ces frais extraordinaires. Il paroît même que les fonds du nouvel emprunt y feront abfolument confacrés (1) mais on a foin d'en déguifer l'emploi fous le prétexte de rembourfer des dettes

---

(1) Il s'agit d'un emprunt en viager par forme de loterie de 24 millions, enregiftré au Parlement le 7 Janvier 1777.

onéreufes auxquelles il eft effentiel de pourvoir, & afin de mieux en impofer à la Cour de Londres, on y a inféré cette phrafe remarquable :
„ Nous ne voyons aucun évenement qui puiffe „ déranger l'ordre général que nous nous propo„ fons, ou qui doive infpirer de l'inquiétude „ aux créanciers de l'Etat; car, indépendamment „ du défir que nous avons de conferver la paix, „ nous aurions pour les tems de crife des fecours „ extraordinaires que le zele de nos fideles fujets „ nous a toujours offerts, & dont la profpérité „ de notre Royaume nous permettroit de faire „ ufage...." Phrafe infidieufe, dont le double objet eft d'endormir d'une part l'Angleterre dans une fécurité funefte, & l'autre d'arrêter ces actes trop hoftiles par la crainte d'un ennemi déjà préparé dans fes reffources.

N'en croyez rien, Milord, les reffources de la France feront fans doute inépuifables quand il y aura de la bonne volonté & du zele; mais l'état de fes finances eft toujours miférable & très-embrouillé, à l'égard de fa marine; malgré tous les efforts actuels, elle eft encore en mauvais état. Voici, d'après mes relations des ports, quel eft le fyftême du jour: On fe contentera, pour ne point effaroucher les Anglois, d'envoyer des frégates aux Ifles du Vent & fous le Vent afin d'y favorifer, autant que faire fe pourra, toujours fans hoftilités ouvertes, le commerce des Infurgens, & la retraite de leurs corfaires qui y voudront armer ou conduire les prifes qu'ils auront faites.

même lér armateurs François à qui le jeu plaira, fous le pavillon des Etats-Unis. On fe flatte, vu l'éloignement des lieux & la longueur des rapports, qu'avant les éclairciffemens auxquels donneront lieu fans doute les nouvelles plaintes de l'Angleterre, il pourra furvenir des évenemens qui guideront plus furement la France dans fes démarches ultérieures. Quant à l'Europe, comme on eft informé que le projet du Miniftere Britannique eft d'empêcher les incurfions des corfaires Américains, ayant choifi les ports de France pour leurs places d'armes, & les pirates françois exerçant leur brigandage, fous le même pavillon ; de tenir en conféquence une efcadre d'obfervation, croifant depuis l'Irlande jufqu'à Cadix, & formant conjointement avec un certain nombre de frégates une chaîne non interrompue pour intercepter & fouiller tous les navires, & empêcher qu'il ne paffe aucun fecours, foit de la part de la France, foit de celle de l'Efpagne ; on propofe à cette derniere d'en combiner une propre à tenir tête à celle-là, à protéger le commerce des fujets refpectifs & furtout à empêcher ces vifites tyranniques. Il n'y a pas d'apparence que celle-ci, occupée ailleurs actuellement, qui a formé jufqu'à préfent peu de liaifons avec les Infurgens, mécontente en outre des premieres indécifions de la France, accepte ce parti. Quoi qu'il en foit, on continue dans les ports d'ici à augmenter l'efcadre de fix vaiffeaux de ligne ; por-

tée enfuite à dix (1) & aujourd'hui à treize (2)
& l'on croit qu'après la fin de l'arrangement de
ceux-ci on en armera d'autres (3) fans doute feu-

---

(1) Extrait d'une lettre de Breft du 18 Décembre 1776...
Les frégates défignées pour aller obferver en dehors, ont
commencé leur miffion. Le dimanche 15, la Cour a fait
favoir les noms des Commandans deftinés aux vaiffeaux
qu'on arme à préfent au nombre de quatre & une corvette.

Capitaines.

Le Robufte de	74 Canons.	Mrs. de la Motte Piquet.
L'Actif de	74 ————	Hector.
Le Dauphin Royal de	70 ————	de Beauffet.
Le Bien-Aimé de	64 ————	de Bougainville.
Le Serin, Corvette.		M. de Ligondis.

On parle d'armer fept vaiffeaux, deftinés, dit-on, à
joindre l'efcadre Efpagnole & qui feront fous les ordres
du Commandant de cette nation. On craint toujours ici
la guerre, ou, pour parler plus vrai, on l'efpere.

On ne parle point de faire fortir l'efcadre en rade qu'on
croit deftinée feulement à inquiéter les Anglois.

(2) Extrait d'une lettre de Rochefort du 21 Décembre
1776.... La Cour a varié encore une fois & preffe aujour-
d'hui l'armement des trois vaiffeaux en queftion dont les
Commandans font nommés.

Capitaines.

Le Fendant.	. . .	Mrs. De Vaudreuil.
Le Réfléchi.	. . .	de Barandin.
Le Triton.	. . . .	de Brache.

En outre, la flûte le *Courtier*, commandée par M. Lom-
bard, Lieutenant de vaiffeau, doit partir inceffament pour
porter des vivres aux bâtimens du Roi qui font aux Ifles du
Vent & fous le Vent.

(3) Extrait d'une lettre de Breft du 30 Decembre 1776.
Les frégates continuent alternativement leur croifiere fur
Oueffant deux à deux, la Corvette le *Serin* doit appareiller
aujourd'hui pour Saint *Domingue*, fi les vents le permet-

lement en proportion des préparatifs qu'exigeront ceux de la Grande-Bretagne.

Rien de nouveau à Toulon. Le Comte *d'Eſtaing*, qui en eſt revenu depuis ce tems, obſede le Miniſtre continuellement, & a de fréquentes conférences avec lui; on ne doute pas qu'il ne ſoufle le feu de la diſcorde & n'excite à la guerre, dans l'eſpoir d'aſſouvir ſa haine contre les Anglois: de ſon côté, M. De *Sartines*, qui le redoute, ne ſeroit pas fâché de s'en débarraſſer en l'éloignant & le commettant aux hazards des combats. Le Duc de *Chartres* vient d'être nommé lieutenant général des Armées Navales)(1) &, comme il a eu auſſi pluſieurs entretiens avec le Miniſtre, des politiques ſont partis de-là pour former des conjectures & aſſurer qu'il ſeroit bientôt en activité; celui-ci n'eſt pas auſſi redoutable pour la Grande-Bretagne. Un Prince du ſang ſeroit le meilleur Général qu'elle pût deſirer qu'on lui oppoſât par mer.

Quoi qu'il en ſoit, pour me réſumer, Milord, en finiſſant cette lettre, le peu de ſuccès des Américains, leurs échecs même intimident la France. Le pauvre *Franklin* a le cœur navré &

---

rent. Le Chevalier de *Ligondais*, qui la commande, à reçu des ordres pour hâter ſon départ, ayant des paquets très-preſſés à porter dans cette Colonie.

On croit toujours à la guerre dans ce port; on prétend qu'après la fin de l'armement des vaiſſeaux auxquels on travaille actuellement on en armera d'autres &c.

(1) 4 Janvier 1777.

fait une triste figure; on n'abandonne cependant pas la partie; mais on se tient sur la réserve, la circonspection; on augmente ses armemens moins pour attaquer que pour n'être point pris au dépourvu, si l'Angleterre se fâchoit trop sérieusement; ou plutôt, le Ministre de la Marine se sert de ce prétexte pour se donner du relief, pour attirer à lui des fonds abondans, pour se rendre de plus en plus recommandable aux Officiers de son département en leur procurant de l'emploi & des graces. L'Espagne, occupée dans l'Amérique méridionale, est une ennemie de moins dans ce moment; ces heureuses circonstances donnent du répit; puissent nos Ministres en profiter! Puissent tomber les écailles épaisses qu'ils ont sur les yeux! Puissent-ils envisager les véritables ennemis de l'Angleterre, non dans les Américains, mais dans les François! Puissai-je n'être pas un Prophete de malheur!

Sæpè sinistra cavâ prædixit ab illice cornix.

De Paris ce 15 Janvier 1781.

L E T T R E II.

Sur un livre nouveau intitulé : Aux manes
de Louis XV, & des grands hommes qui
ont vécu sous son regne ; sur l'Auteur : di-
greffion sur les Cenfeurs.

VOILA un titre bien faftueux, Milord ; qu'elle
haute entreprife d'élever un monument littéraire
aux manes d'un Roi, peu digne de mémoire perfonnellement, mais dont le nom doit fervir d'E-
poque à un fiecle finon auffi brillant, auffi impofant que celui de Louis XIV ; du moins plus fécond encore, plus varié en évenemens de toute
efpece, & furtout caracterifé par l'influence de
la Philofophie, qui, écartée du trône pendant
longtems, a enfin franchi les obftacles, & a fub-
jugué jufqu'à fes ennemis. Et ce n'eft pas fimplement au Monarque que l'Auteur s'adreffe ; il
groupe autour de lui tous les grands hommes qui
ont illuftré fon regne, & fe propofe de les offrir
aux regards de la poftérité fur le commun trophée
qu'il leur dreffe. Il eft vrai qu'ayant peu d'égard
aux préceptes d'Horace qui prefcrit :

Non fumum ex fulgore, fed ex fumo dare lucem.

il prend bientôt en fe retournant un ton plus
bas & ajoute, *ou Effai fur les progrès des Arts &*
de l'Efprit humain, fous le regne de Louis XV.
Vraifemblablement l'Ecrivain fentant que ce titre
raprochoit fon ouvrage de plufieurs autres du

mê.

même genre déjà publiés & furtout d'un de *Voltaire* dont, tout informe, tout croqué qu'il foit, il a craint la concurrence, a cru devoir frapper la multitude par fon annonce un peu charlatane. Quoi qu'il en foit, comme le titre, pas plus que le tems, ne fait rien à la chofe, voyons comment il eft rempli ; mais avant il faut vous faire connoître le pere de l'ouvrage ; car, quoique cette connoiffance ne puiffe ni l'améliorer ni le détériorer, on en tire quelquefois des inductions fur fa naiffance, fur fon objet, fur la forme de fa compofition ; ces détails, ces acceffoires font fouvent plus curieux que le fonds même.

L'Auteur eft M. *Gudin de la Brelenerie*, fils d'un Horloger que l'ardeur de la célébrité a fait s'évertuer, & qui eft entré dans la double carriere de la Philofophie & des Lettres : on ignore jufqu'à quel point il s'eft élevé aux hautes fciences ; mais il paroît qu'il y a fait affez de progrès pour en développer les myfteres aux autres ; ce qu'on juge à la lecture du livre dont il s'agit. Cependant, fes plus douces complaifances font pour la poéfie. Son premier ouvrage publié, à ce qu'on m'a dit, eft une tragédie intitulée : *Le Royaume mis en interdit* ; (1) production vigoureufe, où en développant fes talens dramatiques, il s'affocioit dignement aux fages qui combattoient alors la fuperftition & le fanatifme. On a prétendu que le Roi de Suede vouloit faire jouer cette piece dans

____

(1) Cette tragédie a paru à Paris en 1768.

B. 5

ſes Etats. On n'a pu m'aſſurer ſi elle avoit reçu
cette épreuve, mais elle a été illuſtrée de la brû-
lure à Rome, triomphe le plus flatteur dont y
puiſſe jouir aujourd'hui. Cet éclat a forcé longtems à garder *l'incognito*, le Poëte qui, ſans faire
d'aveu public, n'en eſt plus qu'à ſourire lorſqu'on
lui en parle ; car les Prêtres continuent à regarder
ſa tragédie comme une des plus ſcandaleuſes diatribes qui aient paru depuis longtems contre eux,
c'eſt-à-dire comme faiſant le plus d'honneur à
la raiſon humaine.

M. *Gudin*, pour allier les extrêmes, s'eſt égayé
à compoſer un poëme dans le goût de la *Pucelle*,
ayant pour titre, *la Conquête du Royaume de Naples*.
On le dit très-plaiſant, d'une fécondité, d'une
imagination digne de *l'Arioſte* ; mais, comme il
n'eſt que manuſcrit, qu'on ne le connoît que
par des lectures & des applaudiſſemens de ſociété,
on ne peut rien ſtatuer à cet égard.

Son troiſieme ouvrage eſt un *Coriolan*, ſujet
traité déjà onze ou douze fois ſans avoir réuſſi au
théâtre françois & qu'il a eu le courage de rema-
nier de nouveau. Cette tragédie, jouée l'année
derniere (1) & que j'ai vue, n'a pas eu plus de
ſuccès que les précédentes ; elle offroit une ſin-
gularité, c'eſt qu'elle étoit en quatre actes. On
m'a dit que les Comédiens avoient exigé cette mu-
tilation, & la piece étoit encore très-vuide ;

____

(1) Le 14 Août 1776. Cette tragédie, jouée en quatre
actes, a été imprimée en cinq.

nulle invention, nuls traits de génie, une mauvaife verfification, des longueurs effroyables, des
lieux communs ramenés jufqu'à la fatiété, c'eft ce
que j'y remarquai. M. *Gudin* a en outre un
Hugues le Grand fur le répertoire; peut-être y
retrouvera-t-on l'auteur *du Royaume mis en interdit*, qu'on cherche en vain dans fa feconde piece.

Par conformité de naiffance fans doute, plus
que d'âge, de caractere ou de goûts, M. *Gudin*
eft fort lié avec le Sieur de *Beaumarchais*, & l'on
en eft fâché pour le premier qui, avec de la capacité, des connoiffances, & un mérite réel,
n'ayant pas le brillant de l'autre, en eft écrafé
dans la fociété: il a laiffé prendre un tel afcendant
fur lui par cet ami prétendu, qu'il eft réduit au
rôle de fon protégé, qu'il eft devenu fon prôneur
infatigable & même fon efpion. Sa fimplicité,
fa bonhommie, fa franchife contraftent finguliè-
rement avec le manege, l'intrigue, la duplicité
de fon Héros, & il en eft tellement engoué,
aveuglé, qu'il ne rougit pas de fon rôle. C'eft
ainfi que la Philofophie s'eft trouvée complice du
vice aimable & impudent. M. *Gudin* eft fi fincerement perfuadé de l'honnêteté du Sieur de *Beaumarchais*, qu'à fon impulfion il s'eft laiffé aller à
compofer cet ouvrage, tribut payé moins *aux
Manes de Louis XV, & des grands hommes de fon
fiecle*, qu'à l'amour-propre de l'inftigateur. Ce
qui confirme ce foupçon, c'eft que la révolution
de la Magiftrature, le procès du Sieur de *Beaumarchais* & fes tracafferies avec le Parlement.

Maupeou font les feuls morceaux hiſtoriques entre pluſieurs autres auſſi intéreſſans fur leſquels l'Ecrivain ſe ſoit étendu avec une vraie prédilection; car, en général, c'eſt une récapitulation ſeche plutôt que rapide des évenemens du dernier regne. La plupart n'y ſont qu'indiqués, & le tout eſt traité fur un ton d'adulation qui auroit bien dû faire trouver graces à l'Auteur. On ne ſait pourquoi il ſe plaint ſi amerement dans ſa préface des cenſeurs & de leur incertitude à ſon égard. Cet endroit eſt original, Milord, & mérite que je m'y arrête. Dailleurs, il faut vous faire une petite digreſſion fur ces tuteurs de gens de lettres qu'on ne connoît point en Angleterre, & dans beaucoup d'autres Etats. Voyons d'abord ce qu'il en dit.

C'eſt dans une eſpece de préface que M. *Gudin* introduiſant en ſcene un Editeur poſtiche, à l'occaſion de ſon premier projet de ſe faire imprimer ici par l'entremiſe de cet organe, reprend ſon ton de jactance & voudroit faire entendre que ſon manuſcrit a jeté l'alarme dans tout l'ordre des Cenſeurs. ,, De nouveaux ordres, dit-il, les ,, avoient rendus plus rigides." Ce qui eſt faux. ,, Il demande les loix de la cenſure; il n'y en ,, avoit aucune; les Cenſeurs eux mêmes ne ſa- ,, voient ni ce qu'ils devoient permettre, ni ce ,, qu'ils devoient défendre." Ce qui eſt encore plus faux; les loix de la cenſure ici ſont connues, ſont ſimples & immuables, à ce que m'ont certifié pluſieurs d'entr'eux, & leur approbation doit porter *tout fimplement qu'ils n'ont trouvé dans l'ouvrage rien de contraire à la religion, au gouvernement, & aux mœurs;* ils n'ont pas même le droit de juger de fon mérite intrinfeque, & les complimens qu'ils font quelquefois aux Auteurs, font des additions furperflues qu'ils ne devroient pas fe permettre dans l'auftérité impartiale de leur Miniftere. „ Ils „ jugeoient au hazard, continue l'Editeur pré. „ tendu, qu'un principe, qu'une phrafe, qu'une „ expreffion devoit déplaire à un Grand, à un „ Magiftrat, à un Prêtre; ils permettoient à un „ homme fans talens, fans nom, fans ennemis, „ dont le livre étoit ennuyeux, ce qu'ils défen= „ doient à un Auteur confidéré, mais qui paffoit „ pour être fufpect à des hommes en place, à des „ femmes ou à des corps.

Enfuite il fait de petits contes fur les Cen-feurs dont l'un fupprimoit un ouvrage parce qu'il y avoit quelques principes d'adminiftration qui ne lui paroiffoient pas conformes aux loix de Moïfe; l'autre difoit à un Géometre: „ non, Mon-„ fieur, non: je ne permettrai point la publica-„ tion de votre livre. Vous ofez y dire qu'entre „ deux points donnés, la ligne la plus courte eft. „ la ligne droite. Croyez-vous qu'on ne fente „ pas l'allufion? allons donc, foyons de bonne. „ foi: fi je laiffais paroître votre ouvrage, je me. „ ferois des ennemis de tous ceux qui ne mar= „ chant jamais que par des lignes courbes, les. „ trouvent bien plus courtes pour arriver à leur „ but que les lignes. droites. Ces gens-là font

,, très-nombreux dans les trois Etats du Royau-
,, me & ces gens-là me feroient perdre ma pla-
,, ce..." Et tout cela, vous ne le croiriez pas,
Milord, pour flatter le Sieur de *Beaumarchais*,
pour lui immoler un Cenfeur déjà tant baffoué par
ce Turlupin, le Sieur *Marin*, qu'il avoit vu,
affure-t-il, retrancher *ma foi* d'une Comédie, &
y fubftituer *morbleu* : prétendant que la religion
étoit moins bleffée par ce mot que par l'autre.

,, Quand l'Auteur fut bien informé de cette
,, fage adminiftration des Cenfeurs, il renferma
,, fon ouvrage dans fon porte-feuille, & il dit:
,, j'avois cru travailler pour ma patrie; je n'au-
,, rai travaillé que pour mes amis.

,, Alors on lui remontra que *l'efprit des loix*
,, avoit été imprimé à Genêve, la *Henriade* à
,, Cologne chez *Morgap* ; que depuis plus de
,, cent années il n'y avoit pas eu un feul bon
,, livre de morale imprimé en France avec per-
,, miffion, fi ce n'eft quelques Tragédies, &
,, quelques Opéra-comiques dont les Cenfeurs
,, avoient fupprimé fenfément tout ce qui devoit
,, affurer leur fuccès auprès du parterre & chez
,, les étrangers; que les gens de lettres crioient
,, bien haut; mais que les gens de lettres étoient
,, de bonnes gens, qui ne s'appercevoient pas
,, que cette févérité politique étoit pour eux le
,, fruit défendu, qui animoit leur verve, qui fou-
,, tenoit leur courage, qui les excitoit fans ceffe
,, à de nouveaux efforts; que le Gouvernement
,, le favoit fort bien : & qu'en faifant femblant

„ de protéger les préjugés & les sottes opinions,
„ il engageoit, par ses défenses même, à les
„ combattre avec une nouvelle vigueur." Telles
sont les plaisanteries à la faveur desquelles M.
Gudin fait sentir au public l'importance de son entreprise & de son exécution.

Quels qu'aient été les obstacles trouvés par cet
Auteur pour l'impression de son livre, obstacles
qui n'ont pas dû être fort grands, & provenus seulement sans doute de ses injures aux Prêtres & au
Parlement *Maupeou*, il est certain, Milord, que
ces Censeurs sont un refroidissement pour le génie, qui l'empêche de prendre tout son essor &
le glace quelquefois dès sa naissance.

Les Economistes prétendent que le monopole
ne s'exerce jamais mieux que sous l'influence du
régime réglémentaire ; qu'il s'acrccoît par les pro-
hibitions & les gênes, & que, pour le suppri-
mer, il n'y a qu'à laisser une liberté absolue. On
pourroit appliquer cette maxime aux libelles, aux
mauvais livres, qui, imprimés en pays étrangers,
n'y restent point, souvent n'y sont pas même lus,
refluent bien vîte ici, &, en échange de l'argent
de la France, lui apportent le venin dont ils sont
remplis ; ils seroient beaucoup moins communs
s'il y avoit dans ce Royaume la liberté de la presse,
& tel s'est laissé aller à ce funeste métier qui ne
s'y seroit pas livré, si, forcé de recourir aux
presses étrangeres, il n'eût profité de cette fatalité
de se livrer impunément sous le voile de l'anonyme à la licence de sa plume, si chacun devoit être

fon propre Cenfeur & garant de fon ouvrage vis-
à-vis des tribunaux & des particuliers qui auroient
à s'en plaindre en y mettant fon nom, & en of-
frant un adverfaire à prendre à partie à la Religion, aux loix, à l'honneur outragés, on feroit
beaucoup plus circonfpeſt & peut-être plus févere
envers foi-même qu'un étranger; le facrifice de
fes idées ne coûteroit rien à l'amour propre, parce
qu'il feroit volontaire; car l'humilité, la réfigna-
tion, l'abnégation avec lefquelles un Auteur doit
aborder fon Cenfeur, font ce qu'il y a de plus ré-
voltant dans cette cérémonie. Il faut être preffé
par la faim, ou bien bas, ou bien avide de fe
voir imprimé pour vaincre fa répugnance & s'y
foumettre.

Encore, fi ces Juges étoient choifis entre ce
qu'il y a de plus éminent dans la littérature, ou
dans les claffes auxquelles ils doivent préfider;
mais comme de pareilles places, fans être mal-
honnêtes, ne font ni honorifiques à un certain
point, ni lucratives, les Ecrivains de diftinction
ne s'en foucient pas; on les donne en quelque
forte à ceux qui les demandent: le nombre n'en eft
point fixe; ont fait des Cenfeurs ainfi que de l'eau
bénite: pour un nom connu fur la lifte, on en trouve dix dont on n'a jamais entendu parler. C'eft
une petite prééminence dont le chef de la librairie gratifie un Gouverneur, un Précepteur, un
Secrétaire, un Valet-de-chambre qui en tient
lieu, un Cuiftre de college; & le génie eft fou-

vent forcé de se mettre à genoux devant la sotise ou l'ignorance.

Ce qu'il y a de plus singulier & d'absurde, c'est qu'un Auteur, malgré ces lisieres qu'on lui donne, n'est pas plus en sureté ; s'il y a des plaintes contre son livre, il n'en va pas moins à la Bastille. (1) Le Marquis *de Mirabeau* (2) lu & relu à la Cour, ayant eu pour examinateur Madame de *Pompadour* & le Roi lui-même, ne fut pas dispensé de se constituer prisonnier à Vincennes (3). M. *De Buffon*, M. *Marmontel*, *Helvetius*, tant persecutés, avoient satisfait à l'usage : *Freron*, si souvent renfermé, suivant ce que vous avez vu, (4) étoit examiné à toute rigueur, & ne connoissoit même pas son Juge. Le Censeur, qui devroit être puni le plus séverement est quelquefois rayé dans des cas graves, mais rarement; plus souvent il en est quite pour une réprimande, & quelquefois il reste absolument impuni. On excuse cette inconséquence & sur la nécessité de contenir les Auteurs qui, n'ayant plus de risques à courir, chercheroient à

---

(1) C'est un château-fort, destiné, spécialement aujourd'hui, aux criminels d'Etat & aux Auteurs. Il est peu d'Ecrivains en France qui n'aient été dans ce séjour, & il en est beaucoup malheureusement qui n'ont que ce titre d'illustration.

(2) Pour son livre de la *Théorie de l'impôt*, imprimé en 1761.

(3) Autre château-fort à une lieue de Paris, servant de supplément à la Bastille.

(4) Voyez la lettre 30 sur *Freron*.

furprendre fans ceffe la religion de leurs juges,
& fur la difficulté de trouver ceux-ci, fi à l'en-
nui inféparable d'un pareil métier fe joignoit la
crainte de perdre la liberté: ou il faudroit alors
les payer très-cher, ce qui feroit un autre inconvénient.

Ce font ces diverfes confidérations, fans doute, qui ont empêché de mettre beaucoup de fcru-
pule dans la nomination des Cenfeurs, & qui ont
autorifé à les multiplier autant que la faveur l'a
voulu. Les Auteurs reftant toujours refponfables
de leur manufcrits, cette place exigeoit moins de
fagacité pour démêler les pieces & découvrir l'erreur : & les Cenfeurs n'étant point arbitres du
goût, n'ayant point à prononcer fur le mérite
littéraire ou fcientifique de l'ouvrage, on a regardé comme fuffifant pour parvenir à la cenfure
d'avoir fait quelques légeres études, & d'avoir affez
de bon fens pour reconnoître ce qui pécheroit
contre les trois objets de leur examen, que je
vous ai indiqués, Milord, au commencement de
ma digreffion.

Malheureufement, ces Cenfeurs font hommes,
comme tous les juges mus par des paffions: ils
ont par-deffus ceux-ci l'avantage d'être feuls &
defpotiques, fans être obligés de rendre compte
de leur décifion qu'au chef de la librairie, qui
affurément ne va pas revoir s'ils ont bien ou mal
prononcé. - C'eft ce qui rend leur tribunal beaucoup plus redoutable pour un pauvre Auteur que
ceux de Magiftrature; c'eft ce qui ouvre la porte

aux abus & à l'arbitraire, dont fe plaint M. *Gudin.*
Un Cenfeur qui a des prétentions à l'Académie
par exemple, a grand foin de rayer non-feulement tout ce qui pourroit bleffer cette Compagnie
en général; mais chaque individu en particulier.
Un autre, attaché aux Comédiens, qui craint de
perdre fes entrées, ou qui veut conferver fes ho-
noraires, (1) ou a un intérêt quelconque de les
ménager, ne permettra pas la critique la plus
jufte, la plus néceffaire contre les Hiftrions. En
un mot, c'eft prefque toujours la haine & l'affection fecrete, dirigeant tour a tour la plume, qui
raient ou qui approuvent. Il peut réfulter des
inconvéniens plus grands encore de la cenfure
telle qu'elle s'exerce, fi un Auteur eft renvoyé,
comme il arrive fouvent, par devant un rival
courant la même carriere, ou un ami de ce rival;
des délais affeétés, des communications, des pla-
giats, des larcins, & cela fans aucun efpoir de
juftice, parce qu'on ne peut adminiftrer de preuve dans le cas même où l'on trouveroit moyen
de l'acquérir. Que de courfes, que de mortifications, que de rebuffades, quelle perte de tems,
la plus grande pour un homme de lettres! Je ne
m'appefantirai pas davantage, Milord, fur cette

---

(1) Comme M. *Coquelay de Chauffepierre* à l'égard de
M. *Lefuel de Mericourt.* Je vous rendrai compte dans le
tems, Milord, de ce fingulier procès, lorfque j'en ferai
mieux au fait.

matiere, dont vous voilà fuffifamment inftruit, je reviens au livre de M. *Gudin.*

Cet Hiftorien dès le commencement retombe dans le même défaut du titre. Son début eft d'une emphafe ridicule, il s'écrie: ,, Que fert ,, une oraifon funebre prononcée devant un Sar- ,, cophage? Il faut un autre encens fur le tom- ,, beau d'un Roi: je l'apporte: c'eft la lifte de ,, fes bienfaits; c'eft l'expofé fidele des progrès ,, de l'efprit humain fous fon regne; c'eft l'état ,, où il a trouvé fa nation en prenant les rênes ,, du Gouvernement, & l'état où il l'a laiffée en ,, defcendant au cercueil. J'ofe en tracer le ta- ,, bleau: j'ofe le dépofer fur la tombe de ce Roi. ,, Que les peuples y attachent leurs yeux, & qu'ils ,, connoiffent ce qu'ils ont gagné ou perdu pour ,, leur gloire & pour leur félicité. Puiffe une ,, main plus habile le refaire & le préfenter à fon ,, jeune fucceffeur, afin qu'il apprenne dans quel ,, état eft le peuple, & le dépôt des connoiffan- ,, ces humaines qui lui font confiés." Vous voyez, Milord, que M. *Gudin* n'eft jamais modefte qu'à la fin, & pour ainfi dire par réminifcence.

Il entre dans fon fujet; il traite de la France à la mort de *Louis XIV*, & récapitule les pertes & acquifitions fous *Louis XV*, puis il place un cha- pitre du gouvernement, ne revenant ni à ce qui précede, ni à ce qui fuit & fe fait cette queftion philofophique: *Qu'elle idée les Rois ont-ils des hommes?* Queftion peu difficile à réfoudre pour tous ceux qui ont lu l'hiftoire avec attention, ou même réfléchi à ce qui se passe autour d'eux. Tout homme est égoïste par sa nature; & les Rois, par leur éducation, l'étant encore plus que d'autres, bien loin de se croire établis pour leurs sujets, regardent leurs sujets comme faits pour eux. *Louis XV*, qui avoit le défaut de l'égoïsme au suprême degré, pensoit de même sans doute; mais ce défaut étoit tempéré chez lui par des qualités qui le rendoient moins sensible & moins atroce que sous un Monarque ambitieux, guerrier, cruel, absolu; il prenoit la teinte de la bonté, de la douceur de son caractere, de sa foiblesse, de son insouciance. Il paroît que l'Ecrivain préfere son regne aux précédens, en ce que les opinions religieuses y ont obtenu un peu plus de tolérance, les peuples des campagnes ont été un peu moins opprimés, les étrangers mieux accueillis, l'humanité entiere mieux traitée.

Quoique le feu Roi ne fût pas belliqueux, l'Auteur, dans le chapitre de la guerre qui vient après, observe assez judicieusement, qu'elle s'alluma six fois sous son regne & consuma près de vingt-cinq années des soixante qu'il dura. Il est vrai que deux seulement furent sérieuses par leur longueur, par l'embrasement général de l'Europe qu'elles causerent, & par la paix qui les termina.

Au sujet de l'invasion de la Corse, j'aime cette phrase, Milord, qu'un Censeur de Paris n'auroit sûrement pas passée : „ si la guerre contre ces Pi„rates (de Maroc) fut juste, celle que la France „ fit aux Corses fut évidemment injuste."

En parlant enfuite de l'art militaire & de la perfection qu'il a acquife, M. *Oudin* raporte une anecdote peu connue, qui vous fera plaifir, & honorable pour la mémoire de *Louis XV*. Voici comme il la raconte:

,, Un Dauphinois, nommé *Dupré*, qui avoit paffé fa vie à faire des opérations de chimie, inventa un feu fi rapide & fi dévorant, qu'on ne pouvoit ni l'éviter, ni l'éteindre: l'eau lui donnoit une nouvelle activité. Sur le canal de Verfailles, en préfence du Roi, dans les cours de l'Arfenal à Paris, & dans quelques-uns de nos ports, on en fit des expériences qui firent frémir les militaires les plus intrépides, comme les effets de la poudre faifoient trembler les anciens Chevaliers: *Bayard* lui-même avoit cette invention en horreur.

Quand on fut bien fûr qu'un homme, avec un tel art, pouvoit détruire une flotte, ou brûler une ville, fans qu'aucun pouvoir humain y pût donner le moindre fecours, le Roi défendit à *Dupré* de communiquer fon fecret à perfonne. Il le récompenfa pour qu'il fe tût, & cependant ce Roi étoit alors dans les embarras d'une guerre funefte. Chaque jour il faifoit des pertes nouvelles: les Anglois le bravoient jufque dans fes ports; il pouvoit les détruire: mais il craignit d'augmenter les maux de l'humanité; il aima mieux fouffrir. On n'a peut-être jamais fait une action plus magnanime: la gloire même n'en pouvoit être la récompenfe: l'Europe l'ignore, & quand elle en fera inſtruite, on doutera d'un fait dont il n'y aura plus ni témoins, ni preuves. ,, *Dupré* ,, eſt mort, & je crois qu'il a emporté avec lui ,, fon funeſte fecret."

Il y a grande apparence que ce fecret n'étoit autre choſe que celui du feu *Grégeois*.

En parcourant les chapitres fuivans de l'agri-culture, du commerce, des arts méchaniques, parties oppoſées à l'art militaire & même fouvent entre-elles, dans leſquelles cependant le fiecle à fait plus ou moins de découvertes, on remarque une choſe bien finguliere en fa faveur; c'eſt que les lumieres fe verſoient à la fois fur toutes, l'orſqu'elles auroient dû fe nuire réciproquement & qu'elles partoient d'un foyer général, de cet efprit philoſophique qui remonte au principe de chaque choſe, le varie, le modifie, l'adapte pour elle & n'agit jamais par inſtinct ou par ha-bitude.

Les Beaux-Arts même, fuivant l'Auteur, fi brillans fous *Louis XIV*, n'ont pas dégénéré fous *Louis XV*, malgré les déclamations de tant de détracteurs chagrins: il oppoſe dans la peinture à le *Brun* & au *Pouſſin*, le *Moine*, *Carle-Vanloo*; il n'en trouve point du fiecle précédent à compa-rer avec *Greuſe* & *Vernet* qui fe font ouvert des routes nouvelles dans le nôtre. Les Sculpteurs François ont reçu encore plus d'honneurs que les Peintres, & les étrangers les ont préférés à ceux de l'Italie. Les Etats de Norwege ont fait venir à Copenhague, le célebre *Sally* pour y élever en bronze la ſtatue équeſtre de *Frederic V*. Un autre François, nommé *l'Archevêque*, a fait le modele du monument que la Suede fait ériger à *Guſtave Adolphe*; *Falconnet* à été appelé en Ruſſie pour y jeter en fonte la ſtatue équeſtre de *Pierre I*. En convenant que les Architeſtes n'ont rien bâti de plus beau que la colonnade du Louvre, il trouve que l'égliſe de Sainte-Génevieve conſtruite par *Souflot*, la ſalle de l'Opéra, & celle du théâtre de Verſailles, ſont plus belles qu'aucune de celles qu'on éleva ſous *Louis XIV*. A l'égard de la muſique, il me ſemble que le panegyriſte du ſiecle erre étrangement: il dit que la gloire de *Rameau* a ſurpaſſé celle de *Lully*; que ſes ſimphonies & ſes airs de danſe s'exécutent ſur les différens théâtres de l'Italie. On voit bien qu'il n'y a pas voyagé; il y auroit appris qu'on ne chante ni ne danſe ſur des airs de France; que cela n'a eu lieu que pour flatter la Ducheſſe de Parme qui étoit fille de *Louis XV*: l'aſſertion même du triomphe de *Rameau* ſur ſon devancier n'eſt point exaſte; ſa gloire n'a point effacé celle de *Lully*. Le premier eſt toujours reſté en poſſeſſion de l'Opéra, &, après avoir ſeul occupé le trône, n'a fait que le partager avec lui, au lieu que dès que le Chevalier *Gluck* a paru, il a éclipſé l'un & l'autre au point qu'on n'oſe plus le jouer.

Quant à la danſe théâtrale, elle a fait des progrès incroyables; les vieillards même, ſi attachés au paſſé, en conviennent. M. *Gudin* nous apprend à cette occaſion, que le Sage *Helvetius* dans fa jeuneſſe prit le maſque de *Dupré*, le premier Danſeur d'alors, danſa ſur la ſcene & le remplaça ſi bien que le public s'y trompa. Il défie qui que ce ſoit aujourd'hui de doubler *Veſtris* & *Dauberval*. Il n'en eſt pas de même de l'art du théâtre, ſauf le tragique, ſurtout de la maniere dont on le joue à préſent, perſonne ne s'eſt jamais flatté dans la ſociété d'approcher de le *Kain*, de *Briſard*, de Mlle. *Dumeſnil* où de Mlle. *Clairon*, au lieu que pluſieurs particuliers paſſent pour jouer auſſi bien que les Acteurs des rôles de ſoubrettes, d'amans, de petits-maîtres. Pourquoi cela ? M. *Gudin* n'en donne pas la raiſon. C'eſt que ces rôles étant dans la nature, chacun en réfléchiſſant avec des diſpoſitions extérieures, n'a plus, pour ainſi dire, que les formes, les modifications du théâtre à prendre, au lieu qu'*Oroſmane*, *Auguſte*, *Cléopatre*, *Amenaïde*, ſous des noms connus, ne ſont que des perſonnages phantaſtiques, créés d'abord par l'imagination du Poëte & enſuite façonnés par l'Acteur ſur le caractere donné, ce qui ne peut être le fruit que d'une longue & profonde étude. Les tragédies de *Racine* étant plus analogues au cœur humain, ſeroient plus aiſées à ſaiſir par des amateurs.

Je paſſe, Milord, ſur les lieux communs des chapitres de la tragédie, de la comédie, cent fois répétés; au ſujet de cette derniere, l'enthouſiaſte du Sieur de *Beaumarchais*, qui ne peut ſonger à ce Héros ſans être tranſporté d'admiration, ni prononcer ſon nom ſans emphaſe, en parlant de

la rare découverte des drames, s'écrie : „ Il eſt
„ remarquable que ce ne fut point M. *Diderot*, l'in-
„ venteur de ce genre, qui lui donna ce nouveau
„ nom ; ſes pieces furent d'abord intitulées, Co-
„ médies ; ce ne fut que M. de *Beaumarchais*,
„ ce génie fier & indépendant, qui ne ſuivant
„ que la raiſon ſeule, franchit les obſtacles &
„ brave toutes les petites conſidérations dont les
„ hommes embarraſſent leur marche, conſidéra-
„ tions qui les forcent à ramper quand ils de-
„ vroient voler. Ce fut lui qui oſa rappeler le
„ comique exilé depuis tant d'années, & qui re-
„ traça de ces caracteres groteſques qui entraî-
„ nent les éclats de rire : comme ſon *Bazile* &
„ ſon *Figaro*, qui ne ſont pourtant point des
„ caricatures calquées d'après *Moliere*.
„ Il mit le premier le nom de *drame* à la tête
„ de ſa touchante *Eugenie*. Tous les critiques
„ s'éleverent contre ce nom , & ſurtout contre
„ ce genre. On dit, on écrivit, on ſoutint qu'il
„ ne pouvoit plaire ; & en même teins on im-
„ primoit qu'il feroit tomber la véritable tragé-
„ die. C'étoit une contradiction : ni l'un ni l'au-
„ tre n'arriva ; le public admira toujours avec
„ tranſport *Eugenie*"......

Pour entendre ceci, Milord, il faut que vous
ſachiez que cette *Eugenie*, que vous ne connoiſſez
ſans doute pas, eſt la premiere production du
Sieur de *Beaumarchais*, exécutée il y a environ
dix ans (1) & qu'après avoir été mal accueillie le

---

(1) La premiere repréſentation d'*Eugenie* eut lieu le 29
Janvier 1767.

premier jour, eile fe releva du fecond bond, eſt reſtée au théâtre ſans qu'on ſache trop pourquoi, & ſe joue de tems en tems; ce n'en eſt pas moins une piece d'un mérite très - médiocre, aſſemblage monſtrueux de trois ou quatre romans dont les avantures merveilleuſes, preſſées & entaſſées, étour-diſſent le ſpectateur au point qu'il ſeroit bien em-barraſſé de rendre compte de ce qu'il a vu & en-tendu. Ce galimathias d'action, ſoutenu d'un gali-mathias de ſtile qui avoit révolté les connoiſſeurs, eſt préciſément ce qui plaît à la multitude béante.

Quant à *Bazile* & *Figaro*, ce ſont deux perſon-nages du *Barbier de Séville* du même Auteur. Ce-lui - ci eſt une farce, tiſſu mal ourdi de tours uſés au théâtre pour attrapper *les maris & les tuteurs jaloux*, où le comique de ſituation eſt totalement manqué, & celui du dialogue n'eſt qu'un rem-pliſſage de trivialités, de turlupinades, de calem-bourgs, de jeux de mots bas & même obſcenes: le bon goût & l'honnêteté proſcrivirent abſolu-ment ce *Barbier* le premier jour (1). Le Sieur de Beaumarchais ne fut point déconcerté de cette dis-grace; dès ſon *Eugenie* il avoit eu l'impudence, après la premiere répreſentation d'un ſuccès plus qu'équivoque, de ſe montrer aux foyers, d'y braver le public qui l'avoit fiflé, &, inſenſible à toutes les exclamations humiliantes qu'il entendoit autour de lui, d'offrir de rompre une lance con-

---

tre quiconque voudroit critiquer fa piece. Il re-
nouvela la méme fcene avec plus d'arrogance encore, & ayant réduit fa piece de cinq actes à quatre, à l'aide des vigoureux battoirs (1) dont il
multiplia fa cohorte dans le parterre, il donna
l'impulfion, qui, fans ramener les amateurs éclairés,
en impofe aux fots; & ce qui avoit d'abord fait
hauffer les épaules, fit rire & parut très-plaifant.

Tels font, Milord, les chefs-d'œuvre de ce
fameux comique (2), devant lequel s'extafie fon
fervent Apôtre. Tout ceci, au refte, n'eft encore que le prélude du pompeux trophée qu'il
lui éleve plus loin dans le chapitre de la littérature,
où, après avoir paffé légerement fur les perfécutions
qu'ont eprouvé *Buffon*, *Montefquieu*, *Helvetius*,
Rouffeau, en accolant fon Héros à ce dernier,
il s'eerie: ,, Ainfi donc le fort d'un grand hom-
,, me ne dépend pas tout a·fait du caprice d'un
,, tribunal. L'Aréopage, pour avoir fait mourir
,, *Socrate*, & l'inquifition pour avoir condamné
,, *Galilée*, font devenus la haine de toutes les
,, ames fortes, & l'objet éternel des railleries de
,, toute l'Europe.

---

(1) Expreffion dont l'Auteur fe fert lui·même dans fa
piece, pour défigner fous cette qualification burlefque la
valetaille des fpectacles, qui gagne ainfi fes billets de parterre par des applaudiffemens inondiés & des battemens de
mains perpétuels.

(2) M. de *Beaumarchais* a encore donné les *Deux Amis*,
drame en cinq actes & en profe, joué le Fevrier 1770,
d'une morale fi vicieufe & fi révoltante que l'honnêteté l'a
fait abfolument profcrire.

„ Ce Parlement éphémere, qui ufurpa quel-
„ que-temps les droits de celui qui étoit exilé,
„ fit une cruelle épreuve du danger que court un
„ tribunal en condamnant un homme de bien,
„ doué de grands talens."

C'eſt par cette étrange tranfition fort gauche-
ment amenée, c'eſt par cette qualification encore
plus étrange. *d'homme de bien*, dont le Sieur de
Beaumarchais doit être étonné lui-même de fe
voir ici défigné pour la premiere fois de fa vie,
que fon apologiſte paſſe à lui & s'étend avec une
prédilection unique fur l'affaire de cet intriguant,
qui fit fermenter tout Paris en 1773 & 1774, &
fur les fuites qu'elle entraîna. Il en a été fi longtems queſtion, que je me difpenferai de vous rapporter cet épifode, & me contenterai de quelques
obfervations propres à tempérer les éloges outrés
du Sieur *Gudin.*

Dans le cours de fon récit il ne peut difconve-
nir d'un fait, la bafe du procès, & avoué par
l'accufé lui-même : c'eſt qu'il avoit joué le rôle
de corrupteur, puifqu'il avoit donné des bijoux
& de l'argent afin d'obtenir audience de fon Juge;
car il n'étoit pas affez benêt pour ne pas fentir
qu'un Magiſtrat dont la porte ne s'ouvre qu'avec
de l'or, n'ouvrira pas la bouche en fa faveur, ne
lui donnera pas fon fuffrage pour rien; & l'on ne
fe perfuadera jamais qu'un plaideur déterminé à
prendre une pareille voie ne s'en ferve pas, furtout dans la circonftance la plus effentielle & la
plus critique : il eſt donc clair qu'il avoit cherché

à acheter le rapport du Sieur *Goezmanne.* (1) Sans
doute peu de gens en fa place auroient eu affez
de délicateffe, de défintéreffement, affez de principes pour ne pas l'imiter; & vous & moi, Milord, peut-être en euffions-nous fait autant.   Il
n'eft pas moins vrai de dire que la probité rigide
& auftere commande en pareil cas de perdre fon
procès, quelque jufte qu'il foit, plutôt que de le
gagner d'une maniere illégale & honteufe, & que
fi le Sieur de *Beaumarchais* a jamais mérité la qualification *d'homme de bien*, ce n'eft affurément pas
en cette occafion.

Ce fut alors, dit M. *Gudin*, que l'accufé pu-
blia fes mémoires dont le fuccès prodigieux fur-
paffa l'attente de l'Auteur. ,, On les compara aux
,, lettres Provinciales, parce qu'ils étoient d'un
,, ftile original, qu'ils verfoient le ridicule fur
,, fes adverfaires, & qu'ils attaquoient, quoi-
,, qu'indirectement, une grande fociété d'hom-
,, mes, qui prétendoient par leur état à la con-
,, fidération publique.

,, Mais les lettres provinciales, avec autant
,, d'efprit & un ftile plus égal & plus pur peut-
,, être, ont moins d'énergie, moins de chaleur,
,, & font d'un intérêt moins général. *Pafchal*
,, tranquille méditoit fes lettres à loifir & fe ca-
,, choit en les écrivant. M. de *Beaumarchais*

____

(1) C'étoit le nom du Confeiller de Grand-Chambre
rapporteur du procès entre le comte de la *Blache* & le
Sieur de *Beaumarchais.*

„ compoſoit dans le tumulte des affaires, au mi-
„ lieu des cris d'une famille déſolée, & il com-
„ battoit à découvert *contre ſes propres Juges.*"

Ces mémoires, exaltés par l'enthouſiaſte, ſont de
vrais libelles, & c'eſt ce qui fit leur fortune. Le
Sieur de *Beaumarchais*, enhardi par la faveur que
reçut le premier, plus dans le genre judiciaire,
plus modéré & plus adroit, ſe livra ſans ménagement dans les ſuivans à tout ce qu'il crut pouvoir
flatter la malignité du public. Indépendamment
des coups qu'il portoit à un tribunal odieux dont
il ébranloit les fondemens en révélant ſes turpi-
tudes, il offroit à la dériſion les divers perſonnages qu'il trouvoit prêter davantage à ſon perſi-
flage, & il prenoit indiſtinctement pour victimes
non-ſeulement ſes parties, mais ſes amis, mais
ſon amante; nul n'étoit ſacré à ſes yeux, dès qu'il
pouvoit contribuer à égayer ſes *factum.*

Quant aux *lettres provinciales*, que le panégy-
riſte met en paralelle, & même au-deſſous pour
l'intérêt, il faut qu'il ſoit aveuglé par ſon zele
au point de méconnoître la différence entre une
querelle ſi directe à la religion, dont les adver-
ſaires étoient compoſés reſpectivement des perſonnages les plus éminens dans l'ordre du Clergé,
querelle qui dure depuis plus d'un ſiecle, & qui,
après s'être rallentie plus d'une fois, a repris autant
de fois avec une fureur nouvelle; & la querelle d'un
particulier contre un tribunal éphémere que le même ſoufle a détruits enſemble. Il ne parle pas du
ſtile ſur lequel M. *Gudin* paſſe condamnation &

qui eft en effet très-inégal, très-incorrect, très-
amphigourique, femblable en un mot à celui de
l'Ecrivain dans fes autres ouvrages.

Ce que M. *Gudin* prononce fur ce fameux
coupable n'eft pas plus judicieux.... La haine
confondit tout; & le tribunal condamna également au blàme, & le juge, & fa femme, & l'homme qu'ils avoient eu l'imprudence d'accufer. La
punition étoit juftement infligée; elle étoit légale, conforme aux ordonnances & à l'efprit de la
loi; car s'il n'y avoit pas de plaideur corrupteur,
il n'y auroit pas de juges corrompus, & l'un
étant auffi coupable que l'autre, ils méritoient
d'être couverts d'une infamie commune. L'Hiftorien continue :

„ Le public ne les confondit point; le Juge fut
„ flétri, abandonné, rejeté du milieu de la focié-
„ te : M. de *Beaumarchais* n'en fut que plus
„ recherché, que plus honoré. On courut en
„ foule à la porte de fa maifon qu'il n'ofoit plus
„ habiter, des perfonnes de tout rang; des in-
„ connus, des étrangers lui écrivirent d'accepter
„ des fervices, de l'argent & une retraite.

„ Le Prince de *Conti*, dont la noble fermeté
„ ne fe démentit jamais, l'honora d'une vifite
„ dans l'afile où il fe déroboit à la foule de fes
„ ennemis. Le Duc de *Chartres* voulut le con-
„ noître. Le public au théâtre applaudiffoit à
„ tout ce qui faifoit allufion à fes affaires; le
„ Magiftrat fe crut obligé de défendre la repré-
„ fen-

„ fentation *d'Eugénie* & de fes autres ouvrages:
„ c'étoit un triomphe complet."

Quel triomphe qui s'aprécie non par les méri-
tes de l'action, mais par le bruit & la foule. Sans
doute l'Abbé *de la Cofte* & *Billard* au carcan
triomphoient en ce fens. On peut connoître ce
que le public impartial en penfoit par une épi-
gramme répandue dans le tems, & qui fut au
moins auffi accueillie, auffi fêtée que le Héros.
Elle étoit l'effor de l'indignation d'un homme
doux, fe la permettant peut-être pour la premiere fois de fa vie, connoiffant le véritable honneur, attaché à un Prince vertueux, plus délicat
que les autres dans le choix de ceux qu'il approche le plus de fa perfonne; ainfi l'on peut la regarder comme l'expreffion de la façon de penfer
de l'hôtel de Touloufe, valant bien celle du Tem-
ple ou du Palais-Royal en pareil cas. La voici,

> Beaumarchais que Thémis flétrit,
> Comme certain fitere s'en rit.
> Qu'importe à cette ame de boue
> Ou qu'on le blâme, ou qu'on le loue;
> Que Charlot allume fon feu
> De fes libelles qu'on s'arrache?
> Sur un habit fale, une tache
> entre mille paroît bien peu!

D'ailleurs, vous avez vu, Milord. (1) qu'elle
étoit la nature des liaifons du Prince de *Conti* avec
le Sieur de *Beaumarchais*, très analogues à l'oppre-

____

(1) Voyez la lettre précédente fur le *Prince de Conti*.

bre qu'il venoit de recevoir. Un tel homme pou‑
voit être auſſi utile dans le même genre au Duc de
Chartres, & quant à l'engouement général des Pa‑
riſiens, il étoit le fruit de l'eſprit de parti des
uns, de la curioſité des autres, de cet attrait que
les femmes ont pour les aimables roués, & n'étoit
chez perſonne celui de l'eſtime ou de la ſincere
admiration. M. *Gudin* termine ainſi ſon incroya‑
ble apothéoſe de ce Martir patriotique.

„ Ce triomphe rendit ſes ennemis plus achar‑
„ nés; on alloit attenter à ſa liberté : mais, tan‑
„ dis qu'on le croyoit à Paris ſous la main du
„ Miniſtre, il ſortit du Royaume dont toutes les
„ iſſues lui étoient fermées.

„ On crut alors qu'il emploiroit ſon éloquence
„ à ſe venger de ſa patrie; il n'employa ſes ta‑
„ lens qu'à la ſervir"......., Savez‑vous com‑
ment? Le Sieur de *Beaumarchais* ayant découvert
qu'il étoit queſtion d'empêcher de paroître une
rapſodie contre la Comteſſe *du Barry* par l'Auteur
du *Gazetier cuiraſſé*, offrit ſon entremiſe au Duc
d'Aiguillon qui avoit fort à cœur d'empêcher une
publicité propre à le compromettre. Le Miniſtre
connoiſſant ſon induſtrie l'accepta, & cette Négo‑
ciation coûta 30,000 Livres au fiſc public, ſeule‑
ment pour le rachat du manuſcrit. Vous voyez
que la nature de ce ſervice ténébreux rentroit tou‑
ours dans le cercle de ceux qu'il avoit conſtam‑
ment rendus; que répugnant au contraire à la fa‑
çon de penſer d'un Agent intact, délicat, ou ſim‑
plement honnête, cet emploi ne pouvoit guere

fuppofer dans celui qui le recherchoit, qu'un homme fans confidération, qu'un homme taré.

Telles font, Milord, les réflexions que m'a fuggéré la digreffion de M. *Gudin*, s'efforçant en vain de tirer de la fange fon ami *Beaumarchais*; elle m'a tellement révolté, que j'ai voulu couler à fond cette longue apologie, pour en démafquer le Héros, un des plus dangereux corrupteurs du fiecle par fon art de ridiculifer la vertu & de déifier le vice. L'exiftence d'un pareil perfonnage, fa profpérité, fon accés chez les Grands, chez les Miniftres, chez les Princes, l'empreffement avec lequel, en le déteftant, on l'accueille dans les fociétés, on le fête, on l'encenfe, on applaudit à fes méchancetés, fuffiroit pour réfuter l'affertion de fon prôneur dans fon chapitre des mœurs, où il prétend avec la même bonhomie, contre la maxime *d'Horace*, que les peres en France ont enfanté des neveux meilleurs qu'eux: rien n'eft plus fingulier encore que fes idées à cet égard.

Il trouve qu'il n'eft aucun regne ou l'humanité ait joui de tant d'avantages, ait éprouvé moins de maux; où les Miniftres aient été plus doux, plus honnêtes, les Magiftrats d'une auftérité plus âpre, les gens de lettres aient eu plus d'égards les uns envers les autres, fe foient moins prodigué les invectives; où la difcipline militaire ait été fi exacte; où le Clergé ait eu des mœurs plus décentes, ait autant contribué de fes biens aux befoins de l'Etat? En convenant qu'on ne fait point fi les Jéfuites étoient réellement coupables

ou non, il admire avec quelle bénignité on les
a chassés de chez eux, disperfés, privés de leurs
biens. C'est furtout la fociété qui l'enchante : le
goût du vin, les débauches de la table font presque inconnus aujourd'hui ; on vit plus avec les
femmes, & l'adultere en eft moins commun. Il
faut rendre à M. Gudin, la juftice d'obferver
qu'il ne parle affurément pas en petit - maître, en
difciple de fon Héros, en homme à bonnes fortunes; il avance que de cent hiftoires qu'on débite fur le compte des femmes, il y en a quatre-
vingt dix - de fauffes, que ne croient pas même
ceux qui les racontent. Il n'eft pas vrai, fuivant lui,
que la nation fe foit efféminée ; jamais fiecle,
jamais peuple n'a moins mérité ce reproche, & il
en donne pour preuve que les gens de lettres,
les artiftes, les favans voyagent beaucoup, en-
treprennent fans s'en effrayer des courfes de fept
à huit cens lieues. Il ne trouve pas non plus que
le luxe foit nuifible; il approuve les mariages dis-
proportionnés entre les gens de qualité & la finance, parce qu'il en réfulte une union parmi les
citoyens, de la tolérance dans les idées & des
progrès dans les mœurs. Il eft tems de finir,
Milord, & de vous renvoyer à l'ouvrage même
pour vous convaincre de la fingularité de ces pa-
rado es & voir comment il les défend.

Encore un mot cependant fur les Théologiens,
que l'Auteur déteste bien cordialement, & auxquels il devroit favoir gré au contraire de ne le
pas tourmenter. Il eft une des preuves vivantes

les plus fortes de l'efprit de tolérance introduit fous le regne de *Louis XV*. Sans remonter plus haut, fous *Louis XIV*, M. *Gudin* n'eût pas impunément prêché le matérialifme, le déïfme & même l'athéïfme aufli ouvertement qu'il le fait. Ces opinions hardies, élevées à l'occafion de l'article de la Métaphifique, forment fans contredit la partie la mieux traitée de l'ouvrage: il y regne une clarté, une méthode, une précifion bien rares dans ces queftions abftrufes; il eft difficile en aufli peu d'efpace de réfumer tant de chofes & d'une maniere plus lumineufe & plus convaincante. Ce chapitre, parfaitement bien fait, qui termine la premiere partie, celui des voyageurs, des favans François qui rempliffent plus de la moitié de la feconde, travaillé aufli avec plus de foin & d'étendue aufli que le refte, me confirme dans l'opinion que M. *Gudin* n'a pas connu un plan fixe, qu'il a raffemblé quelques morceaux ifolés qu'il avoit tout prêts, qu'il y a ajouté d'autres chapitres à la hâte & en a formé ce monument informe, trop fec pour une hiftoire, trop vague pour un abrégé, trop peu raifonné pour une differtation, trop confus pour une chronologie. Ce n'eft à proprement parler qu'une table de matieres indiquées fans proportion, les unes plus longuement, les autres plus briévement, qui pourra être fort utile à ceux qui voudront écrire le regne de *Louis XV*. Le ftile en eft pur, correct, affez lefte, & fingeant par fois celui de de *Voltaire* fur ces fujets qu'il traitoit avec un agrément fi fupérieur.

Au refte, Milord, pour que vous jugiez par vous-même de cette production & puiffiez me réformer dans ma décifion, fi elle eft erronée, je vous la ferai paffer inceffamment, dans la crainte qu'imprimée aux environs de la France & peut-être dans quelque preffe clandeftine de ce Royaume, elle ne tarde trop à vous parvenir. Ce qui doit faire trouver grace à l'Auteur auprès de vous, c'eft une feule phrafe fur notre Gouvernement dont il vante la fupériorité d'une façon indirecte & d'autant plus adroite. „ Tous les Souverains, „ dit-il, paroiffent incliner pour le Gouverne „ ment françois: mais, dans l'efprit des peuples, „ celui des Anglois l'emporte fur tous les autres; „ parce que les Anglois font le feul peuple qui „ aime & qui vante fon gouvernement avec trans „ port." S'il l'eût ofé, M. *Gudin* auroit ajouté : parce que, dans le premier, toutes les loix fe rapportent à un feul, & que dans le fecond, la nation en eft l'objet unique. Il eft vrai qu'il a mal pris fon tems pour cet éloge & que notre belle conftitution eft étrangement défigurée. Efforcez-vous, Milord, avec les généreux membres de l'oppofition, de la ramener à fon véritable centre, & qu'on puiffe dire encore d'elle.

Ponderibus librata fuis!

Paris, ce 22 Janvier 1777.

LETTRE III.

Des Conversations du jour de l'an. Anecdotes, Historiettes.

Comme les visites du jour de l'an, Milord, durent ici pendant tout le mois de Janvier, qu'on se pique d'en faire beaucoup & qu'elles se rendent souvent entre citoyens qui ne se voient qu'à cette époque, qui n'ayant aucune liaison, aucun rapport, se connoissant à peine, sont fort embarrassés de leur contenance, ce seroit le cas assurément de faire usage de notre méthode, & au défaut de matiere, de prendre son ouvrage, ou un livre, ou de rêver en tisonnant; mais les François, loin de l'adopter, l'ont décriée, & je trouve partout cette aisance de société ridiculisée dans des caricatures sous le titre de *Conversation à l'Angloise:* il faut donc qu'ils s'évertuent de cent manieres pour rompre le silence où je les vois retomber souvent: je parle des hommes; car pour les femmes, elles sont inépuisables en tout tems, & dans celui-ci leur ajustement & la fécondité des modes font une ressource admirable. Quoi qu'il en soit, parmi notre sexe, les gens de précaution évitent cette disette par le soin de se pourvoir la mémoire d'historiettes qui puissent servir d'aliment aux entretiens. On a observé que c'étoit le tems le plus utile pour ceux qui en font recueil: vous pensez bien que mon zele ne m'a pas laissé oisif

dans cette abondante moiſſon. Vous allez être
étonné de ce que j'ai ramaſſé hier en une ſeule
ſoirée. J'avois dîné chez une femme de qualité,
Madame la Marquiſe du Deffant, qui, dans un
âge très-avancé, conſerve encore tous les agrémens de l'eſprit, & charme les ennuis & l'inaction
de ſa cécité par un cercle nombreux & choiſi,
qui ſe fait un plaiſir de ſe rendre chez elle. Ce jour-
là, le premier perſonnage qui parut fut le Préſident *Orlando*; j'étois ſur le point d'aller au ſpectacle lorſque l'intérêt de la converſation me re-
tint & me fit ſucceſſivement paſſer toute ma ſoirée
dans ce même lieu.

LA MARQUISE.

Eh bien Préſident, qu'y a-t il de nouveau au
Palais?

LE PRESIDENT, *ſortant de la cheminée &*
venant s'enfoncer dans un
fauteuil qu'il remplit de ſa
rotondité,

Madame, vous ſavez que l'affaire de le *Bre-*
ton eſt accommodée.

LA MARQUISE.

Non, je n'en ſais pas bien même le fonds; vous
me ferez plaiſir de la reprendre, car j'aime à tenir
les choſes de ſource.

LE PRESIDENT.

Le Sieur le *Breton*, Imprimeur de *l'Almanach*
Royal, par une innovation introduite ſeulement
cette année dans ſon ouvrage ſur la liſte des premiers Préſidens du Parlement de Paris, a mis

Etienne François d'Aligre 1768 , rétabli le 12 Novembre 1774. Et puis *Louis Jean Bertier* de Sauvigny , le 13 Avril 1771 jufqu'au 12 Novembre 1774. Il avoit également inféré au rang des Procureurs & Avoats-généraux l'infâme *Fleuri* & les Poliçons de *Vergès* & de *Vaucreffon*. A la vue de ces infertions fcandaleufes, le Parlement a été révolté ; on a fufpendu la vente de l'Almanach ; il en a réfulté des conférences entre nous : bien des gens auroient été d'avis de mander le Libraire & le Cenfeur & de les blâmer ; cependant cela s'eft affoupi. Le Sieur *le Breton* en a été quitte pour une forte réprimande, qu'il a reçue du chef de la Compagnie ; pour des cartons qu'il a été obligé de mettre aux exemplaires non délivrés, & pour en fournir de nouveau un double à chacun de nous. Quant à M. de *Crebillon* le Cenfeur, fur lequel s'étoit rejeté l'Auteur, il ne lui a été rien fait ; on a reçu fa déclaration qu'il avoit regardé les articles ajoutés comme des paffages hiftoriques.

LA MARQUISE.

Il me femble, en effet, que c'étoit le point de vue fous lequel il falloit envifager la chofe ; je ne vois pas pourquoi vous trouvez mauvais qu'on nfere dans un Almanach ce qui fera éternellement dans vos regiftres.

LE PRESIDENT.

Oh ! Madame, perfonne ne lit nos regiftres ; mais l'Almanach Royal eft entre les mains de tout le monde ; il eft chez les Princes, fur le bureau du Roi ; les Miniftres étrangers s'en pour-

voient. Savez-vous que c'eſt une aſtuce de Maupeou. On ne doute pas que le Garde des ſceaux
& lui ne s'entendiſſent à cet égard.

LA MARQUISE.

Ce concert me ſemble bien facile. Voyons l'a-
necdote, Monſieur le Préſident.

LE PRESIDENT.

On prétend que M. de Miromeſnil ſe ſentant
toujours dans un état précaire & jaloux d'occuper
la premiere place de la Magiſtrature, afin de déterminer le Chancelier à lui donner ſa démiſſion,
avoit accédé aux ouvertures de celui-ci, & s'étoit
déterminé à lui ôter toute crainte qu'on ne revînt
contre lui au ſujet d'une opération avouée ainſi
& ratifiée par le Gouvernement; on croit fort
que lorſqu'il auroit fallu en venir au traité, M.
de Maupeou ſe ſeroit moqué de lui. Quoi qu'il
en ſoit, le Garde des ſceaux, voyant l'humeur
que nous prenions, n'a pas oſé ſoutenir ce qu'il
avoit autoriſé en ſecret, & a craint de ſe brouiller
avec le Parlement.

LA MARQUISE.

Et le pauvre Diable de Libraire a été ſeul victime.

LE PRESIDENT.

Ne le plaignez pas tant, Madame; il n'en ven-
dra que mieux ſon Almanac; ceux qui l'ont non
cartonné, voudront avoir auſſi l'autre, & augmentation de débit. Le premier, d'ailleurs, deviendra fort cher; & je crois bien qu'il en conferve plus d'un de cette eſpece....

On annonça en ce moment M. le Marquis *de*

Vecchio Vezzoso, un de ces vétérans de la fatuité, qui nous infecta de ses odeurs; le Magistrat leva le siege, & les propos roulerent sur un autre sujet.

LE MARQUIS.

Madame, mille pardons si je ne vous ai pas rendu plutôt mes devoirs; mais je n'ai pas pu quitter le Prince de Condé, le Duc de Bourbon; j'arrive hier de Versailles.

LA MARQUISE.

Y dit-on quelque chose.

LE MARQUIS.

Il y a, Madame, une fort singuliere histoire & qui paroît très-vraie. Monsieur a reçu ces jours derniers une lettre, avec la souscription suivante: *à Monsieur, Monsieur, Prince de Provence, pour remettre à Monsieur le Prince de Monbarrey Secrétaire d'Etat au département de la guerre, & son premier domestique.* On s'imagine bien que personne n'a osé ouvrir un paquet si hétéroclitement adressé; on l'a remis en mains propres de Son Altesse Royale qui en a beaucoup ri; & curieuse de savoir ce qu'il contenoit, a fait appeler sur le champ le Capitaine Colonel des Suisses de sa garde. M. de Montbarrey venu, le Prince lui a donné le paquet, pour qu'il en fît lecture; il s'est trouvé que c'étoit la lettre d'un pauvre Gentilhomme parent du Ministre, & lui recommandant trois garçons & une fille qu'il a, dans un stile qui ne sentoit pas plus le courtisan que l'adresse. Monsieur a demandé à M. de Montbarrey si tout cela étoit vrai, & ce qu'il comptoit faire. Il n'a pu nier la vérité des faits articulés dans le mémoire, mais a paru peu difpofé à exaucer la demande du fuppliant, vu fon étendue & l'impoffibilité qu'il a prétextée d'y fatisfaire. Alors Son Alteffe Royale lui a dit qu'elle comptoit être plus heureufe; qu'elle prendroit l'aîné des garçons pour fon Page, donneroit le fecond à fon frere d'Artois & le troifieme à la Reine; que quant à la fille, il efpéroit avoir affez de crédit pour la faire recevoir à Saint-Cyr. Les courtifans témoins de l'entretien, qui avoient d'abord ri de la gaucherie du pere, n'ont pu s'empêcher de reconnoître qu'il n'étoit pas fi bête.

LA MARQUISE.

C'eft très-adroit & très-plaifant. Au refte, je reconnois bien là la bonté de nos Princes. Le Miniftre de la guerre a dû être un peu fot de la leçon qu'il recevoit. Nomme-t-on l'auteur de la facétie?

LE MARQUIS.

Oui, l'on dit hautement que c'eft M. le Baron de Saint-Maurice, Gentilhomme de Franche-Comté.

Autre vifite: c'étoit l'Abbé *l'Ifledieu*, le Supérieur des miffions étrangeres, qui étoit en longue foutanne, en colet blanc, en chapeau rabattu, & fit fuir le Marquis du plus loin que celui-ci l'apperçut. La Marquife, qui a le talent de mettre chacun à fon aife en le faifant parler de ce qui le concerne, après les premiers complimens d'ufage, interrogea l'Eccléfiaftique fur une matiere

de fon reffort. Il fut queftion d'un Prélat étranger arrivé depuis peu dans cette capitale; elle lui
témoigna fa furprife de ne pas le voir loger à fon
féminaire.

LE SUPERIEUR.

Madame, M. *Haun* (c'eft le nom du Prélat ma-
ronite dont vous parlez) ignorant abfolument notre langue, a dû défirer un afile où elles fe parlaf-
fent toutes, c'eft-à-dire qu'il demeure parmi
MM. les Bénédictins; il jouit dans l'Abbaye de
St. Germain des prés de la fatisfaction de con-
verfer, qu'il auroit eu peine d'obtenir ailleurs.

LA MARQUISE.

Voilà qui eft bien galant pour les enfans de
Saint Benoit. Au demeurant, quel eft cet étranger. Que fait-il ici?

LE SUPERIEUR.

Il eft Abbé général des Antonins dont le fiege
principal eft au Mont-Liban. Les vexations des
Bachas & l'incendie de fon monaftere l'ont forcé
à venir chercher des fecours dans la Chrétienté.
Il eft accompagné d'un Religieux de fon ordre &
de fon rit, & d'un Clerc, natif de Montpellier,
élevé à fon monaftere, qui leur fert d'interprete.

LA MARQUISE.

On dit qu'il a été invité a dire la meffe dans
plufieurs communautés religieufes, & que fa litur-
gie, tout-à-fait nouvelle, fait fpectacle en ce pays,
où l'on tire parti de tout.

LE SUPERIEUR.

M. *Haun* officie en langue Syriaque; les

cérémonies du faint facrifice font, dans ce rit, les mêmes que celles du rit Romain, à cette différence près que le Célébrant ne prend d'abord qu'une portion de l'Hoftie & du précieux Sang. Cette premiere communion faite, il faifit le calice d'une main, & de l'autre, la feconde partie de l'Hoftie, qu'il tient au - deffus du calice, recouvert de la patene. Il fe tourne alors vers le peuple, comme pour l'inviter à venir participer avec lui aux faints myfteres, & expofe aux yeux cette portion de l'Hoftie & le calice, les élevant & les abbaiffant de la même maniere que fe donne la bénédiction avec l'oftenfoir.

Il ne chante, à la célébration de la grand' meffe, que le *Kirie*, le *Gloria* &c. comme dans le rit Gallican. Le Clerc alors l'accompagne avec deux efpeces de cymbales qu'il frappe l'une contre l'autre, en différens fens, pour produire des fons variés ; il frappe quelquefois l'inftrument avec une clef, mufique très-peu harmonieufe, & qui ne flatteroit pas Madame la Marquife comme celle de l'Opéra.

LA MARQUISE.

Je le crois ; malgré cette bizarre difcordance, je ne fuis pas furpris que l'originalité du fpectacle nouveau attire nos petits - maîtres & nos jolies femmes : car on dit que c'eft une fureur & qu'il faut retenir M. *Haun* un mois d'avance pour l'avoir.

LE SUPERIEUR.

Il a déjà parcouru beaucoup d'églifes. Il a officié dans l'église métropolitaine, à Saint Germain des Prés, à Saint Jean, à la Merci, à la Sainte Chapelle, avec la crosse & la mitre. Dernierement il est allé aux Carmélites de Saint Denis. Après la messe, le Prélat, mandé par Sœur *Louise*, se transporta à la grille; & cette Princesse préférant les sandales & le cilice au luxe & aux délices de la Cour, ne fut pas un sujet d'admiration moins frappant pour lui, que lui pour l'auguste Religieuse, qui voulut à la tête de la communauté, recevoir sa bénédiction.

LA MARQUISE.

Cette tournée dans les diverses églises de Paris lui vaudra de l'argent.

LE SUPERIEUR.

Après avoir chanté l'évangile, celui des deux Religieux qui fait les fonctions de Diacre, prend un plat & va faire la quête dans l'église & l'on ne le refuse guere. On assure que M. le Grand-Aumonier lui a donné 25 louis.

LA MARQUISE.

A propos, comment va M. le Cardinal de la Roche-aymon.

LE SUPERIEUR.

Madame, il est toujours hors de danger pour le présent; mais le coup est porté; il n'en reviendra pas; il ne fera plus que végéter: la tête s'affoiblit, & il ne l'a jamais eue bien forte, il tombe en enfance.

Le cours des visites devint, à mesure que l'heure s'avançoit, plus rapide. Il entra presqu'en même tems, Madame la Comteſſe de Harnoisbeau, Madame la Comteſſe de Buſſy , M. Dorat, le Docteur Lorry & autres perſonnages, indifférens dont j'ai oublié les noms. Le grand chapeau s'éclipſa à travers cette foule; moi je continuai à travailler à la tapiſſerie, ce qui me diſpenſoit de parler, & il ſe forma une ſuite de propos rompus dont je ne recueillis que les faits.

LE DOCTEUR.

Je profite, Madame la Marquiſe, d'un inſtant de libre pour vous préſenter mes hommages; j'ai appris dans l'inſtant que vous aviez été incommodée.

LA MARQUISE.

Oh! ce n'eſt rien.

LE DOCTEUR.

Je vois en effet que vous allez à merveilles, autrement je ſerois au déſeſpoir de n'être pas accouru plutôt; mais vous n'ignorez pas que nous ne ſommes point à nous. Si je ne ſuivois que mon goût & mon attrait, je viendrois ſouvent m'inſtruire & m'amuſer parmi le cercle aimable qui ſe forme autour de la Minerve de nos jours.

LA MARQUISE.

Ah! Docteur, point de fadeurs : vous ſavez que je ne les aime pas plus en converſation qu'en médecine. Parlons d'autre choſe: je ne vous ai pas vu depuis la mort ſubite de votre confrere *Bordeu.* (1) Voilà M. *Bouvart* bien aiſe.

MAR-

____

(1) Mort à la fin de Décembre 1776.

MAD. LA COMTESSE DE HARNOISBEAU.

Oh! M. *Bouvart* n'avoit pas befoin de cette mort pour augmenter le nombre de fes pratiques.

LE DOCTEUR.

Ce n'eft pas cela, Madame la Comteffe: on voit bien que vous êtes peu inftruite des querel. les de notre Faculté; & celles de nos beaux es· prits, en effet, doivent vous occuper davantage; vous étiez trop jéune d'ailleurs. Bref . il y a dix - fept ans environ que *Bordeu* eut un procés très - grave au Parlement avec les héritiers d'un Marquis de Pondenas qu'il avoit accompagné ma· lade, allant aux eaux, mort en route & qu'il fut accufé d'avoir volé.... des infamies, des horreurs.... M. Bouvart fon Antagonifte le dénonça à la Faculté & voulut le faire rayer; mais étant forti favorablement de l'affaire, il refta parmi nous. Depuis ce tems M. *Bouvart*, toujours implacable dans fes haines, l'a détefté &, le pourfuivant jufqu'après font trépas, lorfqu'il a apris cet événement, il a dit avec fon fang - froid ordinaire: *je n'aurois jamais cru qu'il fût mort horifontalement.*

LA COMTESSE DE BUSSY.

Ah! voilà qui eft abominable.

M. DORAT.

On ne peut rien de plus horriblement méchant: heureufement, Madame, l'ombre du défunt en eft bien dédommagée par votre charmant bon mot fur fon compte: *La mort a eu peur de lui; elle l'a pris en dormant.* Oh! c'eft trop joli.

Mad. la Comtesse de Harnoisbeau.
C'eſt charmant.

LA COMTESSE DE BUSSY.

Vous êtes bien bons; je ne ſais à propos de quoi l'on eſt allé inférer cela dans le journal de Paris.

M. DORAT.

Ne craignez rien, Madame, perſonne ne vous accuſera de l'y avoir envoyé. C'eſt une de ces fleurs qui naiſſent continuellement ſous vos pas : les rédacteurs l'ont cueillie, & en ont orné leur bouquet.

LA MARQUISE.

Que devient ce journal? Reprend-il, ne reprend-il pas? Il n'eſt pas poſſible qu'il ſe maintienne ſur le pied où on l'avoit inſtitué.

LA COMTESSE DE BUSSY.

Ce ſeroit dommage; car il ſeroit fort amuſant d'avoir ainſi les petites anecdotes de la veille.

M. DORAT.

Cela n'eſt pas praticable en France; vous ne pouvez, même dans une tragédie, dans une comédie, dans un roman, inférer dans une alluſion vague, capable de choquer quelque grand, quelque homme accrédité ſe reconnoiſſant dans le miroir, qu'on ne vous raie l'article à l'inſtant. Je l'ai éprouvé cent fois. Jugez ſi l'on tolérera une feuille dont l'objet ſera de relever directement les fautes, les ridicules, les vices de la ſociété.

Ici le Docteur s'enfuit ſur la pointe du pied, & eſt remplacé par M. de Marcſaint; M. Dorat l'apoſtrophe & continue.

Nous fommes, M. de *Marcfaint*, à parler du Journal de Paris; n'eft il pas vrai que jamais il n'exiftera, fi l'on s'obftine à le continuer fur le même plan.

M. DE MARCSAINT.

Jamais. Le Régiment des Gardes eft furieux pour l'hiftoire de la *Noirie*, & cependant on ne pouvoit apporter dans le récit plus de circonfpection... Mad. la Marquife auroit-elle ici les premieres feuilles.

LA MARQUISE.

Oui, elles font dans le carton qui fe trouvera fur la table de marbre.

M. DE MARCSAINT.

Les voilà: cherchons, c'eft le N°. 2. j'y fuis.
„ Nous n'ofons l'affirmer; mais on débite avec
„ un ton de certitude que M... Officier au Ré-
„ giment des.... éperduement amoureux de Mlle....
„ célebre Aétrice de l'Opéra, lui propofa ces jours
„ derniers de l'époufer : *Monfieur, je vous aime*
„ *trop*, répondit-elle, *pour vouloir faire ce tort*
„ *à vous & à votre famille.* L'Aétrice a perfifté,
„ & M..., défefpéré de ce refus généreux, s'eft
„ retiré au monaftere de la Trappe dont il poftu.
„ le aujourd'hui l'habit.

LA COMTESSE DE HARNOISBEAU.

Effeétivement, M. de la Noirie n'eft point nommé; Mlle. Beaumefnil ne l'eft pas davantage, & l'on a fupprimé jufqu'à la dénomination du Régiment des Gardes.

Au reste, l'histoire de l'Abbé de la Croix n'a
pas occasionné moins de scandale dans le Clergé.

LA MARQUISE.

Je ne me rapelle pas ce nom-là, n'y rien qui y
ait trait.

LA COMTESSE DE BUSSY.

Pardonnez moi, c'est dans la feuille du vingt
à l'article *Variété*. „ On raconta hier à un soupet.
„ (& l'un des personnages étoit présent) qu'un
„ jeune Abbé, qui avoit toutes les graces de son
„ état, figure agréable, propos léger & galant,
„ fort couru des femmes; & qui possédoit surtout
„ le talent de chanter avec tout l'agrément possi-
„ ble, faisoit solliciter un bénéfice auprès d'un
„ Prélat fort distingué & déjà courbé sous le
„ poids de l'âge. Il vint le voir un jour d'au-
„ dience ; le Prélat expédia tout le monde avant
„ l'Abbé ; & celui-ci, qui se voyoit presque seul,
„ auguroit déjà bien de cette attention qui sem-
„ bloit lui annoncer un entretien particulier. En
„ effet, quand il n'y eut plus personne, le Prélat,
„ qui connoissoit la vie galante de l'Abbé & son
„ talent pour la musique, s'approchant de lui :
„ *Eh bien, M. l'Abbé.... des Bénéfices, n'est ce*
„ *pas?* l'Abbé timidement: *Monseigneur....* alors
„ le Prélat, pour toute réponse, se mit à lui
„ chanter: *Quand on sait aimer & plaire, &c.*

LA MARQUISE.

Mais, M. de la Roche-Aymon est fort mal
désigné ; quoique vieux, il n'étoit point courbé
avant sa maladie. Au reste, si l'anecdote est vraie,

elle confirme ce qu'on vient de m'apprendre; il y a toute appararence qu'il tomboit déjà en enfance.

M. Dorat s'échappe en ce moment avec. M. de Marcfaint & dit : „ Mefdames, voilà M. de la „ Lande qui vous donnera des nouvelles du jour-„ nal en queftion.

M. DE LA LANDE, entrant.

Le journal de Paris? il reparoît demain.

LES TROIS DAMES.

Bonne nouvelle.

M. DE LA LANDE.

Oui ... mais bien maigre, abfolument étique. M. Seguier ne veut pas qu'il parle des affaires du Palais, de peur qu'on ne s'apperçoive que fes conclufions ne font prefque jamais fuivies. La Police lui défend de parler des accidens, des voleurs, des affaffins, des morts fubites, & tout cela prudemment, afin de ne point effrayer les citoyens; en un mot, pas même des récits d'acte de bienfaifance. M. de la Borde s'eft plaint qu'on lui en avoit imputé un qu'il n'avoit pas fait.

LA MARQUISE.

Il n'eft donc pas vrai qu'il ait été réellement remis à la famille de Bordeu malaiféc, les 80,000 livres que ce Médecin avoit placées fur fa tête à fonds - perdus fix mois avant fon décès?

M. DE LA LANDE.

Non : il n'eft pas homme à cela; c'étoit une tournure qu'on avoit imaginée pour le piquer de générofité : on vouloit l'exciter à cette bonne

D 3

action en le louant d'avance, eomme s'il s'y fût porté de fon propre mouvement. Il ne s'en eft pas fenti capable, & a pris l'annonce pour une dérifion.

LA COMTESSE DE HARNOISBEAU.

On auroit mieux fait de prévoir toutes ces tracafferies & de ne pas laiffer commencer la feuille.

M. DE LA LANDE.

C'eft dommage, cela paroît bien.

LA COMTESSE DE HARNOISBEAU.

Au moins aurons-nous toujours votre article des obfervations météorologiques, vos notes fur la pluie & le beau tems.

LA MARQUISE.

Eft-ce que vous étiez, Monfieur, pour quelque chofe dans cet ouvrage?

M. DE LA LANDE.

Ah! pour bien peu de chofe, Madame; ce font des notes concernant un plus grand travail que j'envoie au rédacteur; cela ne me coûte rien.

LA COMTESSE DE BUSSY *entre les dents.*

Et vous rend un peu.

M. DE LA LANDE.

Oh point, point. Je fais tout cela *gratis.* A propos, ce pauvre Diable de *la Place*, l'inventeur de la chofe, eft difgracié; il a fallu une victime, &, comme le plus connu, il a été facrifié.

LA MARQUISE.

Quel eft ce la Place? Quoi! l'ancien Auteur du Mercure.

M. DE LA LANDE.

Non, c'étoit un clerc de Notaire qui a quité son état pour cette chimere, & le voilà ne fachant où donner de la tête.

Parbleu, puifque nous fommes en petit Comité, je m'en vais vous lire, Mesdames, une piece de vers, adreffée anonymement aux rédacteurs de cet ouvrage périodique pendant fon interruption, & qu'ils fe garderont bien d'inférer à préfent. Elle eft charmante; on la juge faite tout récemment, puifque c'eft à l'occafion du jour de l'an.

Vers, au fujet d'un Sultan, envoyé pour étrennes à Madame l'Abbeffe de . . . .

Avé que l'on ouvre au Sultan . . . .
Au Sultan, répond la tourriere ;
C'eft une rufe de Satan.
Un Sultan, Jefus, un Sultan !
Ma fœur mettons-nous en priere.
Satan nous veut jouer d'un tour ;
Fermons la porte à double tour,
Et clouons en dedans le tour.
Un Sultan n'eft-ce pas un homme,
Qui, dit-on, donne un fort en jetant un mouchoir ?
N'eft-ce pas un Moufleur qui ne croit pas à Rome,
Et qui fe marieroit du matin jufqu'au foir,
Sans y faire aucune paufe,
Si Dieu permettoit la chofe ?
N'eft-il pas hérétique... Eh ! non, c'eft un fachet
Un fachet plein d'odeur, que Sultan l'on appelle . . .
Si ce n'eft que cela, dit elle,
Sans une lettre de cachet
Et fans l'ordre de l'Archevêque

Il peut entrer. Donnez, vous ferez fatisfait,
Excufez cependant fi je prends garde .....
C'eft qu'un enfant eft bientôt fait.

Comme M. de la Lande finiffoit cette lecture de vers dont je lui demandai copie, furvint le Comte de Milly, fon confrere, qui, le furprenant dans cette fonction, le plaifanta lourdement fur le rôle futile qu'il jouoit, indigne de fa gravité.

LA MARQUISE.

Soit, Monfieur le Comte, apprenez-nous quelque chofe de plus important.

LE COMTE.

Madame, mon confrere auroit mieux fait de vous inftruire de ce fait: Il y a quelques jours, M. de la *Sône*, premier Médecin de la Reine & membre de l'Académie des Sciences, a propofé dans une affemblée particuliere une queftion de Phyfique concernant à la fois l'anatomie & la médecine. Il a établi la conformation d'un individu mâle, & a demandé s'il ne pourroit pas être poffible que par telle attitude, telle maniere, telle circonftance, tel moment favorable de la nature le fujet difgracié de celle-ci fût affez adroit ou affez heureux pour la tromper & produire un enfant ? Plufieurs membres faifant attention à la qualité de l'homme, aux détails qu'il rapportoit, ne voulant point qu'on engageât cette queftion, dirent que c'étoit à la Faculté de Médecine, ou au College de Chirurgie qu'il falloit la renvoyer, ce qui a été l'avis général. On a enfuite demandé à l'Académicien pourquoi il agitoit

un

un femblable problème : il a répondu fimplement qu'on ne fauroit trop aprofondir une matiere auffi intéreffante

MESD. HARNOISBEAU & BUSSY *s'en allant & ricanant.*

Voilà qui eft fort curieux, Monfieur ; cela vaut mieux que des vers.

M. DE LA LANDE.

Attendez donc, Mesdames, que j'aie l'honneur de vous donner la main.

Entre Mad. *Géoffrin* accompagnée de MM. *Mathos*, *Martelmon* & de l'Abbé *Calchas*.

LA MARQUISE.

M. le Comte, je fuis fâchée que Mad. Géoffrin n'ait pas entendu votre anecdote : daignez recommencer.... il recommence.

MAD. GEOFFRIN.

Je fuis furprife de cela, mes Savans ne m'en ont rien dit.

LE COMTE.

Rien de plus vrai cependant, Madame, demandez-le.

MAD. GEOFFRIN.

Je le faurai, je le faurai ; car la chofe en vaut la peine. Ah ça, ma bonne amie, je vous quite pour aller voir M. Franklin, ce grand Phyficien, devenu aujourd'hui un politique redoutable à l'Angleterre.

M. MARTELMON.

Eh bien ! Madame la Marquife, comment gouvernez-vous les fpectacles ?

D 5

LA MARQUISE.

J'ai été incommodée ; je n'ai pas forti du mois, je ne commence même à recevoir du monde que depuis peu ; mais il me paroît qu'il n'y a pas grande nouveauté.

M. MATHOS.

Vous avez *Zuma* à la comédie Françoife, de M. *le Fevre* ; le public n'en a pas d'abord fenti les beautés un peu outrées ; mais il s'y fait ; cela ira.

L'ABBÉ CALCHAS.

On nous a donné à l'Opéra un acte détestable. *Alain & Rofette* ou la *Bergere ingénue.* Imaginez-vous qu'on a exécuté cette paftorale après Orphée ; c'eft comme fi l'on buvoit de la piquette après le vin de Bourgogne le plus chaud & le plus cordial.

M. MARTELMONT.

Votre bourgogne ne vaut pas notre champagne d'Italie. Piccini vous en fera convenir.

L'ABBÉ CALCHAS.

Monfieur, briffons là, pour ne pas élever une querelle qui vous feroit prendre feu aifément. Parlons plutôt du ballet des Horaces.

LE MARQUIS DE LA SELLA, *furvenu à cette phrafe.*

J'ai fur ce ballet une petite chanfon faite par un jeune homme, qui eft la meilleure critique qu'on en puiffe faire ; elle eft toute neuve & amufera Mad. la Marquife fi elle veut me permettre de la chanter. On l'a mife fur l'air :

Palfembleu Monfieur le Curé.

Tout le monde eft convaincu
Que le ballet des Horaces,
En même tems eft le ballet des Cu......
Le ballet des Curiaces.

Quel fpectateur n'eft point ému
Voyant l'aîné des Horaces,
Prendre courage & pourfendre trois Cu....
Pourfendre trois Curiaces.

Ah ! jufte ciel ! tout eft perdu,
Dit Camille au fier Horace,
Je fuis ta fœur, & tu perces mon Cu....
Tu perces mon Curiace.

A l'inftant fon frere bourru
La poignardant avec grace,
Camille tombe, & montre encore fon Cu....
Montre encor fon Curiace.

Vous à qui *Noverre* eft connu,
Jetez des fleurs fur fes traces,
A l'Opera j'aime à claquer les Cu....
A claquer les Curiaces.

LA MARQUISE.
C'eft un peu poliçon.
M. MARTELMONT.
Madame, nous fommes en carnaval.
M. MATHOS.
C'eft trés-bien, & quel eft le Poëte?
LE MARQUIS DE LA SELLA.
Il fe nomme *Augufte* & promet beaucoup : il a
de la gaieté ; il a des contes qu'on appelle *Augu-
ftins*, trés-plaifans.

D 6

L'Abbé Calchas.

Oui, fi vous voulez; mais tout ce a n'eft que de la crême fouettée.

M. Martelmont.

Oh! vous voudriez, M. l'Abbé, que tous les Poëtes fuffent des hommes.

Différentes vifites arriverent encore, pendant lefquelles ces Meffieurs difparurent: Il ne fe dit plus rien d'intéreffant, & Mad. Dudeffant fe trouvant fatiguée, fit fermer fa porte; ce qui me permit de me retirer chez moi, de me recueillir & de vous rédiger la féance.

Avant de clôre cette lettre, Milord, je vais encore y joindre un petit conte du jour que j'ai entendu faire ailleurs, & qui réjouit beaucoup tous les Anti-philofophes en ce qu'on y tourne en ridicule une Héroïne de l'autre parti, une femme de la Cour extrêmement liée avec M. *Turgot* & Préfidente de la fecte économique. C'eft la Ducheffe *Danville*. Elle aime beaucoup a jouer à la loterie royale de France, à faire des combinaifons. Ces jours derniers elle a rêvé que, pour être heureufe, il falloit qu'elle fît choifir fes numero par un fol. En conféquence elle va aux petites maifons, & prie les chefs de cet hôpital de lui en faire venir un, mais raifonnable à certains égards, & avec qui elle puiffe caufer. Le fol venu, elle lui déclare le fujet de fa vifite & le prie de vouloir bien lui nommer trois numeros, fur lefquels elle doive mettre avec confiance. Le Devin demande très-gravement une plume avec

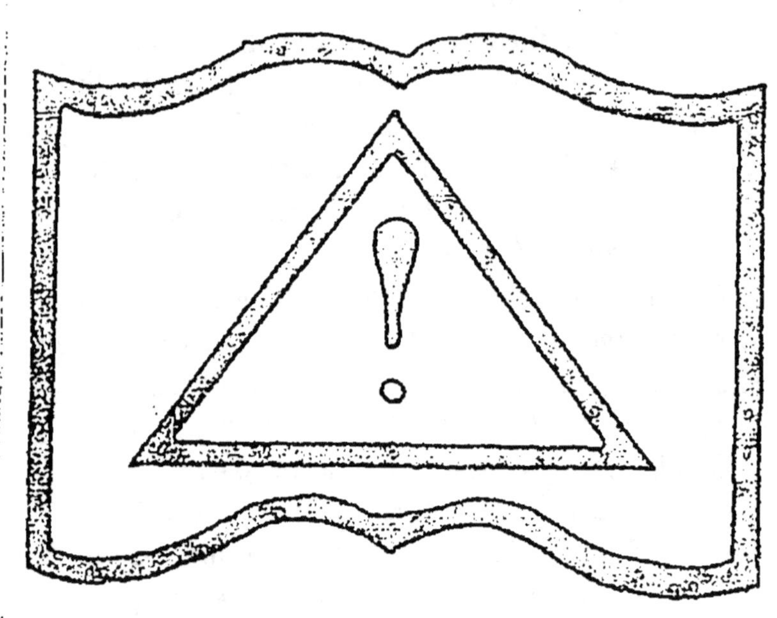

PLANCHE (S) EN .2.
PRISES DE VUE

TABLEAU GÉNÉRAL DES IMPOSITIONS

PAYS D'ÉLECTIONS.

Généralités.	IMPOSITIONS ORDINAIRES.						VINGTIEMES.			
	Premier Brevet.	Second Brevet.	Impositions en vertu d'arrêts particuliers.	Capitation.	6 Deniers par livre pour le Palais.	Total.	Biens-fonds.	Industrie.	Offices & Droits.	Total.
PARIS.	4299900 - » - »	2000547 - 6 - 11	68277 - 10 - »	2577504 - 12 - 5	53698 - » - »	8999729 - 9 - 4	3250585 - 16 - »	47203 - 15 - »	15695 - 17 - 8	3313485 - 8 - 8
SOISSONS.	1062392 - » - »	816778 - 1 - 6	4200 - » - »	808307 - 1 - 5	16931 - 7 - »	2708608 - 9 - 11	1011593 - 19 - 3	22253 - 2 - 9	10923 - 3 - 3	1044770 - 5 - 3
AMIENS.	1093163 - 16 - »	650390 - 13 - 9	9739 - 19 - »	909213 - 12 - 4	18780 - 2 - 4	2686288 - 3 - 5	1477842 - 13 - 9	43637 - » - »	20997 - 14 - 9	1542182 - 17 - 2
CHALONS.	1783850 - 18 - »	1357350 - 3 - 6	49573 - 5 - 4.	1374093 - 4 - 11	28482 - 18 - 10	4593350 - 10 - 7	1866904 - 17 - 3	73876 - » - »	14622 - 19 - »	1955103 - 16 - 3
ORLÉANS.	2350042 - 4 - »	1152878 - 12 - 11	28686 - 7 - 6	1539719 - 9 - 6	31933 - 17 - 3	5103260 - 11 - 2	1709081 - » - »	69324 - 15 - »	26251 - 19 - 2	1804660 - 14 - 2
TOURS.	3391677 - 6 - »	2077702 - 12 - »	23778 - 1 - 7	2398725 - 18 - 6	49828 - 6 - 7	7941712 - 4 - 8	2265233 - 19 - 1	31566 - 14 - »	23925 - » - »	2320725 - 13 - 1
BOURGES.	821921 - 2 - »	593094 - 13 - »	» - » - »	541663 - 5 - 6	11158 - 18 - »	1767837 - 18 - 6	622377 - 5 - »	5725 - 5 - 6	4021 - 15 - 1	632126 - 5 - 7
MOULINS.	1550366 - 8 - »	734092 - 14 - 8	51142 - 12 - 6	937854 - 1 - 6	19395 - » - »	3292850 - 16 - 8	806322 - » - »	4352 - 3 - »	9651 - 11 - 9	820315 - 14 - 9
LYON.	1556954 - 10 - »	650111 - 16 - 2	221001 - 9 - »	1085921 - 3 - 5	22146 - 7 - 1	3336135 - 5 - 8	1199279 - 8 - »	114531 - 10 - »	26473 - 2 - 8	1310284 - 3 - »
RIOM.	2991076 - » - »	1217203 - 12 - 8	18319 - 6. - »	1659942 - 11 - 1	34582 - 2 - 9	5921623 - 12 - 6	1384952 - 9 - »	23382 - 18 - »	11830 - 11 - 5	1420165 - 18 - 5
POITIERS.	2309681 - » - »	1014855 - 6 - 3	63000 - » - »	1337523 - 9 - 9	27718 - 13 - 1	4752778 - 9 - 1	1422977 - » - 4	8756 - 1 - 8	12377 - 10 - 10	1445110 - 12 - 10
LIMOGES.	1712293 - 2 - »	866883 - » - 11	33061 - 10 - »	1022464 - 3 - 11	9077 - » - »	3673778 - 16 - 10	921678 - 4 - »	22146 - 16 - »	7541 - 17 - »	951366 - 17 - »
BORDEAUX.	2929055 - 18 - »	1759432 - 4 - 6	4725 - » - »	2178334 - 10 - 7	» - » - »	6871548 - 13 - 1	3030676 - 11 - 1	95593 - 17 - »	26347 - 16 - 9	3152618 - 4 - 10
LA ROCHELLE.	1200762 - » - »	656756 - 1 - 8	5524 - 15 - »	706854 - 6 - 9	4854 - 5 - »	2574751 - 8 - 5	1212028 - 14 - »	12729 - 7 - »	27925 - 18 - »	1282723 - 19 - »
MONTAUBAN.	2131314 - 18 - »	1092873 - 19 - 7	54408 - 10 - »	1242453 - 12 - 9	» - » - »	4499031 - » - 4	1439530 - » - »	46562 - 18 - »	17280 - 12 - »	1503173 - 10 - »
AUCH.	1464665 - 8 - »	933176 - 10 - 11	» - » - »	857016 - 13 - 6	» - » - »	3254853 - 14 - 2	992914 - 8 - 2	11444 - 1 - »	21987 - 7 - 4	1026845 - 16 - 11
ROUEN.	2671468 - 8 - »	1433768 - 19 - 7	» - » - »	2100234 - 8 - 4	» - » - »	6205471 - 15 - 11	2771994 - 5 - 11	106598 - 10 - 9	52654 - 6 - 10	2930877 - 5 - 4
CAEN.	1936655 - 18 - »	936455 - 15 - 8	171413 - 15 - 9	1395510 - 13 - 4	» - » - »	4443046 - 2 - 9	1165231 - 12 - 8	24374 - 7 - »	15651 - 12 - 11	1805257 - 12 - 7
ALENÇON.	1743126 - 18 - »	918938 - 5 - 7	3150 - » - »	1157834 - 11 - 3	» - » - »	3823249 - 14 - 3	1443748 - 9 - 6	32999 - 9 - »	11584 - 17 - »	1488532 - 15 - 6
GRENOBLE.	1268261 - 2 - 1	900959 - 13 - 10	» - » - »	889536 - 2 - 4	» - » - »	3068356 - 18 - 3	995407 - 6 - 6	37612 - 11 - 6	11980 - 2 - »	1045000 - » - »
	40107239 - 16 - 1	21571053 - 5 - 7	730502 - 18 - »	26720702 - »13 - 11	919980 - » - »					

ALENÇON. - - -	...	...		...		...	...	...	...	...
GRENOBLE. - - -	1268261 - 2 - 1	909959 - 13 - 10	· · ·	329556 - 2 - 4	· · ·	3068356 - 18 - 3	995407 - 6 - 6	37612 - 11 - 6	11980 - 2 - ·	1645000 · · ·
	40107239 - 16 - 1	21571050 - 5 - 7	730501 - 18 - ·	26710707 - 12 - 11	5138856 - 17 - 11	89448386 - 14 - 2	31620294 - 19 - 6	834211 - 11 - 2	370728 - 15 - 5	32825235 - 6 - ·
Ville de Paris.				1722686 - 1 - 4	35889 - 5 - 10 }	2302534 - 19 - 8	3201938 - 13 - 3	330000 · · ·	355000 · · ·	3906258 - 13 - 3
Arts & Métiers.				533838 - · - ·	11121 - 12 - 6 }					

I. *Détail du premier Brevet.*

Taille - - -	31178259 - · - ·
Taillon de la Gendarmerie - -	1186756 - · - ·
Solde de la Maréchaussée - -	1749445 - 1 - 11
Etapes (*) - - -	2346667 - · - ·
Deux sols pour livre - - -	3645112 - 14 - 1
	40107239 - 15 - 1

Diminutions.

Moins-imposés - - - 1267000 - ·	}	2950000 - · - ·
Travaux de charité 1683000 - ·		
		37157259 - 16 - 1

(*) La Généralité de Lyon ne contribue point par le deuxieme brevet à la dépense des etapes, attendu qu'elle supporte pour cette dépense une imposition de 150000 liv. de laquelle cependant il n'est réellement employé à cet objet que 50000 liv. environ.

II. *Récapitulation de la Capitation.*

Pays d'Election - - -	26720707 - 12 - 11
Pays conquis - - -	2952929 - 7 - 8
Pays d'Etats - - -	5707819 - 16 - ·
Ville de Paris - - -	2356524 - 1 - 4
Rôle de la Cour - - - {	400000 - · - ·
	857377 - 8 - ·
Extraordinaire des guerres	240000 - · - ·
La Marine - - -	120000 - · - ·
Artillerie & Génie - -	34800 - · - ·
Les Maréchaussées - -	10800 - · - ·
Les Compagnies supérieures & autres de Paris - - -	380000 - · - ·
Les Clergés étrangers & l'ordre de Malthe - - -	210222 - 19 - 2
	39891181 - 5 - 1

Il y a encore d'autres sommes qui, sur le montant de la capitation des pays d'élection & pays conquis, sont versées au trésor royal, mais avec une destination fixe, comme on en rendra compte ci-après.

Observation sur la Capitation.

Dans la fixation de la capitation des pays d'Election la portion du trésor royal est de - - -	21804146 - 16 - 10
Pays conquis de - - -	2582274 - 11 - 7
Pays d'Etats de - - -	5707819 - 16 - ·
La Ville de Paris produit sur le rôle de la Capitation bourgeoise - - -	1200000 - · - ·
Sur ceux des arts & métiers, distraction faite de 483333 liv. versées à la police, - - -	16022 - · - ·
Rôles de la Cour par retenue - - -	400000 - · - ·
Ceux en recouvrement - - -	700000 - · - ·
Les autres parties détaillées ci-contre - - -	995822 - 19 - 2
Total des fonds que la capitation produit au trésor royal - - -	33406086 - 3 - 7

Nota. Ce total supporte une déduction de 20000 liv. pour remise de pareille somme accordée à différens pays d'Etats sur leurs impositions, comme on l'a dit dans les observations.

III. *Récapitulation des Vingtiemes.*

Pays d'Election - - -	3282535 - 6 - ·	
Pays conquis - - -	5744750 - · - 11	} 53271514 - · - 2
Pays d'Etats - - -	10795290 - · - ·	
Ville de Paris - - -	3906238 - 13 - 3	

Abonnemens.

Des Clergés - - -	529793 - · - ·	
Princes du sang - - -	152416 - · - ·	} 1133605 - · - ·
Ordre de Malthe - - -	110000 - · - ·	
Fermes générales - - -	341396 - · - ·	

Total général - - - 54405119 - · - 2

Sur quoi déduire,

Pour décharges & modérations - - -	1000000 - · - ·	
Pour Taxations - - -	1500000 - · - ·	
Pour frais d'administration & pensions de retraites - - -	782000 - · - ·	} 3953622 - 13 - 3
Pour décharges & taxations sur les rôles de Paris -	581622 - 18 - ·	

Produit net - - - 50451496 - 6 - 11

VI. *Total général des sommes imposées dans l'étendue du Royaume, d'après le présent Tableau.*

	Impositions ordinaires.	Vingtiemes.	Total.	Total général.
Pays d'Election	89448386 - 14 - 2	32825235 - 6 - ·	122,273,622 - · - 8	
Pays conquis	12997555 - 9 - ·	5744750 - · - 11	18,742,305 - 9 - 11	
Pays d'Etats	32261061 - 3 - 9	10795290 - · - ·	45,056,352 - 3 - 9	
Abonnemens de Capitation	995822 - 19 - 2		995,822 - 19 - 2	193,686,720 - 13 - ·
Abonnemens des Vingtiemes		1133605 - · - ·	1,133,605 - · - ·	
Ville de Paris	2302534 - 19 - 8	3906238 - 13 - 3	6,209,773 - 12 - 1	
Capitation de la Cour, y compris 17862 liv. pour le palais,	1275239 - 8 - 7		1,275,239 - 8 - 7	

Si l'on ajoute à cette somme de - - -	193686720 - 13 - ·
Les impositions particulieres qui ont lieu dans la ville de Paris, telles que le logement des Gardes-Françoises - - -	170000 - · - ·
Celui des Gardes-Suisses - - -	60000 - · - ·
Celui des Cent-Suisses - - -	90000 - · - ·
Et l'imposition de la Milice - - -	70000 - · - ·
Le total général sera de - - -	193,995,720 - 13 - ·

DU ROYAUME. ANNÉE 1777.

PAYS CONQUIS.

DÉPARTEMENS.	IMPOSITIONS ORDINAIRES.						VINGTIEMES.	OBSERVATIONS.
	Aide ordinaire.	Aide Extraordinaire.	Autres Impositions.	Capitation.	6 deniers p. liv.	Total.	Abonnement.	Pays d'Élection.
Flandres — { Wallonne.	251468 - 15 - .	264074 - 16 - 1	231571 - 10 - 9	} 335146 - 16 - .	556 - 19 - 8	1658914 - 19 - 4	{ 594000 / 330000 } 924000 - . - .	
{ Maritime.	159119 - 10 - 4	215830 - . - .	171616 - 11 - 6					
Hainault — Cambresis.	167183 - 15 - 7	181442 - 1 - 7	259232 - 5 - 9	299635 - 17 - 6		910949 - 4 - 4	58000 - . - .	
Pays réunis en 1769.	3283 - 2 - 8	. - . - .	772 - 1 - 3				5387 - 4 - 11	
Alsace, — Subvention.	311250 - . - .	*Remboursement d'offices.*	2252246 - 11 - 4	632061 - 19 - .		3195558 - 10 - 4	*Alsace.* 730400 / *Strasbourg.* 121000 } 851400 - . - .	
Comté de Bour-gogne, { Impositions ordinaires.	814000 - . - .	35000 - . - .	857616 - 11 - 3	992686 - 17 - 6		2699303 - 8 - 9	1100000 - . - .	
Roussillon, — Idem.	6,706 - 6 - 4	*Maréchaussées &c.* 36690 - . - .		133273 - 11 - 6		233669 - 17 - 10	270600 - . - .	
Metz, — { Subvention au Etape. / Ponts & chaussées.	324009 - 17 - 4		595482 - 7 - 10	555711 - 11 - 4		1475803 - 16 - 6	835562 - 16 - .	
Lorrai-ne, { Duché de Lorraine, { Subvention, Ponts & chaussées.	965483 - 17 - 9 / 56743 - 6 - 9	*Maréchaussées.* 107836 - 15 - 11	787508 - 9 - 10 / *Chargé.* 23400 - . - .			} 2813355 - 11 - 11	1177000 - . - 9	
{ Duché de Bar. { Subvention, Ponts & chaussées.	447419 - 7 - 3 / 26296 - 1 - 9	49973 - 2 - 11	343694 - 10 - 3					
	3630564 - . - 3	890346 - 16 - 6	5527570 - 19 - 9	2948516 - 12 - 10	556 - 19 - 8	12099755 - 9 - .	5744750 - . - 11	

PAYS D'ÉTATS.

	Quartier d'Hyver.	Donation.	Autres Impositions.	Capitation.	Total.	Vingtiemes Abonnement.
Pays de Foix (Département de Roussillon.) - - - -	15000 - . - .	7425 - . - .	82908 - . - .	60900 - . - .	166233 - . - .	85800 - . - .
Pays de Boulonnois, Généralité d'Amiens, - - - -	*Subvention.* 49553 - 12 - 6	*Hôpitaux.* 5000 - . - .			54553 - 12 - 6	165000 - . - .
Principauté d'Orange, Généralité de Grenoble, - - -						19500 - . - .
Pays d'Artois, — Département de Lille, - - - -	*Ancienne composition.* 14000 - . - .	*Don gratuit.* 400000 - . - .	1798411 - . - .	514000 - . - .	2756411 - . - .	1100000 - . - .

OBSERVATIONS — Pays d'Élection.

Pour ces vingt Généralités les impositions sont établies chaque année d'une manière uniforme ; on y distin[gue] que le 1er. Brevet, qui contient cinq articles invariables, qui font le principal de la taille.

Le 2e. Brevet, qui varie chaque année suivant le plus ou le moins de dépenses locales, contient les impositions accessoires à la taille.

Pour la répartition on distingue les Pays de la taille réelle, qui sont Montauban, Auch, & Bordeaux en partie.

La Capitation est fixée chaque année par une lettre du Contrôleur général.

On ordonne quelquefois au marc la livre de la Capitation des impositions particulières, quand l'objet en paroît trop général pour être mis à la charge des seuls taillables.

C'est sur le premier Brevet que S. M. accorde chaque année une diminution aux taillables, dont partie se distribue en moins imposés, partie en travaux de charité.

Les Généralités des Pays d'élection ne sont pas abonnées pour les Vingtièmes, elles forment l'administration des Vingtièmes.

Dans toutes ces Provinces les taxations sont sur le 1er. Brevet de 5 den. pour le Receveur général, de 5 den. pour le Receveur des impositions, rien pour les collecteurs. Sur le 2e. Brevet 12 den. partagés par tiers entre les trois offices de percepteurs sur les 20e. *idem*, sur la Capitation 13 den. dont 5 pour le Receveur général.

VILLE DE PARIS.

Depuis le nouvel ordre établi dans le recouvrement des impositions de cette Ville, cette partie des revenus du Roi s'est améliorée, & il est résulté les plus grands avantages de la réunion du recouvrement de la Capitation de la Cour, à celui des Receveurs de la ville de Paris.

PAYS CONQUIS.

Flandres. Les deux Flandres obtiennent chaque année la remise de leur aide-extraordinaire pendant la paix ; c'est à ce titre qu'elles firent offre de ce secours en 1704.

Hainault. Même observation ; il faut remarquer cependant que pour quelques administrations la remise n'est [...]

Pays de Boulonnois, Généralité d'Amiers,	49553 - 12 - 0	5000				
Principauté d'Orange, Généralité de Grenoble,						19503
	Ancienne composition.	*Don gratuit*				
Pays d'Artois, — Département de Lille,	14000	400000	1798411	544000	2756411	110000
	Don actif.					
Béarn,	51512 - 1 - 2		261206 - 1 - 3	108000	403748 - 14 - 5	147400
Navarre,	9402 - - 6		19418	14400	43220 - - 6	26400
Pays de Soule,			9157	10600 - 16	19757 - 16	12320
Bigorre, — Administrations dépendantes de la Généralité d'Auch,	20674		122483 - 5 - 10		143157 - 5 - 10	99000
Quatre-Vallées,	4942		5900		10942	9900
Nébouzan,	6930		7025		13955	13200
Lectoure,	4900				4900	8800
Mont de Marsan, — Administrations dépendantes de la Généralité de Bordeaux,						11550
Bastilles de Marsan,	8800				8800	23100
Labour,						14740
	Don gratuit ordinaire.	*Don gratuit extraordinaire.*				
Bourgogne, — même département,	17666	300000	1911126	508334	2757126	1474000
	Tailles.	*Subsistance.*				
Bresse, Bugey, Gex,	177008	130000	155235	91666	553909	321200
		Milice, mendicité.				
Bretagne, — Don gratuit,	1000000	250000	6195280 - 4 - 8	1800000	9245280 - - 8	2926000
	Prestation.	*Milices*		*4t p. l. recherch.*		
Marches communes, — Administration dépendante à la fois des villes de Poitou & de Bretagne.	760			765	769	25080
Languedoc,	3000000	200000	7025592 - 10 - 10	1600000	11825592 - 10 - 10	3080000
		Idem.				
Provence, terres adjacentes & Marseille,	740948 - 6 - 6	39633 - 11 - 2	4523115 - 13 - 4	669919	4273616 - 11 -	1232000
	5104326 - - 8	1332058 - 11 - 2	20116859 - 11 - 2	5707819 - 16 -	32261662 - 3 - 9	10795290 - -

IV. *Total des Fonds versés au trésor royal sans destination fixe.*

Pays d'Election, { sur le premier Brevet, déduction faite de la diminution & des taxations, - 35763873 - 12 - 1
{ sur la Capitation - 21804146 - 16 - 10
{ sur les Vingtiemes - 29453235 - 6 -

Pays-conquis, { sur les Aides, Subventions, Impositions ordin. - 3335020 - 9 - 7
{ sur la Capitation - 2562274 - 15 - 7
{ sur les Vingtiemes - 5744750 - - 11

Pays d'Etats, { sur les Don gratuit, Capitation & 20eme. déduction faite des Remises, - 12017435 - 16 - 3

Ville de Paris, { sur la Capitation - 1216022 - -
{ sur les Vingtiemes - 3324616 - -

Les Rôles de la Cour - 1100000 - -
Les Abonnemens particuliers de la Capitation & autres parties - 995822 - 19 - 2
Les Abonnemens particuliers des Vingtiemes - 113,605 - -

Total général. - 118,450,802 - 16 - 10

V. *Impositions pour dépenses générales faites soit avec la Capitation, soit dans le second Brevet.*

Pensions & gratifications relatives au rétablissement des cours - 300000 - -
Intérêts des finances des Offices supprimés - 300000 - -
Ponts & chaussées, 2eme. brevet, - 3056334 - -
Turcies & levées - 500000 - -
Ports maritimes - 800000 - -
Navigation du Royaume - 800000 - -
Harras, pays d'élection, - 450750 - -
Mendicité { cap. 282005 - 11 - 6
Pays d'élec. { 2e. Br. 748332 - -
Pays-conq. { 30056 - 18 - 11 ; 104450 - 8 - 6 } 1374944 - 18 - 1
Pays d'états - 210000 - -
6 den. pour le Palais - 378000 - -
Convois militaires - 150000 - -

Supplément de fourages, petits ustenciles, quartier d'hiver &c. pays d'élection, ci. - 5197112 - 10 - 10
Solde des Milices.
Pays d'élection 4718766 - -
Pays conquis 721609 - 6 - 6 } 6730047 - 6 - 6
Pays d'états - 1289672 - -
6 den. des Milices, destinés à la retenue des Invalides.
Pays d'élection 117969 - 3 -
Pays conquis 18039 - 15 - } 168151 - 13 -
Pays d'états - 32143 - -
62.8200 - 4 - 6
Remises aux pays conquis & d'états - 1104100 - 13 - 3

Reste - - 5794070 - 11 - 3

Flandres. Les deux Flandres obtiennent chaque année la remise de leur aide-extraordinaire pendant la paix; c'est à ce titre qu'elles firent office de ce secours en 1774.

Hainault. Même observation; il faut remarquer cependant que pour quelques administrations la remise n'est pas toujours totale, & que les fonds n'en sont pas moins recouvrés, pour être employés à des objets utiles à la Province.

Alsace. On n'a pu présenter dans ce tableau que les impositions de 1776, celles de 1777 n'étant pas encore toutes établies. Les impositions de cette province sont réglées au département de la guerre; celles des fourages ne pouvant être constatées qu'au mois de Juin, & réparties par un mandement particulier.

Comté de Bourgogne. La chambre des Comptes de Dole n'étant pas rétablie, on laisse subsister les impositions pour le remboursement des offices.

Roussillon. L'abonnement des 20es. suivant l'arrêt du Conseil, est de 270600; cependant on impose 275050, & il n'est porté au trésor royal que 259000.

Metz. L'administration des 20es. subsiste dans cette Généralité. Les Vingtièmes des biens-fonds sont de - 772351 - 7 - 3; Ceux d'industrie, de - 43016 - 4 - ; Ceux d'offices & droits de - 20195 - 4 - 9; Total - 835552 - 16 - -

Lorraine. La capitation n'y a pas lieu; les impositions y sont réparties par la Chambre des Comptes. Dans les 37508 - 9 - 10 de la Lorraine, & les 348649 - 10 - 3 du Barrois, on a compris l'imposition territoriale pour les gages du parlement de Nancy & la contribution des Juifs imposés par arrêt particulier. Le Clergé Lorrain contribue aussi particulièrement dans le payement des gages de 23400 liv.

PAYS D'ETATS

Pays de Foix. L'abonnement des 20es. est de 153000 liv. cependant il n'est imposé & porté au T. R. que 75800. Ces abonnemens ont été traité au contrôle général: on ignore si depuis le traitement il a été accordé quelque modération.

Beauvaisis. Il contribue d'ailleurs à la Capitation & aux impositions du 2e. Brevet avec la Généralité d'Amiens.

Principauté d'Orange. Il est de même de cette principauté avec la Généralité de Grenoble.

Artois. Il obtient chaque année une remise sur la Capitation, qui est ordinairement de 209,000 liv.

Béarn & Navarre. Ces deux Provinces contribuent en outre dans quelques impositions particulières comprises dans le 2e. Brevet de la Généralité d'Auch.

Bigorre &c. Ces administrations payent la Capitation avec la Généralité d'Auch. En 1777 le Bigorre a supporté 53731 liv. les quatre Vallées 13176 liv. 15 sols, Nébouzan 11068 liv. Lectoure 5184 - 2 - 11.

Mont de Marsan &c. Contribuent aux impositions du 2e. brevet de la Capitation de la Généralité de Bordeaux & supporte dans la Capitation de cette Généralité, savoir: Mont de Marsan 9631 - 19 - 21 les Bastilles 12252 - 10, le Labour 16505 - 18 -.

Bourgogne. Il faut déduire sur les impositions de cette Province la somme de 137000 liv. déléguée aux Etats pour les intérêts & le remboursement des diverses emprunts qu'ils ont faits pour le compte du Roi.

Bretagne. Il faut aussi déduire sur les impositions de cette province 1,900,000 liv. pour même objet.

Languedoc. Remise de 5,960,000 liv. pour idem.

Provence. Remise de 990000 liv. pour idem.

Marches communes. Elles payent la Capitation partie avec la province de Bretagne, partie avec le Poitou.

de l'encre, les écrit bien diſtinctement & ſéparément, puis montrant le papier à la Ducheſſe,
liſez, Madame, étudiez bien ces Numero ; les
ſavez - vous par cœur … oui, Monſieur. Alors
il en fait trois parts, les plie en petites boules,
les avale, puis il ajoute : Madame, allez les prendre, c'eſt demain le tirage, je vous réponds
que ces numero ſortiront, qu'ils vous feront un
terne, mais je ne vous garantis par qu'il ſoit ſec.

Voilà, Milord, mes matériaux pour cette
fois - ci ; *levium ſpectacula rerum*. Je traiterai une
matiere beaucoup plus grave dans ma prochaine
lettre, préparez toute votre attention ; je vous
ouvrirai le budget du Miniſtre des finances de
France.

Paris, ce 29 Jenvier 1777.

LETTRE IV.

Tableau général des impositions du Royaume, année 1777: entretien à ce sujet avec un membre de la Cour des Aides & un premier Commis des finances.

CE n'auroit été qu'un travail très-imparfait, Milord, de vous envoyer ci joint-le tableau général des impositions du Royaume pour cette année 1777, si je ne m'étois trouvé en état de vous faire part des explications & développemens nécessaires à son intelligence. J'ai puisé ces détails dans une conversation avec deux hommes dont on ne peut révoquer en doute la capacité sur la matiere, & par leur état, & par leurs lumieres personnelles. L'un est M. *Negre des Rivieres*, aujourd'hui Conseiller à la Cour des Aides, & l'autre M. *Dailly* premier Commis de M. *Dormesson*, Intendant des finances, spécialement chargé des impositions. Le premier, ci-devant Conseiller au Grand-Conseil, est un de ceux qui s'y distinguerent par leur patriotisme, lors de la révolution de la magistrature. Le jour où il partit pour le fameux lit de justice de 1771, sa Mere lui dit comme cette mere Lacédémonienne à son fils sur le point de combattre, qui lui remettant son bouclier s'écria: *infrà aut suprà*; ne reparoissez point mon fils, avec cette robe devant moi, si elle reçoit la moindre souillure. Digne de cette femme généreuse,

il préféra l'exil à l'infamie, & lors du rétabliffement de l'ordre, ne pouvant plus reparoître avec
d'anciens confreres auxquels il auroit rougi
de s'affocier, il eft paffé à la Cour des Aides
qui acceuillit avec tranfport ce Héros citoyen. Le fecond, Financier quoiqu'imbu des
préjugés de fa profeffion, quoique défenfeur zélé
de la fifcalité, a autant d'honnêteté, d'humanité
que le comportent fes fonctions; il eft naturellement doux, a le cœur bon, & fait le moins de
mal poffible.

Allant chez M. Negre avec qui j'ai l'honneur
d'être lié particulierement, je fus furpris d'y trouver ce perfonnage; je vois votre étonnement,
s'écria-t-il du plus loin qu'il m'apperçût; mais
je fais un cas particulier de Monfieur; je le diftin-
gue de fes confreres, & je le confulte ici fur des
objets de fa compétence : entrez, vous n'êtes point
de trop; avec le défir ardent que je vous con-
nois de vous inftruire de notre adminiftration,
vous ne pouviez venir plus à propos; approchez
& confidérez bien ce tableau, vous ne manquerez
pas de vouloir en poff* copie, & vous l'aurez.
Je defirerois qu'il fût connu de toute la nation;
je n'aime la clandeftinité fur rien. Depuis fes remontrances relatives aux impôts (1), la Cour

____

(1) Ces remontrances du 6 Mai 1775, font, dit-on, un
chef-d'œuvre, mais fi fortes que le Roi prit les mefures
les plus extraordinaires pour en empêcher la publicité, &
s'en fit remettre la minute. La Cour des Aides, par refpect

des Aides continue à travailler aux mémoires annoncés à Sa Majesté. Je suis un des Commissaires, & je demande à Monsieur des détails sur certaines parties dont je ne suis pas assez au fait; d'ailleurs, la vérité naît des contradictions. Je suis bien-aise qu'il plaide sa cause avec tout le zele & l'adresse dont il est capable, afin d'avoir la réponse aux objections, ou de m'y rendre si elles font justes. Nous remettrons à une autre fois cette séance; car je vous sens déjà gros de questions que vous avez à faire.

L'ANGLOIS.

Effectivement, ce tableau me paroît très curieux; mais il y a tant de choses que je ne fais à laquelle me fixer; je le trouve confus, je ne vois qu'un étang.

LE CONSEILLER *à la Cour des Aides.*

Nous allons procéder par ordre, & vous mettre avant au fait du catéchisme fiscal. D'abord les pays imposés se distinguent en trois especes, 1°. Pays d'Election. 2°. Pays conquis 3°. Pays d'Etats. Division qui se forme naturellement de la maniere dont s'y fait l'affiete & la perception des impôts, ainsi que des dénominations diverses qu'ils y reçoivent.

On appelle *Pays d'Election* ceux où il y a des tribunaux de ce nom. Leurs fonctions furent de-

---

pour les défenses de Sa Majesté, n'a pas encore osé les laisser imprimer; car, malgré la minute enlevée, plusieurs de Messieurs en ont des copies.

fuppléer aux Etats provinciaux. Ils étoient autrefois compofés de perfonnes élues par la Province
elle-même, pour préfider à la répartition des impôts. Le Gouvernement à perverti cette inftitution au point d'en faire un moyen de finance ; ce
font aujourd'hui des Officiers en charge, qui ne
font plus choifis par leurs concitoyens, qui fouvent même font des étrangers, & d'ailleurs dans
la dépendance prefque entiere des Intendans.

Les Pays d'Election font partagés en vingt
Généralités ou Intendances, dont voici les noms.

L'ANGLOIS *regardant la carte & lifant.*

Oui les voilà : Paris, Soiffons, Amiens,
Châlons, Orléans, Tours, Bourges, Moulins,
Lyon, Riom, Poitiers, Limoges, Bordeaux, la
Rochelle, Montauban, Auch, Rouen, Caën,
Alençon & Grenoble.

LE CONSEILLER *à la Cour des Aides.*

Dans ces Généralités les impofitions fe divi-
fent en ordinaires & extraordinaires, les premieres font à perpétuité ; les fecondes font cenfées
ne devoir pas l'être.

Les impofitions ordinaires ont deux dénominations différentes & fe fubdivifent en une infinité d'autres ; l'une s'appelle la Taille & l'autre la
Capitation.

La Taille eft la plus ancienne ; elle fut créée
par Charles VII pour fubvenir à la folde des troupes réglées, qui, vers ce fiecle, furent établies
dans prefque toute l'Europe. Les Nobles en furent exempts à caufe du fervice qu'ils étoient

obligés de faire en perfonne. Dans les fiecles fuivans, la Nobleffe ne fervant plus l'Etat que dans
des troupes enrégimentées & foudoyées, on lui
fit payer cet impôt indirectement en impofant les
fermiers. Nous jouiffons cependant encore du
petit privilege de conferver quatre charues.

L'ANGLOIS.

C'eft à dire que la Nobleffe, le Clergé & les
Officiers des Cours font gardés dans le droit de
ne pouvoir être impofés à la taille que pour l'ex-
cédent des terres qu'ils feront labourer au-delà
de quatre de ces inftrumens d'agriculture.

LE CONSEILLER à la Cour des Aides.
Oui, (1).

M. DAILLY.

Et je ne vois pas en vertu de quoi cette diftinction ; car enfin, fi la taille eft généralement

---

(1) Il eft à obferver qu'on ne fait pas précifement à quoi
doit fe monter la quantité de terre qu'il faut entendre
par chaque charrue, qu'il n'y a que des ufages là-deffus,
& qu'ils varient fuivant chaque Généralité. Cette quantité
eft fixée dans le Poitou à 250 boiffelées, le boiffeau pefant
environ 20 livres. Dans celle de Paris elle l'eft à 120 arpens, dans l'Orléanois à 90, en Touraine à 75 ; mais qui
font plus de 144 arpens & demi à la mefure de Paris, &
plus de 144 à la mefure d'Orléans. A Chartres la charue
eft de neuf muids de terre ; le muid eft la quantité de terre
où l'on peut femer douze fetiers de bled. En général les
privilégiés étant ceux qui font la loi, ou du moins l'inter-
pretent, il n'eft pas étonnant qu'elle foit à leur avantage,
ou plutôt qu'il n'y en ait pour eux qu'une arbitraire, &
qu'ils étendent plus ou moins, fuivant leur crédit, & toujours aux dépens du peuple.

(91)

regardée comme le plus dur des impôts, pourquoi
en faire supporter si rigoureusement le poids par
les citoyens les plus pauvres & les plus utiles, &
épargner les plus riches & les plus à charge?

LE CONSEILLER *à la Cour des Aides.*

En cela vous avez raison; dès que le motif du
privilege avoit cessé, il falloit éteindre celui-ci.
Dés que le Gentilhomme recevoit un salaire de
ses services militaires (1) il falloit le faire contribuer de sa bourse; aussi c'est-il arrivé, & nous
revaut-on cela de beaucoup d'autres manieres;
mais c'est un préjugé ancien & invétéré : on aime
mieux payer le double, & n'avoir rien de commun avec les vilains.

L'ANGLOIS.

Vous entendez par *vilain* un roturier?

LE CONSEILLER *à la Cour des Aides.*

Oui, c'est le vieux mot, qui est devenu une
espece d'injure.

L'ANGLOIS.

Ainsi la taille est un impôt personnel sur le
roturier.

LE CONSEILLER *à la Cour des Aides.*

Vous la définissez bien; mais elle se leve de trois
manieres : sur les biens fonds, & alors c'est la taille réelle; sur les bénéfices du marchand & arti-

____

(1) Cela doit s'appliquer également au Clergé dès qu'il
se fait payer de toutes ses fonctions, ainsi qu'aux Magistrats
depuis l'invention des épices & autres droits qu'ils préle-
vent sur les plaideurs

fan, & alors c'eſt la taille de commerce & d'induſtrie journaliere, des pieds du commiſſionnaire;
ſur l'individu des veuves ne poſſédant rien, ne
pouvant rien gagner, & c'eſt alors la taille vraiment de l'individu, du ſujet, du vilain.

L'ANGLOIS.

Je conçois à préſent parfaitement ce que c'eſt
que la taille; voyons maintenant dans quelle proportion & par qui elle s'aſſied; comment & pour
quels uſages elle ſe perçoit.

LE CONSEILLER à la Cour des Aides.

La quotité de la taille étoit originairement &
eſt encore d'un dixieme, de trois vingtiemes &
quelquefois d'un cinquieme du revenu des biens-
fonds, ſuivant la nature du ſol de chaque province. C'eſt ce qui forme ce qu'on appelle en
termes d'adminiſtration le principal de la taille:
on dit que depuis longtems il n'eſt jamais accru.
Cependant le peuple qui en ſupporte le poids ſe
plaint ſouvent de l'accroiſſement. Ce n'eſt qu'une
diſpute de mots; on n'augmente pas le principal;
mais on augmente les acceſſoires.

L'ANGLOIS.

Vous devez en ſavoir quelque choſe, Meſſieurs; les loix pour les impoſitions ne s'enregis-
trent-elles pas chez vous? Peut-on en lever
aucune ſans cette formalité?

LE CONSEILLER à la Cour des Aides.

C'eſt une maxime conſtante du droit public du
Royaume, mais qu'on viole continuellement. En
1768, où, ſous prétexte du haut prix des grains,

on imagina de forcer prodigieuſement la taille, nous fîmes des remontrances ſur cette véritable concuſſion. (1) On nous répondit que cela ne nous regardoit pás. Voici comme on eſt venu par degrés à cette adminiſtration monſtrueuſe.

On a ſouvent impoſé avec la taille des ſommes qui devoient être employées ou à l'utilité de la Province, ou à des dépenſes qui intéreſſoient toute la France. L'origine de ces additions n'a pas été la même : quelquefois on les a préſentées comme demandées par les villes ſur leſquelles elles étoient levées : quelques fois, on a prétendu que l'objet n'étoit pas aſſez conſidérable pour mériter des lettres patentes ; & d'autres fois que la promptitude du ſervice militaire auquel elles étoient deſtinées ne permettoit pas d'attendre un enregiſtrement. On a de la ſorte, d'une part, habitué le Monarque à empiéter, & de l'autre la Cour des Aides à le tolérer ; l'on s'eſt prévalu enſuite de notre ſilence pour convertir en prérogative royale cet abus, comme ſi l'excès de notre déférence pouvoit jamais préjudicier aux droits du peup'e, & qu'il pût y avoir aucune preſcription contre la loi la plus eſſentielle de l'Etat ; loi qui dérive de la liberté naturelle à tous les hommes, & qui leur aſſure la propriété de leurs biens.

M. DAILLY.

Pour moi, je crois qu'un impôt perçu légale-

---

(1) Ces remontrances ſont du 9 Juillet 1768 ; la réponſe du Roi eſt du 17 Août.

ment depuis trois fiecles eft fuffifamment autorifé &
n'a pas befoin de fanction nouvelle.   Quant à la
connoiffance que la Cour des Aides voudroit prendre chaque année du montant de la taille, ce feroit vouloir s'affocier à l'Adminiftration, qui feule
doit la fixer d'après les befoins de l'Etat & les facultés des contribuables, qu'elle feule peut connoître auffi. Et puis, quelles difficultés n'entraîne-
roit pas un enregiftrement annuel, furtout fi ce
tribunal différoit, fous prétexte de remontrances
qu'il auroit à faire.

LE CONSEILLER *à la Cour des Aides.*

Objections illufoires. Sans revenir continuellement fur cet impôt, la Cour des Aides demandoit feulement que Sa Majefté fixât, d'une maniere conftante, précife, & par une loi folemnelle,
la fomme qui devoit fe percevoir dans fon Royaume tant pour la taille que pour les autres impofitions qui fe levent avec la taille, fous quelque
nom que ce foit. En convenant que cette fomme
doive varier chaque année d'après la variation
des récoltes, & les accidens imprévus, c'eft par
des diminutions plus ou moins fortes que le Souverain doit y pourvoir, & il ne faut affurément
pas d'enregiftrement pour ce qui tend à la décharge des fujets.

M. DAILLY.

Oui; mais les dépenfes étant au moins les mêmes, ce qu'on perd d'un côté, il faut le retrouver de l'autre; il faut fuppléer à la diminution
d'une année mauvaife par une augmentation dans

la bonne : indépendamment de cela, les frais du Gouvernement s'accroiſſent réellement. Vous avez vu qu'en 1768, le Roi vous déclara (1) que les fonds deſtinés au ſervice de la Gendarmerie, des Milices, des Etapes ne ſuffiſant pas depuis long-tems, il en réſultoit une diſproportion capable de jeter le déſordre dans ſes finances, qui l'obligeoit d'augmenter les tailles. Faudra t il qu'à chaque inſtant la Cour vous inſtruiſe de ces cauſes qui tiennent ſouvent au ſecret de l'Etat.

LE CONSEILLER *à la Cour des Aides.*

C'eſt là le grand mot avec lequel des Miniſtres deſpotiques prétendent ſans ceſſe nous fermer la bouche. Interrogez Milord, comment cela ſe paſſe en Angleterre, où le Roi, chaque année, eſt obligé de demander au Parlement les ſubſides dont il a beſoin : qu'il vous diſe ſi le ſecret de l'Etat n'y eſt pas auſſi bien gardé qu'ailleurs. Au reſte, cette diſcuſſion nous méneroit trop loin ; continuons.

L'acte par lequel le Souverain détermine la quotité de la taille à lever dans le Royaume, s'appelle le brevet de la taille ; c'eſt au Conſeil des finances qu'il s'arrête, & que s'en fait la premiere répartition entre les diverſes Généralités.

Mais, comme aucun des membres de ce Conſeil, excepté le Miniſtre & un Intendant des finances chargé de cette partie, n'eſt inſtruit de la ſituation des Provinces ni des beſoins de l'Etat,

____

(1) Dans ſa même réponſe du 17 Août 1768.

c'eſt donc le Contrôleur · général ſeul qui fixe l'une & l'autre; on ignore par quel principe il ſe détermine. On ſait ſeulement qu'avant la fixation du brevet, perſonne dans le Royaume n'y a vu prendre aucune information.

M. DAILLY.

Oh! Monſieur, permettez que je vous arrête ici & que je combatte l'injuſte idée que vous donneriez à Milord qui eſt étranger, de notre Gouvernement. C'eſt le calomnier à plaiſir; car, de ce qu'il ne vous indique pas le ſecret de ſa marche, de ce que vous ne le voyez pas, pourquoi conclure qu'il ſe conduiſe à l'aveugle & arbitrairement? la principale fonction des Intendans n'eſt-elle pas de lui donner des avis ſinceres, de défendre reſpectivement les intérêts de la Province confiée à chacun d'eux, enfin de rendre compte avec la plus exacte impartialité des facultés réciproques de toutes les Elections de leur Généralité?

LE CONSEILLER à *la Cour des Aides.*

Je m'en tiens à vos propres paroles, & c'eſt vous même qui le condamnez. Qu'eſt ce en effet qu'un Commiſſaire de parti? Un jeune freluquet qui ſort de Paris pour la premiere fois, ignorant ſouvent comment croît le bled, ayant preſque toujours un intérêt contraire à celui de la Province, courant la carriere de la fortune, avide des graces de la Cour qu'il doit obtenir par le canal du Miniſtre des finances; & il n'eſt ſûr de lui plaire qu'en lui facilitant le moyen de tirer tout le

par-

parti poſſible des impôts. Il calomniera donc, pour me ſervir de votre expreſſion mieux appliquée, il calomniera ſa Généralité, je veux dire qu'il la repréſentera comme aiſée, comme riche, comme capable de ſupporter ſans peine les nouvelles contributions qu'on y voudra lever.

Je vais plus loin : je veux qu'un Intendant ait la droiture & l'équité qu'on doit lui ſuppoſer; ſon ineptie fera tout autant de mal que ſon improbité; ne connoiſſant point des lieux qu'il n'a jamais habités, où il ne réſide que trois ou quatre mois de l'année, il fera obligé de s'en rapporter à ſes Subdélégués pour la formation des mémoires à envoyer à la Cour: or, c'eſt une eſpece d'hommes qui, par leur état précaire, plus aſſervis encore à l'Intendant que celui-ci ne l'eſt au Contrôleur général, ſe conduiſent de même à l'égard de leur chef, lui déguiſent toutes les vérités qui lui déplairoient, lui peignent tout en beau, ne trouvent rien d'impoſſible pour le ſatisfaire, & lui font leur cour aux dépens des peuples écraſés.

D'ailleurs, ces ſubalternes étant odieux naturellement par leurs fonctions, il eſt rare qu'ils ne récriminent pas : il eſt preſque impoſſible qu'ils ſoient dans le point d'impartialité qu'exige leur place; ſouvent la paſſion, & non les vues pures du bien public, dirige leurs conſeils ou leurs démarches.

M. DAILLY.

Il me ſemble, Monſieur, que toute cette déclamation tend à tirer une conſéquence fauſſe d'un

principe vrai ; car de ce que le Roi peut être
fréquemment trompé par le Miniſtre, le Miniſtre
par l'Intendant, & celui ci par les Subdélégués,
s'enſuit-il qu'il ne faille ni Miniſtres, ni Intendans, ni Subdélégués? Concluons-en ſeulement
que le Roi, le Miniſtre & les Intendans doivent
apporter beaucoup de précaution dans le choix
de ceux auquels ils donnent leur confiance ; qu'ils
auroient tort de s'en rapporter aveuglément à ces
dépoſitaires reſpectifs de leur autorité, & qu'il eſt
ſurtout eſſentiel de faire des exemples & de punir
ſéverement quiconque dans cette hiérarchie abuſe
du rôle qu'il y joue.

LE CONSEILLER *à la Cour des Aides.*

Point du tout, Monſieur, c'eſt vous qui me
faites déraiſonner. Je ne prétends pas ſuprimer
les Miniſtres, les Intendans, les Subdélégués; je
voudrois ſeulement contrebalancer leur autorité
deſpotique dans de pareilles opérations; je voudrois que la ſituation des Provinces ne fût pas
expoſée au Roi par le ſeul Commiſſaire de parti,
& que les Ordres, les Corps & les Particuliers
de chaque Généralité fuſſent admis à donner des
mémoires en faveur du peuple, avant la fixation
du brevet & des commiſſions.

L'ANGLOIS.

Vous entendez par les commiſſions?

LE CONSEILLER *à la Cour des Aides.*

Elles ſont le réſultat de la ſeconde opération,
par laquelle on répartit entre les Elections la ſomme impoſée ſur chaque Généralité. Les commis-

fions font envoyées du Confeil ainfi que le brevet, & de même qu'on y infere dans le premier
la fomme acceffoire à la taille dont je vous ai
parlé, qu'on veut lever dans le Royaume, ou fur
quelque Généralité feulement, on impofe dans les
autres la fomme extraordinaire qu'on veut tirer
de quelque Election en particulier.

L'Anglois.

Et tout cela fans enregiftrement, fans en donner connoiffance aux Cours?

Le Conseiller à la *Cour des Aides.*

Oui, Milord: en ce cas, contre tous les principes, (je ne faurois trop le répéter, & je fuis
foulevé d'indignation, toutes les fois que j'y fon-
ge,) la volonté unique du Souverain fait la loi.
Bien plus: à ce defpotifme fe joint la clandeftinité dans l'exécution; car jamais le brevet, ni les
commiffions ne font imprimés ni annoncés publiquement. On envoie feulement chacune des commiffions à l'Election qu'elle concerne, qui doit
s'y conformer, lors du département, pour faire
la troifieme répartition. La Province n'apprend
donc fon fort qu'à cet inftant, c'eft-à-dire
quand tout eft irrévocablement terminé. Elle ne
connoît jamais le fort des autres, puifque le tableau géuéral que vous avez fous vos yeux n'eft
dû qu'à une infidélité; c'eft le premier offert à la
difcuffion des profanes. Vers la fin du regne du
feu Roi, la Cour des Aides ayant voulu fe le procurer des jurifdictions inférieures, fon arrêt fut

caffé (1) fous le prétexte vague des dangereufes conféquences qu'il pourroit entraîner. La maxime du Gouvernement étoit alors : *que le peuple fupporte toujours aifément fon malheur, pourvu qu'on ait l'art de le lui cacher.*

L'ANGLOIS.

Ainfi les Provinces font jugées fans être entendues, l'orfqu'on arrête le brevet & les commiffions.

LE CONSEILLER *à la Cour des Aides.*

Et il leur eft abfolument & phifiquement impoffible de fe pourvoir devant Sa Majefté elle - même, par oppofition, fuivant le droit qu'en a tout particulier dans le cours de la juftice ordinaire en pareil cas. En vain l'une d'elles, jouet du caprice d'un Commiffaire de parti, victime de fon goût faftueux, eft impofée à des fommes exceffives pour des befoins imaginaires, pour des dépenfes infenfées, elle n'en eft avertie que dans l'inftant où les fommes vont être levées. Si cette même Province a été traitée injuftement dans la répartition générale, foit parce que fa fituation n'a pas été affez bien connue, foit par l'effet d'une prédilection du Miniftre pour les autres, non - feulement il ne lui eft pas permis de fe pourvoir contre l'injuftice, mais il ne lui eft pas même poffible de la découvrir.

____

(1) Par lettres patentes données à Compiegne le 22 Août 1763. L'Arrêt étoit du 18 Juillet précédent.

M. DAILLY.

Il y a des inconvéniens à tout. Croyez-vous que ce n'en seroit pas un plus grand d'admettre les Provinces à venir disputer au Conseil les unes contre les autres, de recevoir ensuite les Elections se plaignant chacune des surcharges, s'inculpant réciproquement d'être trop peu taxées ? Avant que ces contestations fussent entendues, éclaircies, jugées, il s'écouleroit des siecles & l'impôt resteroit en suspens; d'ailleurs, elles dépenseroient en voyages, en députations, en frais, les foibles modérations qu'elles pourroient obtenir; enfin, si ces plaintes ne peuvent avoir d'effet rétroactif, ou arrêter le cours présent des choses, elles peuvent servir pour l'avenir; & à moins qu'on ne place sur le trône un *Néron*, un *Caligula*, quel Monarque a intérêt de vexer ses sujets ? Quel, au contraire, n'a pas intérêt de les ménager, de les regarder comme ses enfans & d'user envers eux des soins vigilans d'un pere tendre ? Est-il trompé par un Ministre ? Graces à l'instabilité de ces dépositaires de l'autorité, renvoyés au bout de quelques années, l'oppression cesse par sa chûte. En ne supposant pas son successeur meilleur, de nouvelles vues, d'autres passions, des considérations différentes lui feront laisser respirer les Provinces vexées, & vexer celles qui auront joui d'un calme momentané; ainsi au bout d'un certain tems tout aura été compensé, & les choses feront au point où vous desirez qu'elles fussent.

Le Conseiller *à la Cour des Aides.*

Y pensez vous, Monsieur ? Est-ce bien vous qui proférez ces abominables assertions ? Comment faire dépendre le destin des peuples, du plus grand des malheurs d'un gouvernement, des variations d'une administration versatile & sans principes; substituer à l'ordre, à la regle, à la justice exacte & distributive, les caprices du hazard, des révolutions éventuelles, des alternatives possibles; attendre que le trouble fasse renaître l'harmonie & s'embarrasser peu du sort de chaque individu, parce que la masse des biens & des maux résultant de ce coupable abandon doit être la même dans une période donnée: en vérité, je n'aurois pas cru que cette politique, digne de Machiavel, renouvelée récemment par les *Maupou* & les *Terrai*, eût perverti jusqu'aux subalternes, & qu'un simple Commis osât l'étaler devant moi; mais non, vous ne pensez pas ainsi; vous ne faites que répéter ce que vous avez entendu dire à vos Chefs, & votre cœur désavoue les blasphêmes de votre bouche.

M. Dailly.

Vous me rendez justice, Monsieur; vous voulez que je sois sincere & que je vous révele la morale du génie fiscal: la voilà.

Le Conseiller *à la Cour des Aides.*

Vous l'entendez, Milord, & d'après le témoignage d'un des plus honnêtes hommes de la finance, vous ne pouvez en douter; mais vous allez voir bien d'autres horreurs en avançant dans la marche de l'impofition. La troifieme opératiõn eft le *département* : c'eft celle par laquelle on ré-partit entre les Paroiffes ou les Communautés la fomme qui doit être perçue fur une Election. Si l'on veut gréver quelque Paroiffe d'une charge particuliere, c'eft dans cet acte qu'elle eft compri-fe aujourd'hui ; car autrefois cette répartition n'é-toit pas arbitraire ; elle fe faifoit par les Elus dont je vous ai indiqué les fonctions. Au commence-ment ils étoient Affeeurs généraux de la Provin-ce ; cette deftination a excité la jaloufie de l'Admi-niftration qui les a fuprimés & leur a fubftitué les autres : alors on a fait entrer l'Intendant de la Province au département. On lui a donné la Préfidence, & l'on a privé infenfiblement de leur voix délibérative les Elus & tous ceux qui ont droit d'affifter à l'affemblée : enfin, on confom-ma le defpotifme par une derniere entrepri-fe. (1) On ne voulut pas que ceux ayant féance au département (2), connuffent à quel taux pou-

---

(1) En 1767, fous le Contrôleur général Laverdy, tiré du Parlement.

(2) Le Confeiller à la Cour des Aides ne fait pas ici mention des *Tréforiers de France*, Officiers qui avoient autrefois des fonctions très-honorables & étendues, qui s'affimiloient aux anciens Quefteurs chez les Romains. Sans remonter fi haut, ni même au tems où ils étoient *Généraux des finances*, c'eft-à-dire en avoient toute l'ad-miniftration, fuivant l'ordonnance de 1629 fous Louis XIII, ils devoient recevoir le brevet de la taille avec une lettre de cachet : pour procéder au département, ils fe tranfpor-toient dans les Elections pour voir l'état des Provinces &

voir monter le total de l'impofition. On imagina
de faire deux brevets de taille, l'un qui fût oftenfible & porté devant eux, l'autre qui reftât fecret,
& dont le feul Intendant fît la répartition dans
fon cabinet. C'eft dans le premier qu'eft compris
le principal de la taile qui ne varie jamais, dit-on,
& fur lequel il eft par conféquent inutile de con-
fulter la Province; & l'on réferve pour le fecond
les accefíoires, trop variables au contraire, trop
momantanés, trop urgens pour fubir les lenteurs
de l'enregiftrement.

L'ANGLOIS.

Un moment, s'il vous plaît; permettez que je
prenne la carte, & en faifant fur le champ une
application, que je voie fi je comprends bien ce
que vous me faites l'honneur de me dire. Je
trouve à la tête de la premiere colonne des
20 Généralités, ces mots *premier brevet*, dont
le réfultat eft une fomme de 40,107,239 livres
16 fols

Ils faifoient l'affiete fur les Elections, & les Elus, fur les
paroiffes; par l'Edit de Fevrier 1631, ils avoient infpection même fur le travail des Elus &c. l'Edit de Mai 1936,
parle de l'entiere direction de l'impofition & levée des tailles, comme appartenant à leurs offices; mais les Intendans
leur ont été fubftitués fous Loüis XIV, & ils n'affiftent
plus même au département que par Commiffaires que le
Roi nomme, & n'ont que voix confultative; enfin, ils
font tellement dégradés, qu'ils font aujourd'hui *Tréforiers
de France fans tréfor, & Généraux des finances fans aucune
adminiftration des finances.*

15 fols 1 denier. Voilà fans doute le fonds de la taille fixe.

LE CONSEILLER *à la Cour des Aides,*
Oui.

L'ANGLOIS.

Et celle de 21,571,050 livres 5 fols 7 deniers le montant des acceffoires compris fous la dénomination du *fecond brevet.*

LE CONSEILLER *à la Cour des Aides.*

Oui : fachez en paffant que ce fecond brevet s'appelle énergiquement le *Brevet militaire,* pour caractérifer fon illégalité, fa dureté, quelquefois fa barbarie.

L'ANGLOIS.

Ainfi les acceffoires font élevés déjà à plus de moitié du principal.

LE CONSEILLER *à la Cour des Aides.*

Oui en général; mais il y a des Provinces où ils l'égalent prefque : par exemple à Châlons, vous voyez que le premier brevet eft de 1,783,550 livres 18 fols., & le fecond du 1,357,350 livres 3 fols 6 deniers, c'eft-à-dire comme de 9 à 7 feulement.

L'ANGLOIS.

Pourquoi cette différence ?

LE CONSEILLER *à la Cour des Aides.*

Parce que l'Intendant de Champagne a voulu avoir une falle brillante de comédie, de belles promenades, un hôtel fuperbe ou plutôt un palais; qu'il en a defiré rendre les avenues manifiques par des rues alignées, fpacieufes, & qu'il a fallu bouleverfer toute la ville pour fatisfaire fes fantaifies difpendieufes. Il s'eft trouvé en crédit; il a obtenu du Confeil tout ce qu'il a demandé, & le tout aux dépens de la pauvre Province, qu'il enrichit de monumens & ruine dans fon commerce & fon agriculture.

L'ANGLOIS, *regardant la Carte.*

La Généralité la moins vexée, à ce qu'il paroît, c'eft celle de Bourges ; elle ne paye que 821,921 livres 2 fols, pour le premier brevet & pour le fecond 393,094 livres 13 fols.

LE CONSEILLER *à la Cour des Aides.*

C'eft que c'eft la Province la plus pauvre, qui a le moins de débouchés & de commerce; qui d'ailleurs n'a pas eu jufqu'à préfent pour Intendans des hommes ambitieux, avides de fe fignaler au Confeil. Elle a longtems été fous l'adminiftration d'un M. *Dodart* qui s'en montroit le pere & non le tiran, comme la plupart de ces Meffieurs; qui cherchoit à faire bénir fa mémoire dans les Campagnes, & non à rendre fa capitale brillante par un luxe déplacé & dévorant.

L'ANGLOIS.

Bonne & malheureufe nation , comme on fe joue de vous! Comme vos meilleures loix, vos réglemens les plus fages font éludés & tournent à votre détriment ! car tout ce que vous m'apprenez de la marche de l'impôt de la taille me paroît admirablement combiné, fi elle étoit fuivie.

LE CONSEILLER *à la Cour des Aides.*

Rien de plus beau: tout y eft au fond conforme au droit naturel, & tout y eft altéré & dé-

naturé par l'autorité arbitraire dans la forme.
C'eſt ce qui ſe voit encore dans la quatrieme ré·
partition entre les contribuables de chaque Parois·
ſe, qui eſt le rôle: il ſe faiſoit autrefois par les
habitans eux·mêmes, devenant ſucceſſivement as·
ſéeurs & collecteurs; les Intendans ont encore
envahi ce reſte de liberté, laiſſé aux peuples, par
l'invention des *Commiſſaires aux rôles*; c'eſt·à dire
de ſuppôts qu'ils envoient dans les paroiſſes en·
taxer les particuliers.

M. DAILLY.

Permettez·moi de vous obſerver, Monſieur,
que cette miſſion eſt autoriſée par des loix enre·
giſtrées à la Cour des Aides elle·même; que les
Intendans, lorſqu'il y a dans les paroiſſes des ri·
ches aſſez puiſſans pour intimider les collecteurs,
ont le droit de les impoſer d'office, ainſi que
d'envoyer de ces Agens dont vous parlez, afin
d'appaiſer les troubles, de contenir les mutins, de
refondre les rôles, expliquer aux habitans groſ·
ſiers des points de réglemens nouveaux qu'ils ne
comprendroient pas; en un mot, que les Commis·
ſaires aux rôles ſont aujourd'hui un moyen lent,
mais ſûr, de parvenir au cadaſtre ſi deſiré pour
aſſeoir une contribution juſte, conſtante & pro·
portionnée à la valeur & au produit des biens.

LE CONSEILLER *à la Cour des Aides.*

Un uſage introduit pour des cas particuliers ne
doit pas devenir une regle générale: la Compa·
gnie crût y pourvoir en défendant à ces ſuppôts
du Commiſſaire de parti de rien recevoir des con·

tribuables, & penſa que ces commiſſions ne ſeroient pas fréquentes quand elles ne ſeroient pas utiles ; mais, au moyen de la connoiſſance ôtée à la Cour des Aides & de la quotité de l'impoſition & de ſa deſtination, il eſt aiſé aux Intendans d'éluder nos défenſes & de faire payer impunément par les paroiſſes les Commiſſaires aux rôles (1). Quant au cadaſtre, c'eſt un vain fantôme deſtiné à abuſer la nation par la trompeuſe perſpective de changemens avantageux dans l'avenir, à deſſein de lui faire par là ſupporter avec moins d'impatience le poids énorme des impoſitions conſervées; & comme il y a plus de trente ans qu'on nous berce de cette chimere, il n'eſt pas à préſumer qu'il ait jamais lieu.

L'Anglois.

N'embarraſſons pas les objets & réſumions-nous. Vous venez, Meſſieurs, de me faire comprendre aſſez bien l'origine de la taille, les divers accroiſſemens qu'à reçu cette impoſition, la maniere dont elle ſe percevoit dans le principe, les abus qui s'y ſont gliſſés à l'infini; ce que c'eſt que le premier brevet.

---

(1) Le 9 Août 1769 il fut rendu compte aux Chambres aſſemblées de la Cour des Aides, & prouvé par pieces que les frais ſupportés par les contribuables pour la confection des rôles par Commiſſaires ſe montoient pour la ſeule Election de Châlons à 120,000 livres & pour l'Election de Saint Menéhoult à 72,000 livres, indépendamment des faux frais, allées & venues que cette forme d'impoſer occaſionnoit aux taillables.

Le Conseiller *à la Cour des Aides.*

Voici quelques observations en marge de la carte sur les Pays d'Elections qui vous donneront des éclaircissemens encore. Vous y verrez d'abord quelle destination reçoivent les fonds du premier brevet qui contient cinq articles que voilà sous le N°. 1.

L'Anglois.

J'y suis.

Le Conseiller *à la Cour des Aides.*

1°. La taille: nous vous avons expliqué ce que s'étoit. 2°. Le taillon de la Gendarmerie. Ce fut une addition inventée sous Henri second en 1549 pour payer cette nouvelle troupe qui commençoit à s'établir. 3°. Solde de la maréchaussée ; c'est un corps armé & à cheval pour la sûreté intérieure du Royaume & surtout des campagnes, pour aller à la poursuite des brigands, des voleurs de grands chemins, de tous auteurs de délits publics.

L'Anglois.

Et pourquoi ne pas faire faire ce service par les troupes qui sont inutiles en tems de paix? Il en résulteroit environ 1,800,000 livres d'économie.

Le Conseiller *à la Cour des Aides.*

Parce que les Militaires prétendent qu'ils ne sont établis que pour égorger les ennemis du dehors & qu'ils regardent comme viles, les fonctions de protéger leurs concitoyens contre les ennemis du dedans; contre les hommes assez malheureusement nés pour être les fléaux de la société; contre ces monstres dont Hercule se fit gloire autrefois de purger la terre ; ce qui lui valut dans l'antiquité non - seulement d'être placé au rang des Héros, mais des demi - Dieux ; parce que les Commissaires de parti, cherchant à étendre leur pouvoir, au lieu de le restreindre, ne pourroient avoir les troupes à leurs ordres, comme ils ont la Maréchaussée. Toutes ces considérations particulieres ont fait avorter le projet du Comte de Saint Germain de ramener les Militaires à leur ancienne institution, de défendre l'agriculteur paisible qui le foudoie, du meurtre, du saccagement, du pillage, du vol : qu'importe qu'il soit exercé par un Anglois ou par un François ?

L'Anglois.

4°. L'Etape. Expliquez moi, je vous prie, le fens de ce mot dont je n'ai qu'une notice confuse.

Le Conseiller à la Cour des Aides.

Par étape on entend ce qui concerne le logement, les uftenciles & la nourriture du paffage des troupes, quand elles vont d'une garnifon à une autre, ou font quelque mouvement dans l'intérieur du Royaume. Dans les lieux où il n'y a pas de caLernes, les deux premiers objets font à la charge des habitans ; quant au troisieme, trop embarraffant pour les bourgeois, le Gouvernement y pourvoit par des compagnies particulieres ou autrement ; mais cette dépenfe n'eft point prife fur les fonds de la guerre, & c'eft au Contrôleur général à y fatisfaire du tréfor royal ; ce qui donna lieu à un abus pernicieux & criant fous le Duc de Choifeul : comme ce Miniftre, par fes prodigali-

tés étoit toujours court d'argent dans son département, & que, par l'étape courante, la solde d'une
troupe est suspendue, lorsqu'il avoit besoin de fonds,
il faisoit voyager les régimens, &, afin que cela
fût plus long, il les faisoit marcher d'un bout du
Royaume à l'autre , jusqu'à ce qu'il eût mis en
retenue la somme dont il manquoit, & qu'il dé-
pensoit ensuite à son gré.

L'Anglois.

Voilà donc la clef de ces mouvemens continuels
qui nous ont alarmés souvent, ainsi que les autres Puissances voisines.

M. Dailly.

Oui, voilà comme il a harrassé, mis sur les
dents successivement toutes les troupes du Royaume; comment il a occasionné des désertions considérables, & donné lieu aux vexations des Ministres
des finances qui, ne destinant aux étapes qu'une
somme proportionnée à cette dépense habituelle,
la voyoient doublée, triplée, quadruplée au gré du
Ministre de la guerre, excédant qu'il falloit retrouver d'un autre côté.

L'Anglois.

Je ne suis plus surpris que les partisans du Duc
de Choseul admirassent si fort son génie, le regar-
dassent comme un personnage à invention, à res-
sources; c'est le premier sans doute qui ait imaginé pareille chose.

M. Dailly.

Je ne sache pas qu'aucun de ses prédécesseurs
s'en fût avisé.

L'Anglois.

Je ne conseillerois pas à nos ministres d'en faire autant.

M. Dailly.

Je vois dans les débats de vos Parlemens qu'ils vous en font bien accroire aussi; car le Duc de Choiseul ne se vantoit pas de son intention. Il prétextoit un objet d'utilité apparente, d'exercer les troupes, de les tenir en haleine, de les empêcher de croupir dans le même lieu, d'y contracter de mauvaises habitudes.

L'Anglois.

Au moins nos Ministres essuient-ils, & toujours très-amerement, les reproches qu'ils méritent, au lieu que je n'ai entendu ni lu nulle part encore qu'on eût éventé cette ruse du vôtre: d'ailleurs, le jour des vengeances luit quelquefois chez nous; mais chez vous, jamais..... Revenons au 5e article, aux deux sols pour livres.

Le Conseiller *à la Cour des Aides.*

C'est le dixieme du montant des quatre autres sommes réunies; c'est une petite addition d'impôt fort facile, imaginée dans un besoin d'argent, quand on a voulu faire un emprunt, on a tout de suite trouvé là de quoi en payer les intérêts.

L'Anglois.

Je poursuis les observations en marge. Quant à la seconde, vous l'avez prévenue; mais je lis ici en troisieme lieu que pour la répartition on distingue les pays de la taille réelle, qui sont Montauban, Auch & Bordeaux en partie.

(113)

L E C O N S E I L L E R *à la Cour des Aides.*

Ce sont des pays assez heureux pour être cadaftrés, c'est à dire ou il y a une évaluation fixe
des biens des contribuables d'après laquelle les
sommes impofées se trouvent réparties par une
simple opération d'arithmétique, & sans que personne s'en mêle.

L'ANGLOIS.

Et pourquoi tout le Royaume n'est-il pas ainsi ?

L E C O N S E I L L E R *à la Cour des Aides.*

On veut y travailler, fuivant ce que nous avons
dit plus haut ; mais je doute que ce soit de bonne
foi : d'ailleurs, il y a du pour & du contre. Cette difcuffion nous méneroit trop loin.

L'ANGLOIS,

A préfent mes idées font dégroffies fur la taille
autant que le peut permettre le moment, & je
fuis en état de faifir les détails que je vois fur la
carte concernant cet impôt. Voici cependant une
troifieme colonne qui m'embarraffe ; que veut
dire ce titre : *Impofitions en vertu d'arrêts particuliers?*

M. D A I L L Y.

C'est relatif à la taille encore ; c'est un accesfoire qu'on a diftingué comme un impôt grave,
comme devant avoir lieu pour longtems & même
à perpétuité, si l'inftitution eût fubfifté. En 1771,
lorfqu'on fupprima les offices de magiftrature &
qu'on établit la juftice gratuite, il fallut trouver
de quoi fubvenir au rembourfement de ces offices,
du moins au payement des intérêts & à celui dés

gages des nouveaux Magiſtrats ; on ne vit pas de meilleur expédient que de créer une augmentation de tailles.

Le Conseiller *à la Cour des Aides.*

Obſervez, Milord, que depuis 1774 les cours ſont rétablies, les nouveaux tribunaux ſont détruits, & cependant en 1777 l'impôt ſe perçoit encore.

M. Dailly.

Vraiment il reſte des penſions, des gratificátions à payer ; il faut bien un fonds pour y fournir.

Le Conseiller *à la Cour des Aides.*

Oui, ces opérations peuvent être comparées à une guerre qui a fait créer des impôts qu'on laiſſe ſubſiſter longtems après la paix pour acquitter les dettes contractées.

L'Anglois.

Paſſons à la capitation, rangée auſſi dans la claſſe des impoſitions ordinaires.

Le Conseiller *à la Cour des Aides.*

C'eſt un impôt que le mot déſigne, qui frappe indiſtinctement ſur toutes les têtes, & le plus vicieux de tous, parce qu'il n'a ni baſe, ni regle, ni meſure, ni principe ; qu'il eſt arbitraire par eſſence. Lorſqu'il fut établi, en 1695, dans ces tems malheureux où l'on ſaiſiſſoit ſans examen, toutes les reſſources qui ſe préſentoient, il ne devoit durer qu'autant de tems que la guerre, aux beſoins de laquelle il étoit conſacré ; Louis XIV en donna ſa parole : il a ſubſiſté depuis ſans inter-

ruption & a reçu des accroissemens succeffifs par
de fimples ordres émanés du Confeil, fans que S.
M. en ait donné connoiffance à fes cours & fans
que cette augmentation foit connue des contribuables & dans une forme réguliere.

M. DAILLY.

Vous frondez toujours, Meffieurs. Voulez-
vous être plus fages que le Parlement? N'a-t-on
pas tout récemment augmenté la capitation de fix
deniers pour livre pour la réconftruction du Palais & cela par un fimple arrêt du Confeil? (1) Cette compagnie ne l'a-t-elle pas trouvé bon. A-t-
elle fait la moindre réclamation? Et quelque
membre turbulent ayant voulu exciter de la fermentation à ce fujet, n'a-t-on pas éludé fa dénonciation? Cet exemple apprend qu'il faut n'être
pas toujours fi roide, qu'il faut favoir fe prêter
aux circonftances, tolérer un abus apparent pour

---

(1) En date du 26 Juillet 1776. Le Roi y dit: „ S. M.
„ auroit defiré que les circonftances lui euffent permis de
„ ne point impofer aux jufticiables du reffort de fon Parlement
„ de Paris, l'obligation de contribuer à cette dépenfe:
„ mais dans l'impoffibilité actuelle de les en affrancir, el-
„ le a choifi le moyen qui leur fera le moins onéreux &
„ le feul dont on a fait ufage jufqu'à préfent, lorfque des
„ bâtimens fervant à l'adminiftration de la Juftice, ont
„ exigé des réconftructions ou des conftructions nouvel-
„ les. En conféquence, pour fubvenir à la dépenfe éva-
„ luée 1,500,000 l. elle impofe pendant cinq ans feulement
„ les fix deniers pour livre dont il s'agit, à compter du
„ 1er. Fevrier 1777.

éviter des troubles réels : en un mot, vous connoiſſez cette maxime : *ſummum jus, ſumma injurie.*

LE CONSEILLER à la *Cour des Aides.*

Nous reſpectons fort le Parlement ; nous ſavons
tout ce qui s'eſt paſſé à ſe ſujet ; qu'on a prétexté que la choſe ne valoit pas la peine d'un enregiſtrement ; que le terme étoit limité ; qu'il n'y
avoit aucun abus à craindre, puiſque la Compagnie
connoiſſoit l'objet de l'impoſition, auroit les fonds
ſous ſa main & en ſuivroit la deſtination : mais,
ſans adopter les reproches qu'on fait dans le public à cette Cour d'être toujours fort chaude pour
ſes intérêts, & de négliger abſolument ceux des
peuples, nous ne l'aurions pas imitée, & ſa conduite, telle qu'elle ſoit, ne peut changer les principes, ni infirmer les droits de la nation.

Cette impoſition, abuſive dès ſa création, n'eſt
pas moins funeſte dans la répartition & la perception. L'Intendant en eſt ſouverainement le maître, & l'on a vu des Commiſſaires de parti mena-
cer des habitans de leur Généralité de les doubler à la Capitation, s'ils ne ſe prêtoient à des ar-
rangemens prétendus utiles à la Province ; mais
auxquels ils n'avoient pas pouvoir de forcer directement des citoyens.

M. DAILLY.

Vous parlez toujours d'arbitraire, de deſpotiſme, de clandeſtinité. Vous allez voir cependant
qu'il y a des réglemens ſur cette impoſition comme
ſur les autres : eſt-ce que dans l'origine, par exemple, il n'y avoit pas pour la capitation des ta-

rifs proportionnés aux états ? Si ces tarifs ont été supprimés (1), n'est ce pas par une loi enregistrée. N'a-t-il pas été convenu qu'on y substitueroit des rôles arrêtés au Conseil ? Ne devoient-ils pas être faits par la Noblesse, par les Intendans, conjointement avec des hommes choisis & nommés par le Roi?

LE CONSEILLER *à la Cour des Aides.*

Oui, autrefois un Gentilhomme de chaque généralité devoit être associé à l'Intendant pour cette fonction : cette formalité est tombée en désuétude.

M. DAILLY.

Eh! pourquoi, Messieurs, ne vous y êtes-vous pas opposés?

LE CONSEILLER *à la Cour des Aides.*

Nous y avons peu de regret; car ce Gentilhomme n'étoit point choisi par la Province; il étoit nommé par le Gouvernement, & toujours sur la présentation de l'Intendant; ainsi ce n'étoit qu'un témoin oisif de ses opérations.

M. DAILLY.

Il est aisé de tout critiquer en prenant ainsi les choses au pire. La capitation des taillables est-elle sujette au caprice, à l'injustice? N'est-elle pas fixée au marc la livre de la taille ? Ne permet-on pas aux Communautés & Corporations assez considérables de répartir cette imposition sur elles-mêmes?

____

(1) Par une Déclaration de 1701.

Le Conseiller *à la Cour des Aides.*

Je conviens de ces deux faits; mais quant au premier, par un autre abus progreſſif du pouvoir arbitraire dont il réſulte toujours que la faveur accordée aux Grands dégénere en vexations ſur les pauvres, il eſt calculé que la capitation des taillables qui ne faiſoit d'abord qu'un ſixieme du total de la capitation du Royaume en fait aujour‑d'hui les trois quarts. A l'égard du ſecond, di‑tes‑moi d'après quelle loi, d'après quelle regle la ſomme générale doit‑elle être impoſée ſur cha‑que corps d'artiſans? C'eſt ce que nous ignorons & ce qui vraiſemblablement dépend tout‑à‑fait de la volonté des Adminiſtrateurs.

M. Dailly.

Ne perdons par de vue notre theſe. La Capita‑tion qui ſe paye par retenue ſur les gages des Offices, eſt elle arbitraire?

Le Conseiller *à la Cour des Aides.*

Non; mais elle eſt injuſte, parce que ceux qui poſſedent une même charge payent toujours la mê‑me capitation, quoi qu'il y ait ſouvent une très‑grande différence de fortune entre les divers titu‑laires.

M. Dailly.

Je réponds à cela, que l'impôt étant attaché à l'office devient en quelque ſorte volontaire; c'eſt à celui qui en traite à ſavoir s'il ſe trouve en état de le payer & veut s'y ſoumettre.

L'Anglois.

Oui, c'eſt alors un tribut qu'on fait payer à la

fotife des particuliers curieux de fe décorer de charges honorifiques.

M. DAILLY.

Enfin, Monfieur, pour vous forcer dans vos derniers retranchemens & vous faire convenir qu'il y a plus d'humeur que de réalité dans vos plaintes : s'il fe gliffe des abus dans la perception de la capitation, n'êtes-vous pas en état de l'arrêter, depuis que S. M. a rendu aux tribunaux réglés la connoiffance de la capitation des taillables?

LE CONSEILLER à la Cour des Aides.

Ce n'eft qu'une partie de l'abus retranchée : comme la capitation eft un impôt, nous demandons à connoître de fa totalité, ainfi que pour ce qui concerne la taille ; ou plutôt, comme la capitation eft une fource intariffab'e d'injuftices, nous demandons mieux & plus vivement qu'elle foit révoquée tout-à-fait, ou du moins qu'on en change entierement la nature.

L'ANGLOIS.

A la bonne heure ; car je ne crois pas que votre Miniftre des finances fût d'avis de retrancher ainfi un des revenus de l'Etat, qui, fuivant ce que je vois fur cette carte, rend à peu près 30 millions par an.

LE CONSEILLER à la Cour des Aides.

Tant que l'on veut ; car, fuivant l'aveu que vous voyez ici dans les Obfervations, la Capitation eft fixée chaque année par une fimple lettre du Contrôleur général.

M. Dailly.

On vous en rend la raison plus bas ; c'eſt qu'on ordonne quelquefois au marc la livre de la capitation des impoſitions particulieres, quand l'objet en paroît trop général pour être mis à la charge des ſeuls taillables ; les impoſitions particulieres varient ſuivant les cauſes & les beſoins ; il faut donc que la quotité de l'impoſition baiſſe ou s'accroiſſe ; mais quand on a voulu augmenter l'impôt réellement, le doubler, le tripler, par exemple, n'a-t-on par eu recours à l'enregiſtrement (1)?

Le Conseiller à la Cour des Aides.

Hommage que le deſpotiſme a rendu à la loi, mais formalité vaine, puis qu'il caſſa bientôt la clauſe par qui ſeule elle pouvoit devenir utile ; clauſe qui ordonnoit le dépôt des nouveaux rôles au greffe des Elections. Vous connoiſſez les actes vigoureux qui en reſulterent de notre part, la procédure criminelle commencée contre les Receveurs des tailles, arrêtées à l'ordinaire par l'autorité, & éteinte au moyen d'un enregiſtrement quelconque (2), dont je rougis un peu pour mes confreres ; car je n'avois pas alors l'honneur d'être de cette Cour ; ils ſentoient bien ſans doute

l'in-

----

(1) La Cour des Aides enregiſtra le 12 Mars 1760 un édit portant doublement de capitation, & le triplement fut enregiſtré en lit de-juſtice le 31 Juillet 1761.

(2) Cet enregiſtrement eſt du 8 Mai 1761. Il s'agit d'une déclaration qui par une ſurſéance indéfinie, éludoit le dépôt des rôles.

l'infidieux de la claufe de la furféance; mais, fatigués d'une guerre contre le Gouvernement dont ils n'efpéroient aucun bien, ils ne furent pas fâchés de trouver cette maniere adroite & honnête d'en fortir.

M. DAILLY.

Pourquoi attribuer à leur puffillanimité, ce qui fut peut-être occafionné par des éclairciffemens que leur donna amiablement le Miniftere fur l'impoffibilité qu'on fatiffît à leur demande, du moins fur les inconvéniens qu'elle entraînoit.

LE CONSEILLER *à la Cour des Aides, allant à fa bibliotheque.*

A moins que vous ne fuppofiez toute la Cour des Aides affez lâche pour conniver à cet abus avec le Miniftere, & jouer la comédie afin d'en impofer à la nation, je ne puis mieux vous répondre que par ce qu'elle dit elle-même à ce fujet dans les objets de fes remontrances fubféquentes. (il lit)

5°. „ Qu'il n'y a aucun prétexte plaufible au
„ refus du dépôt des rôles, & qu'effectivement
„ il n'y en a aucun d'énoncé dans fa déclaration;
„ que ce dépôt eft une précaution prefcrite par
„ le principe général de toutes les fociétés ré-
„ glées, puifque dans toute forme de gouverne-
„ ment les citoyens doivent avoir un recours con-
„ tre l'injuftice, & que ce recours devient illu-
„ foire, quand l'auteur de l'injuftice eft feul dépo-
„ fitaire de la piece qui la prouve, & quand, après
„ quelques années, les prévarications font enfe-

„ velles dans un éternel oubli, & les prévarica-
„ teurs à l'abri de toute recherche. (1)

Et enfuite plus énergiquement dans les remontrances mêmes : (2) „ Enfin, dit-elle, le dernier
„ article de ce réglement, celui par lequel Vo-
„ tre Majefté enjoint à fa Cour des Aides,
„ comme à fes Commiffaires départis, de lui don-
„ ner avis des contraventions & des moyens pro-
„ pres à empêcher les vexations, cet article,
„ Sire, feroit le plus favorable de tous, & celui
„ qui donneroit le plus d'efpérance à vos fujets
„ d'obtenir quelque jour un foulagement à leurs
„ peines, fi cette difpofition, tranfcrite fur les
„ anciens réglemens, & conforme aux fentimens
„ dont Votre Majefté, ainfi que les Rois fes Pré-
„ déceffeurs, ont toujours été pénétrés, pouvoit
„ fe concilier avec l'article 14e. de la déclaration
„ qui furfeoit au dépôt des rôles du vingtieme &
„ de la capitation de vos fujets non taillables.

„ Comment eft-il poffible, Sire, qu'on nous
„ ordonne expreffément d'avertir Votre Majefté
„ des abus, & qu'on nous enleve par la même loi les
„ moyens de les connoître ? N'eft-il pas à crain-
„ dre que cette furféance, dont nous ignorons
„ les prétextes, & dont fans doute les véritables
„ motifs n'ont pas été préfentés à Votre Majefté,

***

(1) C'eft le 5e. article des objets des remontrances fur
la déclaration de 1761, concernant les tailles, arrêtés aux
Chambres affemblées le Samedi 20 Juin 1761.
(2) Arretées le 23 Juin.

„ ne cache un deſſein encore plus funeſte, celui
„ d'éloigner par des délais ſucceſſifs, l'eſpérance
„ que Votre Majeſté nous laiſſe encore de don-
„ ner quelque jour des ordres contraires.

L'Anglois.

Il n'y a pas de réplique; mais, Meſſieurs, voilà comme toutes vos belles réſolutions avortent
toujours. Un Miniſtre entreprenant eſt ſûr de
vous fatiguer à force de délais, de lenteurs, de
contradictions.

Quoi qu'il en ſoit, permettez que je ne perde
pas de ma mémoire une objection très-importan-
te, tandis que je l'ai préſente: au moyen de
l'arbitraire qui regne dans la répartition, l'aſſiete
& la perception de la capitation, la ſomme que
chaque Receveur perçoit n'eſt jamais exactement
proportionnée à la quotité qu'il devroit porter,
& ſans doute il préfere de faire enſorte, pour
n'être pas court, qu'il y ait toujours de l'excedant.

Le Conseiller *à la Cour des Aides.*

Vraiment, il y en a conſtamment, & il augmente chaque année. Ces ſommes, priſes ſur la ſubſtance du peuple, devroient naturellement être ver-
ſées dans les coffres de Sa Majeſté, & l'année ſui-
vante être employées en décharge pour chaque
Province. Point du tout; on en fait ſouvent le
ſalaire des prépoſés aux vexations ſous leſquelles
les peuples gémiſſent, ce qui doit les encourager
à les augmenter.

M. Dailly.

Pourquoi voir toujours les choſes en noir, repréfenter les Adminiftrateurs comme une troupe de brigands ? Ne favez-vous pas que ces excédans font utiles & néceffaires pour mille dépenfes momentanées & minutieufes qu'exigent les Provinces confiées à leurs foins ?

LE CONSEILLER *à la Cour des Aides.*

Je fais que c'eft le prétexte dont ils colorent leur defpotifme ; mais je fais encore mieux qu'il n'en eft aucun bon pour affigner ces frais fur une fomme indéfinie & dont perfonne ne rend compte. Enfin, avant que la capitation fût établie, les Commiffaires départis avoient fans doute, ainfi qu'aujourd'hui, des dépenfes à faire pour l'adminiftration de leur département, comment faifoient-ils alors ?

M. DAILLY.

De leur mieux fans doute, ils étoient fort gênés ; lés Provinces n'étoient pas auffi bien foignées ; les grands chemins, les édifices publics périclitoient.

L'ANGLOIS.

Vous êtes toujours le Médecin *tant mieux :* je ne veux point abufer de votre complaifance, Meffieurs, par des queftions que je pourrois vous adreffer encore ; me voilà maintenant affez bien au fait de ce que vous comprenez fous le titre d'impofitions ordinaires : les extraordinaires font fans doute les *vingtiemes ?*

LE CONSEILLER *à la Cour des Aides.*

Le tems nous a menés, Milord, plus loin que je n'aurois voulu : cette autre matiere n'eft pas

moins longue que les précédentes, trouvez bon
que nous remettions la féance ; j'engagerai M.
Dailly à s'y retrouver. Celui-ci, qui, continuellement bourré par le Magiftrat, ne demandoit
pas mieux que de fe tirer de preffe & refpirer,
accepta volontiers le délai. Nous ne pûmes prendre de jour précifément, & nous nous féparâmes.
Je ferai enforte, Milord, que cette intéreffante
converfation reprenne le plutôt poffible, & dès
que j'aurai pu rejoindre mes interlocuteurs, je
vous donnerai le furplus des développemens néceffaires à l'intelligence de la carte que je vous
adreffe en attendant. Montrez-la à nos compatriotes, & fi le mal d'autrui peut foulager de
quelque chofe, que les François, ainfi vexés
après 15 ans de paix, leur aprennent à fouffrir,
ou plutôt à reprendre leur énergie & à fecouer
les chaînes du defpotifme qui cherche à les circonvenir de toute parts !

Paris, ce 29 Janvier 1777.

F 3

LETTRE V.

M. de la Chalotais. Anecdotes nouvelles sur ce Procureur général. Extraits d'un mémoire qu'il composa sur son affaire & resté manuscrit. Faits relatifs aux Etats de Bretagne de 1776.

VOUS vous rappelez, Milord, toutes les infortunes du Procureur-général du Parlement de Bretagne. Les papiers publics vous en ont fréquemment entretenus pendant près de neuf années qu'elles ont duré. Elles n'ont cessé qu'à la mort de Louis XV, ou plutôt le rappel de la Magistrature a été la première époque de leur adoucissement ; car on pourroit dire qu'elles ne font finies, qu'elles ne finiront jamais, si le spectacle du supplice infligé à ses persécuteurs par les loix, est la vraie, la seule vengeance qui puisse & doive satisfaire l'innocence opprimée. Non-seulement ce vieillard, sur le bord de la tombe, a perdu tout espoir de cette satisfaction ; mais il se l'est même ôté par un acte secret qu'il a eu la foiblesse de se laisser arracher, las de dix ans de persécutions, parce qu'enfin il est un terme au courage le plus intrépide. Sans doute quelquefois il est louable, il est grand de pardonner les injures quand elles font personnelles, & que l'impunité n'est pas d'un exemple funeste ; ici, au contraire, l'honneur de la Magistrature, compromise en sa personne, les formes indignement violées, la fureté publique, la confolation du foible, toujours victime en France du plus fort, tout obligeoit M. de la Chalotais à ne jamais abandonner fes pourfuites, à réclamer fans ceffe l'appui des loix, à apprendre aux Grands, dépofitaires de l'autorité, que le glaive de Themis eft fufpendu fur leur tête, comme fur celle du dernier des fujets. Il a fi bien fenti lui-même la honte de cette démarche, que, de concert avec le Miniftere, elle étoit ignorée, ou du moins fimplement foupçonnée : je ne puis en douter aujourd'hui par ce que j'ai lu.

C'eft un défiftement en bone forme, par lequel il renonce lui & fon fils à toutes pourfuites contre fés calomniateurs, & notamment contre le Duc d'Aiguillon. Je vous envoie cette piece authentique (1), & une autre relative qui eft la réponfe

____

(1) Défiftement de Mrs. de la Chalotais & de Caradeuc du 5 Août 1775.

Nous fouffignant, Louis René de Caradeuc de la Chalotais & Anne Jacques Raoul de Caradeuc, Procureurs généraux du Roi au Parlement de Bretagne, voulant donner à Sa Majefté un témoignage de refpect pour fa perfonne facrée ; de notre reconnoiffance de la juftice qu'elle a bien voulu nous rendre ; de notre defir de concourir aux vues de la paix dont elle eft animée, & de notre confidération pour M. le Comte de Maurepas, déclarons abandonner purement & fimplement toutes actions & demandes que nous aurions faites ou pu faire relativement à la procédure criminelle injuftement intentée contre nous au mois de Novembre 1765 & années fuivantes, circonftances & dépendances, en quelque tribunal & vers quelque perfonne du Garde des sceaux & l'annonce des graces qui en doivent être la récompense (1), ce qui ternit beaucoup la gloire de ces deux Magistrats.

Outre ces pensions & faveurs pécuniaires qui ont suivi de près & trop immédiatement, pour ne pas paroître les conditions du marché, & confirmer le bruit qui en avoit couru à la même épo-

---

que ce soit, renonçant à en faire aucune suite, & notamment vers M. le Duc d'Aiguillon. A Rennes le 5 Août 1775. Signé *de Caradeuc de la Chalotais, de Caradeuc.*

(1) Lettre de M. le Garde des Sceaux à M. de la Chalotais du 8 Août 1775.

Envoyée d'Athys à M. de la Chalotais le 14 Août.

MONSIEUR,

Le Roi a bien voulu vous accorder une gratification de la somme de 100,000 livres une fois payée, & une pension de 8000 livres reversible après vous, savoir 4000 livres à M. le Chevalier de la Chalotais votre fils & 4000 livres à M. & Mad. de la Fraglaye.

Sa Majesté vous accorde également une charge de Président à mortier, dont elle voudra bien donner l'agrément à M. de Caradeuc, si vous la lui faites passer. Vous ne devez pas douter du plaisir que j'ai à vous annoncer ces graces.

Je vais faire passer à M. le Contrôleur-général l'ampliation des décisions du Roi, pour qu'il soit à portée de vous procurer le payement des 1000,000 livres & de vous faire porter sur les Etats du Roi pour la pension de 8000 livres.

Je vais faire passer également à M. de Malesherbes une ampliation de la décision relative à cette pension, pour qu'il soit en état de vous en expédier le brevet.

Je suis,

MONSIEUR,

Votre affectionné Serviteur.

A Versailles, le 8 Août 1775. *Signé* Miromesnil.

époque, M. de la Chalotais vient d'obtenir une
grace honorique retardée plus longtems, en ce
qu'exigeant un enregiftrement & la plus grande
publicité, on defiroit qu'elle n'eût pas l'air d'une
collufion, qu'elle fût regardée comme émanée du
propre mouvement du Roi, ainfi qu'il eft porté
dans la conceffion. Ce font des lettres patentes
par lefquelles Sa Majefté leur érige la terre de
Caradeuc en Marquifat. Le préambule eft remarquable; on y fait dire à Sa Majefté que:
„ comme rien n'anime plus puiffamment fes fujets à
„ facrifier leurs foins, leurs travaux, & fouvent
„ même leur fortune pour fon fervice & celui
„ de l'Etat, qu'en fe portant, dans les occafions,
„ à les illuftrer par des décorations qui puiffent
„ tranfmettre à la poftérité les témoignages les
„ plus flateurs de la fatisfaction que ledit Sei-
„ gneur Roi auroit reffenti de leur zele; c'eft
„ dans ces vues qu'il auroit mis en confidération
„ les fervices qui lui ont été rendus & au feu Roi
„ fon très-honoré Seigneur & Ayeul, par fes
„ très-chers aînés & féaux, les Sieurs Louis-
„ René, Anne Jacques Raoul de Caradeuc fon
„ fils, fes Procureurs généraux en fa Cour de par-
„ lement de Bretagne." (1)

____

(1) Après vous avoir fait l'énumération des fervices
rendus par les ancêtres, de l'illuftration de cette famille,
foit par elle-même, foit par fes alliances, Sa Majefté
ajoute : „ à tout quoi ledit Seigneur Roi ayant égard, fuivant
„ le contenu aux lettres données à Fontainebleau par fon
„ très-honoré Seigneur & Ayeul le 10 Mai 1730, à Marly

Vous voyez, Milord, avec qu'elle adreſſe on
a inféré tout ce qui pouvoit flatter l'amour propre des Procureurs - généraux & leur faire oublier
leurs maux, tout ce qui pouvoit même effacer
l'ombre du délit envers le Monarque défunt,
puiſque l'honneur qu'ils reçoivent aujourd'hui eſt
moins une grace qu'une reconnoiſſance due aux
ſervices qu'ils lui ont rendus, ce qui eſt bien
contradiĉtoire avec les inculpations dont ils avoient
été chargés. Tout tend donc à faire éclater leur
innocence; mais ce qui ſoulcve une ame fortement éprife de l'humanité, c'eſt que rien ne ten-
de à la vanger & à intimider ſes perſécuteurs.

Il faut que je vous apprenne maintenant, Milord, comment j'ai eu les pieces ſecretes dont je

---

„ le 12 Mai 1752, aux délibérations des Gens des trois
„ Etats du Pays & Duché de Bretagne, du 4 Novembre
„ 1617, du mois de Novembre 1770, pour laquelle ils
„ prennent la garantie des Procureurs - généraux, & font
„ les plus grands Eloges de leurs ſervices & ſi lélité : le-
„ dit Seigneur Roi auroit defiré reconnoître & récompen-
„ ſer tous les ſervices rendus par leſdits Sieurs de Cara-
„ deuc; il auroit eſtimé ne le pouvoir faire dignement,
„ qu'en donnant de *ſon propre mouvement* à Louis René,
„ & Anne Jacques Raoul de Caradeuc, les Procureurs-
„ généraux, le titre & la dignité de Marquis &c. en
„ conféquence érige la terre & ſeigneurie de Caradeuc &c.
„ en Marquiſat de Caradeuc &c."
Après le Réquifitoire des Gens du Roi, la Cour, les
Chambres aſſemblées le 23 Décembre, ordonne, par *d'im-
portantes coi.fidérations & ſans tirer à conféquence* pour l'a-
venir, que les lettres patentes dont il eſt queſtion feront
enregiſtrées &c.

vous ai fait part & le mémoire dont je vais vous entretenir. Ces jours derniers, étant allé chez M. le Duc de Rohan qui étoit en affaire, je fus obligé de l'attendre dans sa bibliotheque ; je m'amufai à la parcourir, & un manufcrit, intitulé *Mémoire de la Chalotais*, me frappa : j'étois à le lire quand ce Seigneur vint à moi ; je lui témoignai mon enchantement de l'ouvrage & mon defir de l'emporter ; il me le permit d'autant plus facilement que les mémes défenfes de le rendre oftenfible ne pourroient exifter aujourd'hui, & ne font plus qu'un égard mal placé pour de lâches ennemis, qu'il faudroit, au contraire, dévouer à l'exécration générale en révélant leur turpitude, ou plutôt leurs crimes abominables.

C'étoit l'objet de ce *factum* : lorfqu'il fut compofé en 1767, il devoit être joint à une requête en oppofition aux lettres patentes du 22 Décembre 1766, à cette époque, où Louis XV ayant déclaré qu'il ne vouloit pas trouver de coupable, éteignit de fon autorité tout délit, & cependant exila M. de la Chalotais & fon fils ; où le Parlement ayant fait des repréfentations à Sa Majefté fur l'inconféquence de cette conduite, le Roi répondit que l'honneur de fes Procureurs généraux n'étoit pas compromis par cette punition , mais qu'elle ne leur rendroit jamais fes bonnes graces.

La multitude d'incidens furvenus dans cette incroyable affaire , les paroles d'accommodement portées plufieurs fois à l'illuftre exilé , la crainte de trop irriter le Monarque, l'ont toujours empêché de publier fon mémoire. Il fe flattoit de pouvoir le répandre fous le nouveau regne; on lui a fermé la bouche à force de bienfaits, d'honneurs & d'éloges; il feroit vraifemblablement perdu pour la génération préfente, fi un heureux hazard ne m'en eût procuré la découverte, d'autant plus agréable, que je puis vous la communiquer & en partager la jouiffance.

Après avoir établi dans la premiere partie de fon Mémoire ce qu'on appelle l'origine des troubles de Bretagne, & fait voir, par une foule de fes lettres écartées, que, bien loin d'avoir contribué à les faire naître & les fomenter, il a fait tout ce qu'il a pu, au contraire, pour les prévenir & les arrêter, M. de la Chalotais paffe à la feconde partie.

Elle contient l'examen de la procédure, & voici fes chefs: 1°. Accufation & procédures fans corps de délit, 2°. Accufation fans accufateurs, 3°. Accufation & inftruction fans juges compétens, 4°. Pourfuite militaire fans ombre de juftice, où d'un bout à l'autre, l'accufateur & le délateur ont été juges & parties, ordonnateurs & difpofant de la perfonne des accufés. 5°. Accufations vagues, changemens de tribunaux & de juges, de parties publiques au gré des accufateurs & des délateurs; procédure variant à volonté. 6°. Procédure qui déroge aux loix & qui en fait de nouvelles, qui confond la nature des délits & la qualité des preuves. 7°. Accufations jugées, fans que les accufés aient pu produire leurs faits juftificatifs, pendant qu'ils étoient dépouillés de leurs pieces, & fans qu'ils aient été entendus; jugement qui ne juge point.

La troifieme embraffe les chefs d'accufation. 1°. Complot fait avec M. de Kerguefec. 2°. Des billets anonimes. 3°. Manque de refpect au Miniftere & même au Roi. 4°. Projet de porter le trouble dans le Miniftere. 5°. Vexations & abus de pouvoir ; huit faits relatifs à cette accufation.

Le récit hiftorique des faits m'ayant paru furtout néceffaire pour l'intelligence de la defenfe des accufés, & curieux d'ailleurs par une foule d'anecdotes ignorées, c'eft le morceau que je vous ai copié le plus fidelement; vous y aimerez la fimplicité de l'Hiftorien.

,, L'Affaire des Magiftrats de Bretagne prend fa fource dans les arrêts donnés contre les Jéfuites & dans les comptes rendus à ce fujet.

Dès lors les Jéfuites conçurent le projet de fe venger de ceux qu'ils regardoient comme les promoteurs & les auteurs de ces arrêts; ils fongerent, fuivant leur politique ordinaire, à exciter dans le Royaumé des troubles dont ils puffent profiter.

Ils avoient un parti aux Etats de Bretagne: les Evêques, à la tête defquels étoit l'Evêque de Rennes *Desnos*, prefque tout l'Ordre eccléfiaftique, quelques membres de la Nobleffe, compofoient un nombre affez confidérable, foutenu & protégé par le Commandant, qui, d'ailleurs, difpofoit du Tiers.

Leur objet étoit de faire entreprendre par les Etats les arrêts du Parlement qui avoient diffous

la Société des Jéfuites, d'oppofer les Etats au Parlement, la Nation à la Nation.

La fermentation fut grande aux Etats de 1762
à Rennes. Des Gentilfhommes qualifiés fe firent
fur le théâtre des menaces dont le Commandant
ne s'inquiéta pas, quoiqu'elles fuffent affez notoi-
res pour qu'il y dût faire attention : on revint
trois fois à la charge ; on lifoit & l'on faifoit lire
clandeftinement les lettres, vraies ou fauffes, d'une
perfonne du plus haut rang * pour émouvoir les
efprits en faveur des Jéfuites ; & fi l'on eût
laiffé le cours à ces mouvemens, ils euffent pro-
bablement excité dans la Province une guerre civile, qui bientôt après fe fût communiquée dans
tout le Royaume.

Les Jéfuites s'en prirent à M. de la Chalotais, qui, dans fes comptes rendus, avoit dévoi-
lé le vice des conftitutions & du régime : qui,
pendant les Etats, s'étoit oppofé de tout fon
pouvoir à leurs manœuvres ; & M. d'Aiguillon
fe plaignit hautement de ce qu'il en avoit écrit à
M. le Duc de Choifeul.

Deux ou trois jours après les Etats, M. de la
Chalotais fit rendre fur fon réquifitoire un arrêt
qui défendoit de demander le rétabliffement des
Jéfuites, & de faire des affemblées illicites.

M. d'Aiguillon fut tranfporté de colere de ce
qu'on rendoit un arrêt pareil, pendant qu'il étoit

---

* De Monfieur le Dauphin, à ce qu'on prétend. Note
du mémoire, ainfi que les autres marquées d'étoiles pareilles.

à Rennes, & fans qu'il en eût été informé ; il dé-
clama avec fureur contre le réquifitoire & contre
le requérant.

Défefpérés de n'avoir pu brouiller aux Etats,
les Jéfuites formerent le deffein de réuffir d'une
autre maniere , affurés du Commandant, tour à
tour leur protecteur & leur protégé.

Il y avoit en Bretagne des plaintes générales
contre l'adminiftration de M. d'Aiguillon concernant les grands chemins ; le Parlement les avoit
prifes en confidération : comme les Magiftrats
qui appuyerent ces plaintes, étoient les mêmes
qui avoient paru oppofés aux Jéfuites, ceux-ci
& le Commandant fe réunirent dans le deffein de
les perdre.

Le Commendant vouloit venger fa querelle
contre ceux qui attaquoient fon adminiftration ; il
les fit mander à Compiegne, & enfuite, par des
lettres de cachet, à Verfailles. Sous des prétextes
faux & illufoires, on molefta le Parlement par
des ordres obfcurs & prefque contradictoires.
On pouffoit également les Etats à Nantes ; ils por-
terent au Parlement leur oppofition à l'enregiftrement de la déclaration du 21 Novembre 1763,
qui, entre autres difpofitions, établiffoit la perception d'un nouveau fol pour livre qui n'avoit
point été confenti par les Etats. Le Commandant, voyant que cet acte pouvoit caufer du trouble ; laiffa partir le Procureur-Sindic pour le
porter au Parlement à Rennes, ce qu'il eût pu
aifément empêcher, s'il l'eût voulu ; mais il étoit

bien-aife de brouiller. Il prévit que le Parlement pourroit donner un arrêt fur l'oppofition ; &, d'un autre côté, on fit à Verfailles, vraifemblable-ment par fes confeils, tout ce qu'il falloit pour jeter dans le parti des démiffions ceux-mêmes qui en auroient été le plus éloignés.

Il efpéroit en tirer avantage pour perdre les Magiftrats qu'il haïffoit, pour divifer & détruire le Parlement qui s'étoit plaint de fon adminiftra-tion, & qui avoit fait fciffion avec lui ; pour anéan-tir les Etats, & préparer les voies aux Jéfuites, fes amis & fes confédérés.

Pendant ce tems il fe tenoit, tous les jours & toutes les nuits, des affemblées à l'hôpital de *Saint Mées*, fitué à l'extrémité du faubourg de Rennes, où aboutit la route de Paris.

Cet hôpital eft une maifon de force, dont le Sieur Clemenceau, ex-Jéfuite, eft Supérieur. Le Supérieur des Jéfuites, Frey, l'a choifi pour le lieu de fa retraite. Des fanatiques de tout état, Hommes, Femmes, Prêtres, Laïques, Jéfuites, Ignorantins, Kergutains, * Officiers, Commen-faux, Secrétaires de M. d'Aiguillon, y entrete-noient des correfpondances, & y formoient des affociations.

C'eft-là, & par ces mêmes fuppôts, que s'eft tramé le projet que l'on a vu éclore par la ma-

---

nœuvre de M. d'Aiguillon & fous fes aufpices, de faire le procès à ces mêmes Magiftrats, & de les faire enfermer à perpétuité.

Il fe tenòit encore d'autres affemblées de ces mêmes fanatiques chez l'Abbé de *Kergus*, au Bon-Pafteur, chez les filles de St. Thomas, à l'hôpital de St. Ives, chez les Ignorantins, chez la Préfidente de l'Angle &c. &c. &c.

Ces repaires font l'arfenal où fe font forgés les traits contre les Magiftrats ; c'eft de-là que font parties les dénonciations , les inftigations , & vraifemblablement les billets anonymes &c. Les Jéfuites ont cru que c'étoit la meilleure réponfe qu'ils puffent faire aux comptes rendus & aux arrêts dónnés contre la Société.

Les conjectures fe trouverent favorables pour ceux qui avoient formé le projet de détruire la Magiftrature. Les auteurs de tous ces complots unirent enfemble leurs haines , qui, féparément, euffent été impuiffantes contre nous : les prétextes qu'ils faifirent furent les troubles prétendus de la Bretagne.

Le terme de *troubles* fignifie des mouvemens excités pour dónner atteinte à l'ordre public & à la tranquilité de l'Etat.

Il faut donc examiner d'abord quels font ces mouvemens ; quelle en eft la caufe ; on recherchera dans la fuite quelle part ont pu y avoir les Sieurs de la Chalotais & de Caradeuc , Procureurs-généraux.

Ces troubles ont pour objet & pour principe de favoir fi le Parlement a pu fe plaindre de l'adminiftration des grands chemins par M. d'Aiguillon; car on n'a pas même examiné fi ces plaintes étoient fondées, ou fi elles ne l'étoient pas.

Voilà la caufe premiere, &, pour ainfi dire, unique des malheurs qui affligent la Province de Bretagne, l'origine de toutes les calamités publiques & particulieres.

Dès les premieres plaintes que le Parlement en porta en Janvier & Février 1764, M. d'Aiguillon éclata en menaces indécentes, difant *que le Parlement en avoit menti par fa gorge & qu'il s'en repentiroit*. (Ce font fes termes.) Le Parlement ayant réitéré fes plaintes, en Juin 1764, fur cette adminiftration, le fonds même ne fut pas difcuté; il ne fut ordonné, & il ne fut fait ni enquêtes ni procès verbaux; tout fut étouffé par l'autorité & par des ordres furpris à la religion de Sa Majefté. On manda les mêmes Magiftrats à Compiegne; on menaça le Parlement & le Procureur-général; on répandit la terreur par des lettres de cachet dans la Province, pour empêcher de donner des éclairciffemens fur cette adminiftation; on traita de féditieux ceux qui parurent vouloir en demander, & l'on triompha ainfi fans peine.

Ce premier point de vue, qui eft exactement vrai, n'eft pas un préjugé favorable à cette adminiftration. Au fond, c'eft pourtant fur ce fondement qu'ont porté toutes les opérations pofté-

rieures ; c'eſt, comme on a dit, la baſe à laquelle on a lié tous ces évenemens. Le Miniſtre &
le Duc d'Aiguillon n'ayant jamais voulu revenir
ſur leurs pas, ayant toujours continué d'agir ſur
le même principe, il ne faut pas être étonné des
mouvemens qui ont ſuivi, ils étoient infaillibles
& néceſſaires ; &, comme ils n'ont été accompa-
gnés que de violences, pour couvrir des abus
trop réels, ils devoient néceſſairement entraîner
les ſuites funeſtes que nous voyons encore.

Dans ſa plainte le Sieur de Calonne, Procureur - général, n'a point aſſigné d'autre époque à
ces troubles ni d'autre origine. Pour en être
convaincu, il ſuffit de lire les interrogatoires où
le Commiſſaire l'a annoncé pluſieurs fois à tous
les accuſés *en termes formels.*

La Réponſe de Sa Majeſté aux Députés du
Parlement, mandés à Compiegne (Juin 1764) parloit déjà de troubles que le Parlement avoit dû
exciter à ce ſujet.

L'origine des troubles de Bretagne remonte
donc inconteſtablement aux démarches faites, en
Janvier & Février 1764, par le Parlement, à l'in-
ſtigation, dit - on, de quelques - uns de ſes membres, continuées dans le mois de Juin de la même année, & aux démarches des Etats à Nantes.

Or, quelles ſont ces démarches ? Le Parlement,
excité par le cri univerſel de la Commune, par
une infinité de plaintes publiques & particulieres,
fit aux mois de Janvier & de Mars des remontran-

ces contre les corvées ; au mois de Juin il en fit d'itératives fur le même objet, parce qu'il n'avoit point eu de réponfes aux premieres.

On le demande ici : des remontrances d'un Parlement à Sa Majefté fur des plaintes publiques, font-ce des délits, font-ce des fautes ? Allons plus loin : ne font-ce pas des devoirs dont des Magiftrats ne pourroient fe difpenfer, fans fe rendre prévaricateurs ?

Pour le prouver, fuppofons qu'il y eût quelques abus dans l'adminiftration des grands chemins par corvées ; le Parlement n'eût-il pas été repréhenfible de ne les avoir pas expofés aux yeux de Sa Majefté ?

M. d'Aiguillon, Adminiftrateur, difoit qu'il n'y en avoit point ; il vantoit fes opérations comme un chef-d'œuvre de police. Le Parlement, au contraire, foutenoit, avec tout le refte de la Province, qu'il y avoit des abus confidérables & fort multipliés, qu'il y avoit même des délits contre l'ordre public. Il étoit tout fimple, & la route en étoit indiquée par les ordonnances, de commencer par vérifier les faits, de faire faire des enquêtes, des informations, pour juger enfuite avec connoiffance de caufe de la vérité ou de la fauffeté des plaintes qui avoient été portées au Parlement.

Au lieu de prendre ce parti, qui étoit le feul convenable, le Miniftre, oncle du Duc d'Aiguillon, furprend la religion de Sa Majefté pour

(141)

louer la conduite de fon neveu, & blâmer celle
du Parlement. (*)

Il n'étoit pas néceffaire d'une grande pénétra-
tion pour prévoir ce qui devoit arriver de pareils reproches. Le Parlement ne pouvoit garder
le filence fur une accufation fi importante, émanée
de la bouche du Roi même, & il étoit indubita-
ble qu'il feroit des repréfentations auffi fortes que
les imputations étoient graves. Il étoit egale-
ment certain qu'elles blefferoient celui qui étoit
l'auteur des reproches, & en faveur de qui ils
étoient faits.

M. de la Chalotais le dit alors à deux Miniftres
(M. le Maréchal de Soubife, & M. le Contrôleur-général de Laverdy) les avertiffant des inconvéniens qui ne pouvoient manquer de s'en
fuivre.

(*) RÉPONSE DU ROI *faite à Compiegne aux Députés
du Parlement de Bretagne*, le 22 Juin 1764.

„ Je n'ai pu voir fans peine que dans une occafion où
„ j'avois donné à mon Parlement les plus grandes marques
„ de ma confiance, où je ne devois attendre que des té-
„ moignages de fon zele & de fa reconnoiffance, il ait
„ ajouté, par un arrêté compris contre la regle ordinaire
„ de fon enregiftrement de ma Déclaration du 21 Novem-
„ bre dernier, des objets qui étoient totalement étrangers,
„ & qui ne tendent qu'à jeter des nuages fur une adminis-
„ tration dont je fuis auffi fatisfait que la Province, ou
„ même à élever des difficultés qui pourroient exciter des
„ difcuffions entre mes fujets, s'ils m'étoient moins atta-
„ chés. Retournez fans délai dire à mon Parlement, que
„ je veux que cette affaire n'ait aucunes fuites."

Ils arrivèrent ces inconvéniens ; & , par une fuite. de démarches incompréhensibles , dont plusieurs étoient préparées artificieusement pour surprendre les Etats & le Parlement, on parvint à précipiter les Magistrats dans le parti des démissions, que presqu'aucun d'eux ne desiroit.

Tel est le principe de ce qu'on appelle les troubles de Bretagne, qu'on nommoit ainsi dès le mois de Juin 1764, tems auquel il n'y avoit encore de la part du Parlement que des remontrances au sujet de l'administration des grands chemins.

Du côté des Etats, il y a eu des contestations & des débats sur des sommes demandées, sur le plus ou le moins de ces sommes, sur la forme de les percevoir, comme il y en a dans toutes les assemblées du Clergé; mais il n'y a point eu de troubles ni de mouvemens excités pour donner atteinte à l'ordre public & à la tranquillité de l'Etat.

On a qualifié de troubles toutes ces contestations, &, suivant le principe établi par le Procureur - général, toute opposition à la volonté d'un Commandant, la moindre contradiction à ses avis est un trouble contre le service du Roi, un crime contre le Souverain.

A l'aide de ce prétendu principe de droit public, il est aisé de trouver partout des coupables, même d'en faire, & de trouver des Commissaires pour les condamner.

Ainsi, quiconque avoit attaqué les Jésuites &

contribué à diffoudre la Société; quiconque a ofé douter, aux Etats & dans le Parlement, de la capacité politique & militaire du Commandant; quiconque n'a pas cru qu'on dût amener de Breft la flote du Roi, pour l'expofer avec un défavantage évident à Auray & à Quiberon; quiconque a penfé qu'il falloit, fuivant l'avis du Brave M. de Ste. Croix, un bataillon de plus pour défendre Belle-Ifle; quiconque a douté des mœurs, de la fcience, de la probité de l'un & de l'autre des Agens du Commandant dans l'Eglife & dans le Tiers à l'affemblée des Etats; quiconque a cru que fes Ingénieurs pouvoient n'être pas exacts dans leur conduite, eft devenu à fes yeux, aux yeux de l'Evêque Defnos & des Jéfuites, un criminel de leze-Majefté, un homme digne de mort.

L'objet des accufateurs a été de réunir ces délits, de préfenter ces prétendus troubles du Parlement & des Etats comme des complots formés pour nuire aux intérêts du Souverain, de peindre quelques membres de la Nobleffe & du Parlement comme en étant les auteurs & complices. Tous les Interrogatoires portent fur cette fauffe fuppofition; mais on n'a pas ofé joindre enfemble toutes ces mêmes perfonnes dans la procédure, parce qu'on craignoit un approfondiffement.

Encore une fois, des remontrances d'un Parlement au Roi font-ce des troubles, ou des actes juridiques des obligations impofées aux Magiftrats, fauf au Roi à décider de la juftice qu'elles contiennent?

Les mouvemens qu'a fait dans le tems le premier Parlement du Royaume pour défendre les loix & pour foutenir les privileges des Magiftrats, de tous les citoyens de la nation (car toute la nation y eft intéreffée) font-ce des troubles? Et fi l'on ofe les qualifier ainfi, à qui doit-on les imputer, fi ce n'eft à ceux qui ont furpris la religion de Sa Majefté pour fufciter une affaire injufte dont ces mouvemens font une fuite néceffaire & inévitable? Affaire qui compromet évidemment l'autorité du Roi, & qui ruine une Province entiere.

Maintenant, quelle part les Sieurs de la Chalotais & de Caradeuc ont-ils eu à ces prétendus troubles?

Dès les premieres remontrances du Parlement, en Janvier & Mars 1764, il y avoit quatre ou cinq mois que M. de la Chalotais étoit abfent de Bretagne, étant venu à Paris le 2 Novembre 1763, & n'étant retourné à Rennes que le 4 Mai fuivant; on fait, d'ailleurs, que les Procureurs-généraux n'entrent point aux Chambres affemblées, où les remontrances font arrêtées.

On ne peut donc en aucune façon leur objecter ces remontrances. Au furplus, le fait fût vérifié devant M. le Contrôleur-général à Compiegne, en préfence des Députés du Parlement; & il convint qu'il n'y avoit rien, à cet égard à reprocher au Procureur-général; il dit feulement qu'on fe plaignoit de l'oppofition qu'il avoit mar-

quée

quée à l'adminiſtration des grands chemins par
corvées.

M. de St. Florentin ajouta qu'il avoit envoyé
ſes ſubſtituts dans toute la Province pour s'informer de cette adminiſtration, & que même il avoit
dreſſé à ce ſujet des protocoles de queſtions : ce
furent les termes de ce Miniſtre.

M. de la Chalotais donna un mémoire fort
court dont la copie ne s'eſt point trouvée parmi
les papiers qui lui ont été remis, quoiqu'il y ait
lieu de croire qu'il en faiſoit partie. Au reſte,
il eſt rappelé dans le mémoire ſuivant donné à
M. de St. Florentin.

Lors de l'arrêt du ... Novembre 1764, qui
ordonna d'arracher les affiches d'un arrêt du Conſeil qui avoit ſupprimé l'impreſſion des remontrances du Parlement, le Sieur de la Chalotais fut
mandé à Verſailles comme ayant concouru à faire
rendre cet Arrêt : il joint ici, avec la copie d'une
lettre du Parlement du 4 Décembre, le mémoire
qu'il donna à ce ſujet à M. le Comte de St. Florentin, & à tous MM. les Miniſtres, pour prouver la fauſſeté de cette nouvelle accuſation. Cette
lettre & le mémoire le juſtifient pleinement ; tous
les Miniſtres en convinrent alors : cependant il
fut retenu quatre mois & demi à Verſailles, ſur le
fondement de cette calomnie. Ces pieces ſont
paraphées par le Sieur de Fleſſelles, & font partie de celles qui ont été ſaiſies dans le cabinet du
Sieur de la Chalotais, le 10 Novembre 1765.
On remarquera même que ce mémoire fait men-

tion de l'impofture que l'on a renouvelée depuis
fur fon voyage au château de Bofchet avec M. le
Comte de Guefec.

M. de la Chalotais a dit qu'il avoit détourné,
aux Etats de 1762, les troubles que M. d'Aiguillon avoit cherché à fufciter de concert avec les
Jéfuites; qu'il avoit aidé à déconcerter leurs manœuvres réciproques, & à rompre leurs mefures,
en avertiffant M. le Duc de Choifeul de ces cabales; & c'eft la caufe de la haine que M. le Duc
d'Aiguillon conçut alors contre lui; il va prouver
que depuis ce tems il s'eft oppofé de toutes fes
forces aux fuites que ces troubles ont amenées,
à tout ce que les uns & les autres, toujours unis
enfemble, machinoient contre la paix & la tranquillité publiques, contre le bien du Parlement,
de la Province, & peut-être de tout le Royaume.

On verra qui font les auteurs des troubles excités en Bretagne, & l'on pourra juger quels font
les véritables coupables.

Etant à Verfailles, M. de la Chalotais fit, au
vu & au fçu de M. le Contrôleur-général qui
l'a attefté, toutes les démarches poffibles & impoffibles pour engager le Parlement à reprendre
le fervice, & les Etats à accorder les fept cens
mille livres demandées par le Roi. Il écrivit
pour cela à dix-huit Officiers du Parlement, parmi lefquels il y en avoit plufieurs avec qui il étoit
peu lié, & deux lettres au Premier-Préfident avec
qui il n'étoit pas bien; on produira plus bas cette
lettre.

Il écrivit dans le même tems à fon fils, Commiffaire du Roi aux Etats, des lettres que le Sieur de Calonne a fupprimées & mutilées dans la fuite de cette procédure, mais que Sa Majefté leur a fait remettre le 26 Janvier 1767.

J'efpere que Sa Majefté me pardonnera fi je romps ici le filence que je ne m'étois impofé à l'égard de cet Officier, que, par refpect pour le privilege qu'il a furpris à Sa Majefté au bas de fon apologie, au mois de Décembre 1766, afin de lui fervir de fauve - garde, & qui fut accordé à l'importunité. C'eft Sa Majefté elle - même qui m'a mis en état de le confondre en nous faifant remettre ces papiers.

Des dix-neuf lettres que j'écrivis à mon fils, de Verfailles, à la fin de 1764 & au commencement de 1765, il en a choifi fept pour les dépofer; on va voir fi j'ai eu tort de me plaindre de ce que ce triage étoit fait avec la plus infigne mauvaife foi. Il a écarté toutes celles qui marquent le plus profond refpect pour le Roi, le zele le plus ardent pour fon fervice, la confiance la plus entiere dans fa juftice, le plus grand amour pour la paix; qui témoignent dans les termes les plus forts cette façon de penfer, & contiennent des démarches faites ou à faire en conféquence.

On me fera peut-être un crime de rappeler ici ces lettres, & l'on ne manquera pas de dire que je le fais par efprit d'injures, *animo injuriandi.* A quoi l'innocence eft-elle réduite? Et comment pourra-t-elle fe démêler des projets des méchans?

Si je ne juſtifie pas ces lettres, on dira que je
ſuis un accuſé convaincu; ſi je les rappelle, je
ſerai un homme médiſant, injurieux, & qui manque de reſpeĉt à quelque Miniſtre. Mais la plupart de ces lettres ſont connues de Sa Majeſté;
on n'a pas manqué de lui montrer celles qu'on
croyoit ſuſceptibles d'interprétations défavorables;
je ne les ai point divulguées; je ne les ai point
employées dans la requête que mes Conſeils ont
fait imprimer. Qu'on m'apprenne donc qu'elles
meſures je pouvois prendre, & que l'on conſide-
re que ces lettres ſont celles d'un Magiſtrat perſé-
cuté, qui a perdu, par les calomnies de ſes ennemis, les bonnes graces de ſon Roi; qu'elles ſont
le cri de la douleur, & les effuſions du cœur
d'un pere qui répand ſes chagrins dans le ſein d'un
autre lui-même.

On doit être bien moins bleſſé de quelques
expreſſions de ces lettres, que de voir violer le
ſecret & la foi publique des familles, pour trans-
former en crimes d'état, cet épanchement de
confiance d'un pere à ſon fils.

D'ailleurs, il s'agit du reſpeĉt dû au Roi, à qui
le Sieur de Calonne prétend que j'ai manqué.
Rien ne peut m'empêcher de me juſtifier d'une
accuſation ſi atroce; &, en ſuppoſant qu'on pût
me le défendre, c'eſt le ſeul point où je pourrois déſobéir.

Il s'agit de l'honneur, qui ne reconnoît pour
maître que Dieu & la conſcience.

La légitime défenſe de ſoi-même en ce point,

eſt un droit perſonnel à chaque citoyen, dont il ne peut être privé, & dont il ne doit compte que ſuivant les loix.

J'aurois donc le droit d'imprimer, pour réfuter quiconque imprime contre moi....."

De ce récit des faits qui ont précédé la détention des Magiſtrats, M. de la Chalotais paſſe au détail des motifs qui le déterminerent, des ſuites qu'elle eut, & de la maniere dont s'y prenoient ſes ennemis pour provoquer contre eux la colere du Souverain & l'horreur des peuples, d'abord pour la terminer par le ſupplice, enſuite du moins pour la perpétuer.

Dans cette ſeconde partie, beaucoup plus volumineuſe, voici ce qui m'a le plus frappé : vous admirerez ſurement de quelle maniere il change de ton ; il s'éleve & s'anime contre les abus du pouvoir & développe les machinations de ſes ennemis.

„ L'autorité ſeule fait brigue & cabale par elle-même ; elle eſt armée de toute la force publique. C'eſt une ligue naturelle que celle des forts contre les foibles ; au premier ſignal elle ameute tout ce qu'il y a de mépriſable, dans le Clergé, dans le Militaire & dans la Robe ; autour d'elle ſe rangent à point nommé les intriguans, les ambitieux, & tous les gens à prétentions, *quæ maxima turba eſt* ; ceux qui cherchent à obtenir des bénéfices, des grades, des penſions, des places, des gratifications, ſans avoir travaillé, ſans avoir ſervi ; ceux qui veulent ſe venger ſur les honnêtes gens du

mépris que le public a pour eux; les envieux &
les jaloux du fuccès d'autrui, acquis par lē travail
& par l'application; tous les ennemis des loix;
ceux qui ne croient point à la vertu, tout ce
cortege qu'entraînent après eux quelques Commandans; les flatteurs, les efpions, les délateurs,
tous ces vils inftrumens du pouvoir arbitraire:
elle appelle de loin tous les gens de parti, les fanatiques, les factieux; elle reveille les haines &
les vengeances, elle flatte en montrant des ré-
compenfes & en promettant les dépouilles de
ceux qu'elle veut perdre."

„ Ainfi Séjan faifoit trembler l'innocence; on
fuyoit, tout reftoit défert dans les rues & dans
les places publiques; quelques-uns revenoient &
fe montroient de nouveau, effrayés même d'a-
voir eu peur, *fugaverant cuncti, deferta itinera,*
fora, & quidam regrediebantur oftendebantque fe rur-
fùs, idipfum paventes quod timuiffent, les Soldats
fous les armes, les Magiftrats fans les marques
de leur dignité, *Miles cum armis, fine infignibus,*
Magiftratus."

„ On efpéra, en faififfant les papiers de tous ceux
qui feroient arrêtés, de troüver dans les lettres
des Magiftrats à des Gentilhommes, des Gentilhommes à des Magiftrats, dans les lettres des
Magiftrats entre eux, foit du Parlement de Bretagne, foit des autres Parlemens, de quoi lier
ce grand corps de délit qu'on avoit imaginé; on
fe flatta de donner de la réalité à ce qui n'en avoit
point, en fupprimant des lettres, en tronquant

les autres, & en les féparant fuivant l'intérêt & la paffion, en divifant les phrafes de chaque lettre, en réuniffant des fragmens, & en tirant des conféquences de ces divifions & de ces réunions."

„ Par le miniftere des efpions, des fanatiques, des ennemis déclarés ou cachés, avec le fecours perfide de ces hommes gagés, qui, trompant la foi publique, levent les empreintes des cachets des lettres, pour mettre au jour les fecrets inviolables des familles, on ne douta pas de pouvoir obtenir des témoignages vrais ou faux; par des bruits femés & répandus à propos, de quoi frapper les efprits, augmenter, groffir, exagérer les foupçons qu'on fe flattoit d'infinuer au Roi en le trompant, & par ce moyen d'en impofer à toute la nation."

„ On efpéra, en refferrant les accufés, les empêcher de faire parvenir au Monarque & au public leur juftification, en leur cachant le fujet de leur détention, en le cachant même aux Magiftrats qu'on leur donnoit pour juges, dont on trompoit la Religion, dont on excitoit le zele comme s'il eût s'agi de fervir le Roi & l'Etat; on fe flatta qu'ils tomberoient d'eux mêmes dans le piege, & par des contradictions prefque inévitables entre eux ou avec eux mêmes paroîtroient coupables, fe le rendroient peut-être, aigris par les mauvais traitemens, & provoqueroient ainfi la vengeance des loix."

„ On compta fur les rigueurs indifpenfables d'un de ces tribunaux amovibles, dont les fonctions, suivant l'hiftoire , ont été utiles en tant d'occaſions pour réaliſer des crimes chimériques , & pour donner à des accuſations qui n'ont point de fonds, une apparence de fonds & de confiftance. On appela le Sieur de Calonne, déſerteur du Miniftere public , (1) pour faire fortune, qui a renié le parti de la juſtice diſtributive & de la jurifdiction contentieuſe, pour embraffer celui de la juſtice arbitraire & de la jurifdiction volontaire."

„ Au pis aller, on étoit bien ſûr de faire ſubir pendant longtems à des innocens les rigueurs d'une priſon cruelle dont on étoit les maîtres, & d'en augmenter les duretés , de ruiner leur ſanté & leur fortune."

„ On comptoit par ces moyens les ennuyer, les décourager, faire donner les démiſſions aux uns & écarter les autres, ce qui étoit le moindre but qu'on ſe propoſoit. On parloit d'échaffaud; on apportoit de nuit au château de St. Malo des pieces de bois préparées pour en conſtruire un. Les Jéſuites & leurs affiliés, les émiſſaires de M. d'Aiguillon, débitoient pendant ce tems à Bordeaux de prétendues lettres de moi à M. Pitt, Miniſtre d'Angleterre, pour faire accroire que j'avois dans les pays étrangers des intelligences contraires aux intéréts de l'Etat, lettres fauffes qu'on n'a pas même oſé produire, parce que j'en au-

____

(1) Il étoit au Parlement de Douay, & du parquet de cette Cour paffa au Conſeil.

aurois aifément prouvé la fauffeté. Je répete ici l'obfervation que j'ai faite plus haut: quand on fuppofe des lettres fauffes qu'on ne montre point, on peut bien fuppofer des billets anonymes qu'on auroit fait fabriquer."

,, Les Jéfuites envoyoient des bulletins de la procédure & la lifte de nos crimes, qui, par la voie d'Orléans, fe répandoient toutes les femaines dans toutes les villes du Royaume. On annonçoit les fuites d'une procédure rigoureufe, & fi elle fe trouvoit dépourvue de preuves, on fe flattoit de l'étouffer enfin, par le poids du crédit & de l'autorité, d'empêcher les accufés, par force & par menace, de produire jamais leur juftification."

On peut juger du caractere des hommes par leurs entreprifes; celle-ci étoit vifiblement in-jufte, mais elle étoit folle, extravagante; elle annonce de quoi font capables ceux qui en font les auteurs & les promoteurs; elle avoit pour objet d'intimider une province qu'on avoit réfolu de fubjuguer par la terreur. Ce qui eft le feul vœu de l'orgueil qui fe dédommage d'être haï, par le plaifir de fe faire craindre; *oderint, dum metuant.*"

Je fuis fâché, Milord, de vous laiffer dans l'état d'angoiffe où vous a mis à coup fûr cette peinture pathétique; je vois votre cœur brifé de douleur; mais ma lettre eft déjà longue, la pofte preffe, & je fuis obligé de remettre à l'ordinaire prochain l'envoi d'autres fragmens qui changeront vos difpofitions & ne font pas indignes des premiers.

Paris, ce 20 Février 1777.

LETTRE VI.

Suite du même Sujet.

Vous avez gémi, Milord, fur le fort de l'infortuné Procureur général, fur les injuftices, les cruautés qu'il éprouvoit; vous avez reffenti fes fouffrances, & prefque le fupplice qu'il étoit à la veille de fubir; vous allez vous relever avec lui de la dépreffion où l'avoient réduit fes ennemis, & finon vous réjouir de fon triomphe complet, au moins le voir les terraffer, les foudroyer de fon éloquence & faire retourner contre eux tout l'odieux, toute l'horreur qu'ils vouloient infpirer à la Nation contre lui. L'Orateur Romain dont eft rempli M. de la Chalotais ne pourfuivoit pas avec plus de véhémence l'audacieux Catilina. Il provoque enfin dans la troifieme partie le Procureur-général de la commiffion.

,, Récapitulons, maintenant, Sieur de Calonne, vos accufations & nos crimes. Où font ces troubles, ces mouvemens excités pour donner atteinte à l'ordre public & à la tranquillité de l'Etat? ",

(155)

„ Où font ces conjurations prétendues dont vous avez fait tant de bruit ?"

„ Où eft ce parti de gens unis enfemble con-tre les intérêts du Souverain ? Quels font ces Magiftrats prévaricateurs & coupables que vous avez voulu flétrir & déshonorer dans l'efprit du Roi, de la nation, aux yeux de toute l'Europe ; qu'on a traités dans les cachots avec plus de dure-té & d'inhumanité que dans les prifons de l'in-quifition ?"

„ Et pourquoi tant de clameurs ? L'Etat a-t-il été en péril ? Les intérêts du Roi ont-ils été trahis ? Sa gloire a-t-elle été attaquée ? Vous n'avez pu trouver dans tout la-Bretagne un feul fait, une feule action d'aucun des membres du Parlement accufés, contre les intérêts du Roi, contre fa gloire, une fur laquelle on puiffe même former un foupçon. Il a été queftion de favoir fi le Parlement à pu dire que la Commune fe plai-gnoit de l'adminiftration des grands chemins par corvées, dirigée par M. d'Aiguillon. Voilà tout le corps du délit. C'eft la caufe premiere de tout cet éclat, par lequel on a trompé le Roi ; pour lequel on a mis toute la Magiftrature en mouve-ment ; dont le Confeil du Roi a été occupé pen-dant de longues féances ; qui a caufé des pertes confidérables dans une grande Province ; qui a interrompu le cours de la juftice ; qui a menacé la liberté de tous les citoyens."

„ Si l'on veut trouver les auteurs des troubles qui ont agité la Bretagne, il faut chercher ailleurs.

que dans le Parlement & dans les Etats. On les trouvera dans le Gouvernement militaire, qui brouille tout pour mettre la nation aux fers, qui ne cherche qu'à égarer la juſtice, & ne reconnoît ni loix, ni uſages, ni privileges; on les trouvera dans la faction jéſuitique & ſes affiliés, parmi ſes eſpions & ſes délateurs, qui forgent des crimes pour faire des criminels.ˮ

C'eſt ainſi que le bien public & particulier, la tranquillité du Chef & des peuples ſont ſacrifiés à la paſſion d'un homme, d'un courtiſan ambitieux, & de Jéſuites fanatiques dont il eſt aidé. Et à quoi ont abouti tant de mouvemens? A faire dire, en faveur des délateurs, qu'on ne veut point trouver de coupables, après une procédure violente & animée qu'on affecte de prolonger pendant quatorze mois pour chercher des preuves, procédure qui n'a pour principe & pour objet que la vengeance, & des haines particulieres transformées en intérêt public; procédure commencée par la délation, continuée par des machinations odieuſes, par la fureur, par l'ignorance, par l'ineptie, pour laquelle on a mis en campagne une armée d'eſpions, une troupe de courriers, dont la pourſuite enfin a coûté des frais immenſes à Sa Majeſté.ˮ

„ Procédure auſſi variable & auſſi inconſtante que l'eſprit de ceux qui l'ont conçue.ˮ

„ Pourſuite & procédure qu'on n'oſeroit faire paroître aux yeux du public, dont la réfutation la plus forte ſeroit de les publier, telles qu'elles

font, mais qu'on enfevelira apparemment dans les
prétendus greffes criminels du Confeil, pour fervir de fecond tôme au procès fait à M. de Thou,
& à M. de Marillac, fur l'accufation d'un Richelieu."

„ Avant de finir, je dois répondre à la feule
objection qu'on puiffe nous faire: c'eft de dire
que toute cette pourfuite n'eft pas croyable, qu'elle n'eft pas vraifemblable."

„ Je réponds qu'elle n'eft pas croyable, qu'elle n'eft pas vraifemblable furtout dans ce fiecle &
fous ce regne; elle n'eût pas étonné fous le Miniftere du Cardinal de Richelieu."

„ On dira qu'il n'eft pas poffible que des perfonnes confidérables fe foient réunies pour inten-
ter fi déraifonnablement de pareilles accufations,
& les pourfuivre auffi injuftement."

„ Je répondrai d'abord par des faits; & des faits
prouvés par pieces. Qu'on produife, fi l'on ofe,
le procès; qu'on le confronte avec tout ce que
j'ai avancé; je confens d'être jugé fur les feules
charges, pourvu qu'on y joigne toutes mes lettres
qu'on a faifies dans le cabinet de mon fils, qui
doivent faire partie de la procédure, & qu'on a
eu la mauvaife foi de divertir & de receler."

„ Je répondrai enfuite, non à la génération
préfente, que la notoriété publique inftruit fuffifamment fur notre compte & fur celui de accufateurs, mais à la poftérité, fi elle daigne jamais
s'informer de cette affaire."

G 7

„ J'oppoferai l'efprit de fureur d'une Société religieufe qui n'a jamais oublié une injure, & réputant à injure tout ce qui choque fes intérêts; j'oppoferai le caractere violent de notre délateur, les informations de témoins fubornés, crime dont il eft prévénu par des informations-juridiques."

„ Du refte, qui ne connoît le poifon de la haine & les excès du Népotifme? *Notumque furens quid velle Minifter poffit.*"

„ D'après ces notions, perfonne n'ignore, dans un Gouvernement qu'on veut corrompre & ériger en defpotifme, la baffeffe des valets & l'infolence des prétendus maîtres... qu'on tire la conféquence. Deux ou trois perfonnes fuivies de tout le cortege qui accompagne l'autorité opprimante, voilà nos ennemis: tous les honnêtes-gens fans exception, au contraire, la nation entiere, voilà nos protecteurs."

Toute cette vigoureufe philippique eft fuivie d'une apoftrophe touchante à la Nation.

„ François! Nation généreufe, toujours jufte quand on ne vous déguife pas la vérité, qui n'avez jamais vu tranquillement perfécuter des innocens, dont la voix incorruptible s'eft fait entendre d'un bout du Royaume à l'autre & a excité celle des défenfeurs des loix, vous avez reçu favorablement les premieres défenfes des innocens opprimés; vous y avez trouvé ce qui eft dans vos cœurs: l'amour d'un Roi qui, même quand il eft furpris, ne veut que la juftice & les loix; vous y avez reconnu les fentimens du vrai ceux de la liberté fondée fur les loix même, la haine de la tirannie, du defpotifme & de l'inquifition que vous avez en horreur. Vous aurez mes derniers hommages, agréez-les avec les prémices de mon fils que j'ofe vous recommander; nous les confacrons tous deux à la Patrie & à fon Chef augufte."

Celle au Roi, plus longue & remplie de grandes & dures vérités, tempérées par le refpect & l'amour, termine, on ne peut mieux, la péroraifon.

SIRE,

„ Telle a été la conduite de vos Procureurs généraux: vous voyez qu'elle a toujours été pure, irréprochable & fans tache; telles font les accufations flétriffantes qu'on leur a calomnieufement imputées. La calomnie eft évidente; elle eft prouvée par les faits, & par les pieces qu'on leur a enlevées, & dont on a voulu fe fervir pour les noircir. Non, Sire, je ne le croirai point: vous n'avez pas fait, vous n'avez pas ordonné des lettres patentes fi extraordinaires."

„ Je ne penferai jamais qu'un Roi, jufte comme vous êtes, d'un caractere doux & humain, que le meilleur des hommes, ait conçu le projet méchant de flétrir des Magiftrats qu'il a honorés de fes bontés dans de plus heureux tems, fans que leur conduite ait jamais varié; qu'il ait ordonné contre eux des traitemens qui intéreffercient l'humanité même à l'égard de véritables criminels."

„ On vous avoit dit (quelle atroce calomnie !) que

nous avions infulté votre ftatue dans la place publique de Rennes, & vous aviez eu raifon d'en
être indigné."

„ On vous avoit dit que nous avions fait des
complots contre vos intérêts; malheur à nous, fi
nous en avons feulement eu la penfée!"

„ Il regne dans votre Royaume, Sire, deux
fiftêmes; l'un, de ceux qui regardent les intérêts
de votre Majefté comme inféparables de votre nation, qui croient que les loix feules peuvent cimenter une union fi defirable."

„ D'autres, toujours prêts à féparer vos intérêts de ceux de vos peuples, prétendent que les
loix doivent plier devant le pouvoir arbitraire."

„ J'avoue, Sire, que je fuis du fentiment de
ceux qui regardent le bien public comme uni in-
diffolublement avec les intérêts de votre Majefté,
parce que je crois que c'eft le feul vrai, le feul
qui puiffe conferver à votre Majefté & à fa race
augufte une gloire folide & permanente; & je
dis que l'opinion contraire n'eft propre qu'à exciter des troubles & des diffenfions, qu'elle n'eft
appuyée que par ceux qui voudroient fubftituer
leur volonté à la vôtre, leurs intérêts particuliers
à la place des loix."

„ J'ai l'avantage, Sire, en le difant, de ne répéter que ce que Votre Majefté a annoncé plufieurs fois à fes peuples, ce que lui dicte fon cœur."

„ Voyez, Sire, comme les principes oppofés com-
promettent votre autorité; combien elle a été com-
promife dans toute cette affaire, & non - feulement

votre autorité, mais la confiance dans votre paro=
le royale, la véracité de Votre Majesté dans ses
déclarations publiques. Voyez comme ces principes détruifent vos finances, & jugez entre ces
deux fiftêmes, quel eft le meilleur, & entre leurs
partifans quels font les meilleurs ferviteurs de Votre Majefté; comme le Gouvernement militaire,
que des Commandans imprudens ont voulu introduire depuis dix ans dans le Royaume, & étendre
au-delà de fes bornes, a mis partout le trouble
& la diffenfion."

,, Vous avez voulu, par une réfolution digne
de votre Majefté & conforme aux vues de fageffe,
de bonté & de modération qui vous animent, enfevelir dans l'oubli le plus profond des procédures qui vous empêchoient peut-être de difcerner
entre les accufateurs & les accufés, quels font les
véritables coupables."

,, Mais qu'il nous foit permis de le dire à Votre Majefté: une décifion qui n'eft point un jugement, qui n'abfout ni ne condamne, qui eft
accompagnée de la peine ou trop rigoureufe d'un
exil, ou, ce qui eft encore plus fenfible pour de
fideles fujets, qui annonce une difgrace de la part
de Votre Majefté, laiffoit le droit trop incertain,
& répandoit fur la juftice & l'innocence des té-
nebres trop épaiffes."

,, Il importe, Sire, à votre gloire, à l'honneur des Magiftrats accufés de délits qui attaquent
votre Majefté, qu'il ne refte aucun foupçon fur
leur conduite."

,, S'ils font coupables, ils doivent être punis plus féverement que d'autres; mais s'ils font innocens, ils ont droit, fuivant toutes les loix, à une pleine & entiere juftification. La juftice ne peut être vengée par des tempéramens qui confondroient enfemble l'innocent & le coupable; & le défiftement de l'accufateur, quel qu'il foit, ne fuffit pas à l'innocence; elles exigent de concert un approfondiffement rigoureux qui emporte une punition-exemplaire ou une juftification complette." (*)

,, Qu'il nous foit encore permis de repréfenter à Votre Majefté, qu'aucune puiffance humaine ne peut, par fa volonté arbitraire, faire des coupables ni des innocens. Votre Majefté peut déclarer innocens ou coupables, ceux que la loi déclare tels; elle peut pardonner, abolir; elle peut faire grace à des criminels, & remettre les peines; mais il ne s'agit point ici de criminels; cette idée ne peut jamais être appliquée à des perfonnes *dont l'honneur n'eft pas compromis.* Anéantir ce qui n'exifta jamais, eft une contradiction dans les termes : ce feroit anéantir le néant même.

,, Nous demandons que V. M. dépofe les pieces & les mémoires fur lefquels on a dreffé les lettres patentes dans un tribunal où nos délateurs fe déclarent nos parties, & articulent des plain-

---

(*) *Obviam imus crimini , & nosmet offerimus inimicis reos.*

tes contre nous; où nous puiſſions former des demandes & préſenter des plaintes contre - eux."

„ Laiſſez, Sire, un libre cours à la juſtice, & ſi vous penſez que vos lettres patentes du 22 Décembre y forment quelque obſtacle, que l'on ne nous empêche pas d'y former oppoſition."

„ Permettez, Sire, à un pere accablé de douleur, de demander juſtice à Votre Majeſté, de la mort de ſa fille, que les mauvais traitemens exercés ſous votre nom par M. le Comte de St. Florentin & par M. le Duc d'Aiguillon ont fait périr."

„ Pendant plus de quinze mois elle a été la victime des fureurs de l'un & de l'autre; on n'a ceſſé de l'obſéder d'ordres ſurpris, de viſites d'exempts de police pour la forcer à ſortir de ſon lit où elle étoit retenue par un crachement de ſang & par une fievſé continue, pour l'enfermer dans un des monaſteres le plus livré aux Jéſuites, où elle ne pouvoit voir que ſes géolieres, dans un lieu bas & humide, où elle a contracté pendant un hiver rigoureux la maladie qui lui a cauſé la mort. C'eſt un acharnement qui n'a point d'exemple, & qui crie vengeance devant Dieu & devant les hommes. Qu'ils diſent quel crime elle avoit commis pour être auſſi cruellement traitée? Elle étoit allée à Paris au ſecours de ſon pere & de ſon frere, pour ſupplier Votre Majeſté d'écouter leur juſtification; quand ils euſſent été coupables, ce qui n'eſt pas, elle étoit innocente."

„ On a pouſſé la barbarie juſqu'à me faire ſor-

ñr de Paris fans voir ma fille , & fans avoir reçu
fes derniers adieux."

„ Ah! ma chere fille, trop peu de larmes ont
arrofé votre tombeau, & vos yeux en fe fermant
ont défiré quelque chofe." (1)

„ Je mè fuis dévoué, Sire, pour votre perfonne facrée, pour le bien de l'Etat, à la haine de
cette Société audacieufe dans fes calomnies, implacable dans fes vengeances, que les Rois font
forcés, pour leur propré fureté, de diffoudre ou
de détruire."

„ Voilà la caufe, l'origine & l'époque des accufations qui nous ont été calomnieufement inten-
tées par leurs amis & leurs affiliés ligués avec eux."

„ Ce qui m'a le plus touché, Sire, dans cette
malheureufe affaire, ce n'eft point la privation de
ma liberté pendant quatorze mois, quoique ce foit
une injuftice criante ; ce n'eft point la ruine de
ma fanté & de ma fortune; c'eft la perte de vos
bonnes graces, & le malheur d'avoir pu vous déplaire."

„ Vous avez rempli d'amertume la fin d'une
vie paffée toute entiere à votre fervice, & dans
des travaux pénibles que Votre Majefté avoit ap-
prouvés; je me vois réduit, dans un âge avancé, à pleurer les miens que l'on égorge cruellement; je me vois privé de votre confiance & de vos
bonnes graces, éloigné d'une partie de ma famille."

____

(1) *Paucioribus lacrimis compofita es, & in noviffimâ lu-*
çs defideraverunt aliquid oculi tui.

„ Ah! Sire, vous êtes jufte; vous êtes bon
& humain; daignez rappeler à votre efprit, furtout à votre cœur, les fentimens que des perfonnes plus juftes vous avoient donnés de moi."

„ Ecoutez, Sire, fur notre compte, la voix de
la nation entiere, celle du corps de la Magiftrature, ce corps fi fidele, & qui ne vous trompa
jamais."

„ Réprouvez, Sire, une adminiftration illégale, qui n'examine point ce qui eft jufte ou injufte
fuivant les loix, ne connoît qu'un funefte droit
de convenance; qui voudroit vous perfuader que
votre autorité eft au-deffus des loix, & qui, fous
prétexte de la maintenir, la dégrade, en la rendant arbitraire entre fes mains; qui réduit le droit
public du Royaume à des lettres données en commandement, à des arrêts du Confeil, & à des
lettres clofes; qui, de fes affaires perfonnelles,
fait des affaires d'Etat, des crimes de leze-Majes-
té; qui, pour parvenir à fes fins, emploie indif-
féremment la féduction envers les juges & les défenfeurs des parties, envers les corps & les particuliers, la fubornation envers les témoins &
les experts; qui, fur des accufations vagues, fug-
gere & furprend des décifions encore plus incer-
taines, & dans une forme que les loix ne connoiffent point; qui, quand elle a violé ouvertement les loix, met des négociations infidieufes à
la place des formalités effentielles de la juftice,
& trafique impunément de l'honneur des citoyens;
qui fait le mal dans un inftant, & qui ne fait ja-

mais le bien que dans une progreſſion lente &
tardive qui ſe prolonge à l'infini; une adminiſtration enfin, qui prétend détruire toute juſtice, en
ſe ſubſtituant elle-même à tous les tribunaux de
juſtice du Royaume.

„ Protégez, Sire, la Magiſtrature établie
pour connoître les loix de votre Royaume, &
pour les repréſenter à Votre Majeſté; protégez
des Magiſtrats qui ont vieilli dans des travaux
pénibles & gratuits, pour le bien de l'Etat & celui de votre ſervice; ne ſouffrez pas qu'ils ſoient
inſultés par des courtiſans qui n'ont jamais travaillé que pour leur intérêt particulier; qui ne vivent que des revenus publics; dont toute la ſcien-
ce eſt le manege & l'intrigue, une activité in-
quiete qui ne leur laiſſe point de repos, & qui
l'ôte à tous les citoyens; qui, à la médiocrité
de leurs vues & à une profonde ignorance, joi-
gnent la hauteur d'un deſpotiſme inſuportable &
la baſſeſſe d'une inquiſition déteſtable; enfin,
dont tout l'art eſt celui de calomnier, & de ſe
dérober par le crédit à la néceſſité de prouver
leurs calomnies."

„ Raſſurez la nation alarmée de ces coups
d'autorité abſolue, de ces violences faites à la
liberté des François, à la ſureté de leurs per-
ſonnes."

„ Que ces lettres qui ont été ſurpriſes à votre
religion, ſoient rayées des annales de votre regne,
& que dans ſes faſtes, à côté des monumens de
votre gloire & de votre amour pour vos peuples,

on ne life pas ces actes de furprife & de déception.''

„ Faites difparoître un affront fait à la nation, à la Noblefle, à la Magiftrature, à votre regne augufte.''

„ Banniffez de vos Etats les délateurs, l'espionage odieux; flétriffez les calomniateurs, & que partout votre image, votre nom, votre perfonne recoivent feuls les hommages d'une nation qui ne doit obéir qu'à vous & aux loix. Songez, Sire, que, comme difoit un Empereur , celui qui ne punit point les délateurs les encourage.''

„ Daignez jeter les yeux fur ce que difoit à Louis XII, pere du peuple; un Evêque de Marfeille fon Confeiller, devenu Archevêque de Turin : (*Feffel*)

Il n'eft pas jufte que les fommes immenfes que coûte cette affaire retombe fur votre domaine ou fur vos peuples.

Il y a certainement des coupables qui doivent en répondre; car où les accufations font véritables, & en ce cas ce font les accufés qui en font refponfables; fi elles font fauffes, ce font les accufateurs & les délateurs.''

„ Si Votre Majefté ignore encore quels font les vrais coupables, ce n'eft que par une inftruction réguliere qu'elle peut les connoître & le vérifier, & cette raifon feule néceffite un jugement légal dans le tribunal de la loi. Nous offrons de payer les frais & les dépens de toute cette procédure, fi nous fommes jugés légalement coupables du moindre délit envers Votre Majefté & envers l'Etat. La fortune que nous ont laiffé nos peres, quoiqu'on ait travaillé à la ruiner, & la bourfe de nos parens, fuffifent pour y fatisfaire."

„ Nos accufateurs & nos délateurs trouveront dans les bénéfices immenfes qu'ils retirent de leurs emplois & des finances de Votre Majefté, de quoi en répondre également."

„ Qu'ils ne fe fouftraient pas par leur crédit à un approfondiffement néceffaire; qu'ils faffent les mêmes offres que nous faifons, & qu'ils fe foumettent aux loix qui nous font communes avec eux. Votre domaine ne fera pas grévé, comme il l'eft, par deux ou trois millions que coûte cette pourfuite injufte; vos peuples ne feront pas chargés de fardeaux onéreux qu'ils ne doivent pas fupporter, mais qu'on faura leur impofer fous différens noms & fous divers prétextes."

„ Nous réclamons, Sire, votre juftice; nous avons recours aux loix qui, faites pour tous les citoyens, le font encore plus, s'il eft poffible, pour des Magiftrats."

Remerciez - moi, Milord, de l'envoi d'un tel mémoire, admirable pour l'hiftorique précieux qu'il contient, pour la force des preuves & des raifonnemens, pour la vigueur & l'énergie du ftile.

On voit à la fuite un mémoire particulier, contenant un projet d'accommodement qui n'a pas eû lieu; mais qui prouve de plus en plus, combien la Cour, honteufe de cette monftrueufe affaire, avoit à cœur de l'affoupir & d'en effacer

coutoutes les traces. C'eſt parmi ces pieces que j'ai trouvé les deux ci‑deſſus placées, le déſiſtement & la lettre.

Avant de finir la mienne, Milord, je vous en‑voie l'extrait d'une que je reçois de Bretagne; elle n'eſt point abſolument étrangere à la matiere & vous fera voir que cette Province n'eſt point encore auſſi tranquille qu'on voudroit le perſuader; & que les hommes les plus pacifiques, lorſqu'il s'agit de leurs droits les plus vains & les plus chimériques, ſont toujours diſpoſés à y ſacrifier le bien public & la tranquillité des peuples.

Extrait d'une lettre de Rennes, du 20 Février 1777.

Quoique les Etats de Bretagne ſe ſoient paſſés & clos aſſez tranquillement, depuis il y a eu une grande fermentation dans cette Province, & elle eſt menacée de nouveaux troubles, ſi l'on n'y re‑médie. L'uſage eſt qu'à la clôture des Etats, chaque ordre nomme ſon Député pour porter au Roi les cahiers, ſuivre la Cour & veiller à leurs intérêts pendant la ſéparation. Celui de la No‑bleſſe occaſionnant anciennement beaucoup de dif‑ficultés par les cabales inévitables dans un ordre auſſi nombreux, depuis 1716 elle étoit conve‑nue de laiſſer cette nomination au Gouverneur de la Province, qui préſente le ſujet, & dont le choix eſt toujours confirmé. Cette année, Monſeigneur le Duc de Penthievre avoit déſigné M. de la Fraglaye, le gendre du fameux la Chalotais; il sembloit ne pouvoir être qu'agréable à la Noblesse: mais cet ordre, de mauvaise humeur à l'occasion de la suppression des Tables par autorité, a craint qu'après lui avoir enlevé tant de prérogatives, on ne se prévalût aussi du laps de tems pour lui ôter ce dernier droit; elle a voulu en user, & elle a nommé un autre membre que le sujet présenté par le Prince du Sang. Celui-ci en a conféré avec M. de Maurepas qui l'a excité à faire valoir sa prétention; la Noblesse a persisté, & le Ministre furieux ne veut laisser venir aucuns Députés en Cour, autres que ceux recommandés par le Gouverneur, ni même les Procurateurs des Etats pour défendre & maintenir la légitimité des Elections. La commission intermédiaire a adressé le 21 Janvier dernier un mémoire à la Cour, où elle prouve le droit des Etats de députer vers Sa Majesté, les personnes qu'ils jugeront à propos, sans être tenus de choisir celles qui seroient recommandées par le Gouverneur de la Province, & réclame la cessation des défenses de partir, notifiées aux Procurateurs, comme contraires au *droit naturel & un déni de justice.* Voilà où en est l'affaire.

Vous jugez par cette lettre, Milord, que nos anciens freres se ressentent encore un peu de leur origine, dont ils ont bien dégénéré, ainsi que nous. Puissiez-vous réchauffer le feu patriotique de nos concitoyens actuels!

Paris, ce 29 Février 1777.

LETTRE VII.

Suite de l'examen du Tableau des impofitions pour l'année 1777.

ENFIN nous nous fommes réunis, Milord, chez mon ami de la Cour des Aides; nous avons repris notre converfation, & je fuis en état de fatisfaire à l'impatience que vous me témoignez dans votre derniere lettre fur cet objet. J'entamai le premier la matiere.

L'ANGLOIS.

Nous en étions, Meffieurs, aux impofitions extraordinaires, comme les vingtiemes.

LE CONSEILLER *à la Cour des Aides.*

Qui rentreront bientôt dans la claffe des impofitions ordinaires; car ils prennent la tournure d'être perpétuels; ils furent imaginés & établis fur la fin du regne de Louis XIV, fous le nom de dixieme en 1710, dans un tems où les horreurs d'une guerre malheureufe étoient réunies à celles de la famine; & cependant, ce Monarque fi abfolu fut effrayé lui-même de la propofition &, dans le premier mouvement d'un efprit jufte & d'un cœur honnête, qui fent n'être que le Chef d'un peuple libre, & craint de violer les propriétés facrées; il s'écria: *mais je n'ai pas ce droit!* Les courtifans adulateurs n'eurent pas de peine à le perfuader. Le grand point qu'on fe propofoit pour lors étoit de faire contribuer aux charges avec cet impôt, ceux qui n'étoient pas déjà épuifés par la taille, c'eft-à-dire les privilegiés ; du refte, il n'étoit pas queftion de fixer à cette époque la fomme qu'on vouloit lever; on levoit ce qu'on pouvoit, & jamais autant que l'exigeoient les befoins de l'Etat qui étoient réels & exceffifs. Cependant l'impôt ceffa avec leur objet.

Suivant les progrès fucceffifs de toute invention burfale, le dixieme fut rétabli en 1733, dès le commencement d'une guerre offenfive, & après vingt ans de paix. Le Cardinal de Fleuri, Adminiftrateur doux qui n'ofoit faire manquer de parole au Roi, & trouvoit cependant ce fecours extraordinaire très-bon pour accorder la prolongation de l'impôt avec la parole du Monarque de le fuprimer après la publication de la Paix, ne fatisfit à cette cérémonie que beaucoup plus tard qu'il ne l'auroit fait fans cette petite rufe. Après une interruption de peu d'années, & même avant que la guerre de 1741 fût vraiment allumée, il remit le dixieme, & cette opération ne parut plus qu'une opération fimple & réguliere. On y joignit enfuite une petite annexe d'une levée de deux fols pour livres en fus du dixieme (1).

A la paix on fupprima le dixieme; à fa place on laiffa fubfifter les deux fols pour livre: & on créa le vingtieme (2) pour acquiter les dettes

____

(1) Cette création a été faite par Edit du mois de Décembre 1746.

(2) Par Edit du mois de Mai 1749.

contractées durant la guerre : comme on prétendit n'avoir pas achevé leur liquidation, le terme de ces impôts resta indéfini ; mais, suivant la difpofition expreffe de la loi, leur produit ne pouvoit être diftrait de cet objet effentiel pour quelque autre caufe que ce fût. On préfenta encore l'établiffement du vingtieme fous l'afpect féduifant d'une opération économique qui, jointe à l'ordre que Sa Majefté vouloit (1) mettre dans fes finances, devoit lui fournir des reffources capables *d'affurer, dans les tems de néceffité, la gloire de fon Etat, & la tranquillité des alliés de fa couronne, fans être forcé de recourir à des moyens extraordinaires* (2).

En 1756, quoique la guerre ne fût alors que maritime, le Contrôleur-général nouveau (3) oublia les promeffes de fon Prédéceffeur, & ne craignit point de faire évanouir toutes les efpérances de la nation, en avouant qu'après fept années on étoit encore fi éloigné du but propofé, qu'il regardoit comme une néceffité indifpenfable de joindre un fecond vingtieme au premier, ce qui équivaloit au dixieme ufité dans les cas urgens, dans les calamités qu'on avoit prétexté de prévenir, pour faire fupporter plus doucement au peuple la continuation d'un impôt auffi accablant que

____

(1) Par une déclaration du 7 Juillet.
(2) Propres expreffions du préambule de l'édit.
(3) M. Moreau de Sechelles.

le vingtieme, fi capable de les empêcher de goû‑
ter les douceurs de la paix.

Sur nos remontrances (1) à l'occafion de l'am‑
biguité de la déclaration concernant les vingtiemes,
le Roi répondit: (2) „ La ceffation, par la con‑
„ clufion de la paix, des dépenfes qu'occafionne
„ la guerre, eft le terme que j'entends donner
„ au fecond vingtieme, & l'époque à laquelle
„ commenceront les dix années que j'ai détermi‑
„ nées pour la durée du premier.”

Moins de quatre ans après, la guerre devenant
de plus en plus défaftreufe, on établit un troi‑
fieme vingtieme (3), charge fi énorme, fi inufi‑
tée, fi révoltante, que plufieurs Parlemens refu‑
ferent de l'enregiftrer, & que l'un deux renvoya
tout fimplement l'Edit en déclarant que les culti‑
vateurs de fon reffort étoient dans l'impoffibilité
de fatisfaire à celui‑ci, puifqu'ils ne pouvoient
déjà payer le fecond vingtieme.

En 1761, prorogation pendant les années
1762 & 1763 du troifieme vingtieme, qui pro‑
voqua de notre part le développement des motifs
de notre réfiftance fondée fur la comparaifon de
la fituation du Royaume avec celle où il étoit au

---

(1) Remontrances de la Cour des Aides en date du 14
Septembre 1756.

(2) Réponfe du Roi du 18 Septembre 1756.

(3) Par Edit de Février 1760, enregiftré à la Cour des
Aides le 12 Mars fuivant.

moment de la premiere création du dixieme ; impôt regardé alors comme le terme de la puiſſance du Monarque, & des facultés de ſes ſujets, & cependant porté depuis à un accroiſſement effrayant.

Ce fut ſurtout à la concluſion de la paix que ſe fit ſentir le déſordre des finances de l'Etat par la continuation de ce même dixieme ou de ces deux vingtiemes, prorogés proviſoirement pendant ſix années, à compter du 1ᵉʳ. Janvier 1764. Dès le commencement de 1769 il y eut un nouveau lit de juſtice à la Cour des Aides (1) & l'enregiſtrement d'un autre Edit (2) reculant de deux ans & demi la ceſſation de la levée & perception du ſecond vingtieme (3). Les Cours furent en même tems menacées de voir le Roi manquer à l'éxecution de ſes payemens & à la fidélité de ſes engagemens, ſi elles ne ſe prêtoient à cette ſurcharge des peuples.

Enfin, en 1771, l'Abbé Terrai, profitant adroitement du ſommeil des loix, de l'exil de ſes dépoſitaires, & du deſpotiſme abſolu ſous lequel gémiſſoit la nation, pour n'être pas forcé d'y revenir de ſitôt, envoya à la commiſſion intermédiaire le terrible Edit (4) ordonnant que le premier vingtieme

---

(1) Il eut lieu le 17 Janvier 1769, & fut tenu par M. le Duc de Chartres.

(2) En date du mois de Décembre 1761.

(3) Juſqu'au 1er. Juillet 1772.

(4) Il eſt du mois de Novembre & fut enregiſtré le 14 Décembre ſuivant.

fera perçu indéfiniment jufqu'à ce que, par la li-
bération de partie des dettes de l'Etat, les revenus ordinaires du Roi puiffent fuffire à fes autres
charges & dépenfes, convertiffant les deux fols
pour livre du dixieme au moment de leur extinction (1) en quatre fols pour livre du premier
vingtieme pour en fubir le fort & la durée, &
enfin prorogeant le fecond vingtieme jufqu'au
1er. Janvier 1781. Vous vous doutez bien que
l'enregiftrement de cet Edit n'éprouva pas beaucoup de réfiftance : on mit cependant la claufe,
du très-exprés commandement du Roi.

L'ANGLOIS.

Oui, mais à la rentrée des vrais Magiftrats
l'Abbé Terrai dut avoir une belle frayeur.

M. DAILLY.

Point du tout, c'étoit arrangé : on étoit convenu que le Parlement adopteroit tout ce qui avoit
été fait durant fon abfence.

LE CONSEILLER *à la Cour des Aides.*

Je ne fais pas cela; je n'en crois rien même :
mais je dois avouer que cette Compagnie pécha
bien effentiellement dans cette circonftance.

M. DAILLY.

Que vouliez-vous qu'elle fît ? Ces Meffieurs s'efti-
moient trop heureux d'obtenir les bonnes graces
du nouveau Roi, de recouvrer un état dont il
fe croyoient, avec affez de vraifemblance, dé-
chus

---

(1) Au 1er. Juillet 1772.

chus pour jamais : quoique , pour leur propre
compte, ils effuyaffent bien des mortifications , ils
avoient l'efpoir de regagner à peu près tout ce
qu'ils avoient perdu perfonnellement ; & quant
aux intérêts de la nation, ce n'étoit pas le cas
d'élever une nouvelle querelle : on leur avoit appris durant leur exil que cela ne les regardoit
qu'autant que le Gouvernement le vouloit bien,
qu'ils ne repréfentoient en rien les Etats, & n'é-
toient établis que pour juger les parties. D'ailleurs, ils voyoient commencer un regne doux,
bienfaifant, vertueux : ils ne pouvoient mieux faire que de fe jeter aveuglément avec toute la nation, entre les bras du jeune Monarque, & ils
doivent s'applaudir de leur conduite. Vous voyez
qu'ils ont infenfiblement expulfé de leur fein les
membres traîtres ou fufpects; que, dans les fubalternes, ils ont également balayé les fuppôts
qui ne leur avoient pas été affez attachés; qu'on
leur a rendu une Chambre fupprimée (1); qu'un
feul des procès jugé par la commiffion interné-
diaire n'eft peut-être pas refté intact; qu'on doit
revenir jufque fur les bonnes inftitutions qui leur
déplaifent, parce qu'elles ne font pas leur ouvrage (2), que la Grand' Chambre eft encore,

_____

(1) On a rétabli en Juillet 1775 une Chambre des Requêtes, des deux fupprimées en 1774.

(2) Tels que les *Gardes du commerce.* Ce font des Officiers chargés d'arrêter chez eux les débiteurs fous le miniftre
de la Juftice; hommes facrés auxquels on ne peut faire
violence fans infraction aux Loix. Autrefois c'exerçoit des

comme elle l'étoit, un vrai bois pour les Plaideurs,
que les frais énormes, les pilleries du palais, les
Secrétaires, les épices, tous les abus crians qui
avoient motivé leur deftruction, la fupreffion de
la vénalité & l'établiffement de la juftice gratuite,
fubfiftent & s'accroiffent.

·LE CONSEILLER *à la Cour des Aides.*

M. Dailli, fi je verfe quelquefois un peu de
bile fur votre Miniftre & fur les Financiers, il
paroît que vous rendez bien cela à la Magiftrature ;
mais je vous le paffe en cette occafion. Vous voyez
que je ne m'aveugle point par l'efprit du corps,
& je conviens que tout ce que vous dites eft vrai,
en prétendant qu'au contraire le Parlement ne devoit jamais rentrer fans plaider la caufe des peuples, fans exiger du moins la révifion de l'Edit
& fa fanction légale. C'étoit d'autant plus effentiel dans cette occafion, que la complaifance du
tribunal précaire avoit été extrême, & qu'il avoit
dérogé à la claufe confervatrice dont les Cours
avoient toujours ufé : ceci mérite un dévelope-
ment aux yeux de Milord, &, pour fon inftruction, il faut revenir fur nos pas.

Archers à pied, appelés *Pouffe-cul,* qui rempliffoient ce périlleux miniftere, qui ne pouvoient l'exécuter que dans la
rue, & n'avoient qu'un dédomagement très - foible des
rifques qu'ils couroient, même de leur vie. Comme les
Gardes du commerce ont été établis par la commiffion intermédiaire, le Parlement les voit de mauvais œil & veut
abfolument qu'il lui foit porté un nouvel Edit pour l'enregiftrer.

A la premiere époque du dixieme , la plupart
des biens de la Nobleſſe & des privilégiés ſur
qui l'impôt devoit peſer ſpécialement, étoient af-
fermés; les baux étoient ſinceres, parce que juſque-là on n'avoit eu aucun intérêt d'en faire de
ſimulés; mais quand il fut rétabli à la guerre ſui-
vante, & ſurtout continué pendant la paix & con-
verti par adouciſſement en vingtieme, les particuliers employerent toutes ſortes de ruſes pour
alléger un fardeau d'autant plus inſuportable qu'on
n'en enviſageoit point la fin, & payer le moins
poſſible. Ce fut alors que le Gouvernement imagina une inquiſition auſſi impraticable qu'odieuſe,
auſſi onéreuſe au Roi par les frais, que préjudi-
ciable au peuple par les vexations. Dans ce ſys-
têmé, il eut bientôt en ſon nom un procés conti-
nuel avec chaque propriétaire de ſon Royaume,
& ce procés dépendoit de l'évaluation de chaque
piece de terre. Pour qu'il fût meilleur, & en rendre le gain plus ſûr, on oſa enlever aux tribunaux réglés, au préjudice des loix du Royaume,
la connoiſſance des conteſtations élevées au ſujet
du vingtieme. L'Intendant en fut déclaré le Juge, & l'on ne laiſſa aux ſujets lézés que l'alternative ou de ſe ſoumettre à une taxe injuſte, ou
de recourir à l'autorité de celui qui en étoit l'auteur, en le priant de réformer ſon propre ouvrage.

M. DAILLY.

Permettez-moi de vous obſerver ici , Monſieur, que votre critique eſt déplacée. Vous ne
vous rappelez pas ſans doute, que le Roi répondit

en 1756 à la Cour des Aides qui faifoit cette objection, qu'il n'avoit nommé les Commiffaires départis, juges dans ces matieres, que pour les mettre à portée de dreffer un état général des biens
immeubles du Royaume, qui, clairement établi,
pût fervir à l'avenir de bafe à l'affiette de toutes
les impofitions extraordinaires; que les opérations
néceffaires à ce plan une fois achevées, on lui rendroit la connoiffance des vingtiemes.

LE CONSEILLER *à la Cour des Aides.*

Je fais cela; mais je fais encore que depuis
vingt ans de la parole de Sa M., cette connoiffance ne nous eft pas rendue; je fais en outre,
que c'eft une fource d'abus, d'injuftices, de con-
cuffions, qu'aucun prétexte ne peut faire tolérer en
aucun tems. En effet, en fuppofant tous les Intendans des hommes incorruptibles, il eft impoffible que chacun d'eux prononce en connoiffance
de caufe fur autant de procès qu'il y a de biens-
fonds dans une Généralité; il faut qu'il s'en rapporte au prépofé qui devient le vrai Juge du peuple, & il eft encouragé à la vexation par le Gouvernement même, qui le gratifie en proportion
de l'extenfion qu'il a donnée à l'impôt. Le moyen
donc que ce cadaftre tant annoncé, tant prôné,
foit bien fait; fi ceux qui en font chargés font
excités de le faire mal, fi n'étant aidés des lumieres de perfonne, parce que perfonne n'a intérêt de les éclairer, qu'au contraire l'intérêt général eft de les tromper, parce qu'ils font les ennemis communs du pays; enfin, s'ils fe trouvent pla-

cés entre les récompenfés du Miniftere & celles plus fortes des riches contribuables, moyens mer‑veilleux d'évertuer leur cupidité, de les faire op‑primer le foible, fous prétexte de l'intérêt du Roi; pour mériter les premieres; & favorifer le puif‑fant ou l'intriguant contre l'intérêt du Roi, pour ne pas perdre les fecondes.

L'ANGLOIS.

Mais il me femble que le vingtieme ou dixie‑me devroit être un impôt plüs aifé à lever que la taille ou la capitation, en ce que le mot mê‑me défigne la qualité. Ne veut‑il pas dire la ving‑tieme ou dixieme partie du revenu du particulier?

LE CONSEILLER *à la Cour des Aides.*

Vous avez raifon : à l'égard des rentes par con‑trat par exemple, rien de plus fimple : quant aux biens en terres, en partant même de cette ac‑ception, il n'y auroit plus d'autres inconvéniens que celui des baux frauduleux dont nous avons parlé plus haut, & enfuite celui du défaut de baux de la part des fujets pauvres & faifant va‑loir leurs terres, ce qui foumet à l'arbitraire ceux qui auroient le plus befoin d'être défendus con‑tre ; mais c'eft que, fans s'arrêter au terme lit‑téral, le Miniftere ne le regarde que comme un mot vague, à l'abri duquel, n'étant contrarié par perfonne, il peut accroître cette forte de revenus de l'Etat. C'eft ainfi qu'en 1741, M. Orry or‑donna, par une fimple lettre, de faire monter le dixieme à un tiers de plus qu'il n'avoit été porté pendant la guerre précédente. C'eft une concuf‑

fion puniſſable, ſuivant les loix, mais impunie, puiſque ceux chargés de les mettre en vigueur, ne peuvent ni les faire exécuter, ni même acqué- rir les preuves du délit.

C'eſt pour remédier à ce mal & arrêter une in- quiſition déteſtable, que le Parlement de Paris avoit imaginé une clauſe de ſon enregiſtrement, qui fut imitée par toutes les autres cours, en défendant d'augmenter les cotes de 1763. (1) C'eſt cette fa- meuſe clauſe déplaiſant aux partiſans du deſpotiſme, qui, pendant notre abſence, à été ſupprimée dans la loi même, & dans l'enregiſtrement de ceux qui occupoient nos places ; & ce qui n'eſt pas in- différent à obſerver, c'eſt qu'elle avoit été inférée au rapport de ce même Abbé Terrai, alors Con- ſeiller de Grand' Chambre, qui, devenu Miniſ- tre, l'anéantiſſoit. Le peuple n'a pas tardé à éprou- ver les cruels effets de cette omiſſion ; car, dans l'inſtant preſque, tous les ſujets ont vu augmen- ter conſidérablement leur taxe, ſans qu'il leur en fût donné aucune raiſon, & l'on a annoncé dans

____

(1) Voici les propres expreſſions de l'enregiſtrement de la Cour des Aides du 9 Janvier 1764: ,, A la charge que ,, les premier & ſecond vingtiemes, tant qu'ils auront lieu, ,, ſeront perçus ſur le pied des rôles de 1763, & que dans ,, le cas où les rôles de 1764 & autres pour les années ſui- ,, vantes ſeroient faits avec augmentation aux cotes desdits ,, rôles de 1763, ne pourront les prépoſés au recouvrement ,, faire la levée desdites augmentations, à peine de concuſ- ,, ſion, & d'être pourſuivis extraordinairement aux Élec- ,, tions & par appel en la Cour."

tout le Royaume de nouvelles recherches & une
rigueur dont il n'y avoit pas encore eu d'exemples, comme fi les Adminiftrateurs avoient voulu
fe dédommager de leur contrainte trop longue;
comme s'ils avoient voulu faire fentir à la nation tout
ce qu'elle avoit perdu en perdant fes vrais Magiftrats.

L'A N G L O I S.

Je ne fais fi la nation l'a cru alors; mais elle
en doit être bien revenue aujourd'hui.

LE CONSEILLER *à la Cour des Aides.*

J'en rougis pour le Parlement & pour nous.
Le premier eft cependant le plus coupable, &
nous ne pouvions guere marcher que fur fes
erremens; malgré cela, comme chaque Cour eft
-refponfable à la nation de fa conduite, fi mon
avis avoit été fuivi, nous n'aurions pas montré
cette pufillanimité honteufe, cette monftrueufe
inconféquence. Nous avons cherché à réparer ce
tort par nos belles & vigoureufes remontrances
fur les impôts, dont je vous ferai part.

M. D A I L L Y.

Qu'auriez-vous fait de plus, au refte, que
mettre la forme légale qui y manquoit fuivant
vous? car votre claufe d'enregiftrement, permettez-moi de vous le dire, étoit injufte en ce
qu'elle ôtoit la faculté de réparer les erreurs qui
néceffairement s'étoient gliffées dans la répartition;
qu'on ne pouvoit plus décharger ceux qui étoient
trop impofés, puifqu'on ne pouvoit plus augmenter ceux qui ne l'étoient pas affez.

LE CONSEILLER *à la Cour des Aides.*

Oui, les Administrateurs, gênés par notre modification, prétendirent qu'elle entraînoit cet inconvénient; mais ils en murmurerent tout bas, &, tant que l'ancienne Magistrature a existé, ils se garderent bien de discuter notre opposition & de proposer au feu Roi de la renverser par une loi nouvelle. Ils prévoyoient vraisemblablement que cette discussion produiroit une explication qui feroit enfin découvrir les vices d'une imposition qu'on vouloit conserver. En effet, notre clause ne pouvoit être critiquée qu'en disant que les rôles de 1763 n'étoient pas assez bien faits pour en former un cadastre; mais c'étoit reconnoître l'inutilité du travail exécuté depuis bien des années à si grands frais; c'étoit se contredire de la façon la plus révoltante, & compromettre le Roi qui, dans ses réponses, se prévaloit, contre nos vives réclamations, de cette excuse pour différer à s'y rendre. Enfin, ç'auroit été avouer qu'on s'étoit moqué des Magistrats & de la nation en colorant la rigueur des recherches passageres sur le vingtieme, de l'apparence du bien durable qui en doit résulter; en les représentant comme le seul moyen d'obtenir bientôt une évaluation de tous les biens du Royaume, qui rendroit à l'avenir les répartitions simples, justes, & préviendroit tous les procès. Vous voyez que les Administrateurs se feroient jetés dans un vilain cul-de-sac.

L'ANGLOIS.

Sans doute...

M. DAILLY.

Vous auriez vu que l'Abbé s'en feroit tiré à merveille par un beau préambule où il auroit rejeté toute la faute fur fes prédéceffeurs. Au fond, en admettant même qu'on eût négligé de procéder auffi méthodiquement, auffi furement, auffi impartialement qu'on l'avoit annoncé, falloit-il que les particuliers fuffent victimes de leurs inepties ou de leur mauvaife foi, que ceux trop vexés ne puffent réclamer, afin que ceux trop ménagés n'en fouffriffent pas? Convenez-en, Meffieurs, c'étoit plutôt pour vous autres que pour le public que la claufe avoit été inférée.

L'ANGLOIS.

Oh! je vous arrête! M. Dailly, point de perfonnalités, c'eft moi qui mets la police ici. Voilà l'hiftoire des vingtiemes bien développée, ce me femble; mais je vois trois *fous-titres* (il prend en même tems la carte) dont je ne fuis pas parfaitement au fait. *Biens-fonds*, celui-là eft clair, ce font apparemment les terres, les maifons, &c. tout cela dans les Généralités rapporte environ 32 millions, ce qui produit un total de revenu pour le Royaume de trois milliards deux cens millions...

LE CONSEILLER *à la Cour des Aides.*

Oui, en fuppofant qu'on n'ait impofé pour chaque vingtieme que le vingtieme effectif des biens; qu'on ait fait déduction des frais de culture & autres dépenfes foncieres & indifpenfables; que les rôles aient été formés avec la plus exacte impar-

tialité, avec toutes les connoiffances préalables ;
qu'au lieu de n'exiger de chaque particulier que
la portion de fes revenus par l'Edit, on n'ait pas
déterminé, comme en 1741, une fomme fixe pour
chaque Généralité. Vous voyez que voilà bien
des obftacles pour empêcher que l'eftimation foit
jufte.

L'ANGLOIS.

Soit, le fecond *fous-titre* eft *Induftrie*: il en
eft fans doute comme de la taille.

LE CONSEILLER *à la Cour des Aides.*

Juftement: impofition odieufe & criante qui fe
leve précifément fur les citoyens les plus précieux
à l'Etat. Il en eft qui vivent du patrimoine de
leurs peres, dont ils confomment le produit fans
augmenter ni diminuer la richeffe nationale, frê-
lons oififs qui, par leur inutilité, mériteroient
préférablement de fupporter les taxes ; ceux-là
font exempts de ce vingtieme. Il en eft qui, ayant
augmenté leur fortune & même accumulé des
gains énormes par leurs profits fur le recouvrement des deniers royaux ou fur la perception des
droits de Sa Majefté, devroient être compris
effentiellement dans la claffe des particuliers dont
la profeffion eft de faire valoir leur argent, & à
ce titre plus fufceptibles d'être affujettis au vingtieme d'induftrie; ils ont été affez heureux pour
s'y fouftraire. Il porte au contraire fur le commerce feul, & les arts qui en dépendent, fur le
crédit du négociant, le génie du fabriquant, le

travail du laboureur. A l'égard des deux premieres claſſes, il donne lieu ou à une inquiſition alarmante dans l'intérieur des familles, ou à des eſtimations idéales & trop funeſtes dans leurs ſuites, puiſqu'il n'eſt pas plus poſſible au contribuable d'en prouver l'injuſtice, qu'il ne l'a été à l'Adminiſtrateur de la fixer avec juſtice & en connoiſſance de cauſe; ce qui doit jeter le découragement & le dégoût parmi ceux qui ont embraſſé des profeſſions utiles. Quant à la troiſieme, il attaque ouvertement le nerf de l'État, & tend à diminuer & détruire les deux ſources de ſa richeſſe, l'agriculture & la population : il étouffe l'induſtrie de ceux dont le travail journalier augmentant la valeur des productions de la terre & la maſſe des richeſſes réelles, ne peut être trop encouragé, & ſous un dernier point de vue bien digne d'exciter la commiſération, il eſt un ſurcroît de malheur pour la partie la plus pauvre des ſujets du Roi, pour ceux qui n'ont d'autre ſubſiſtance que leurs bras, & qui gémiſſent déjà ſous le poids des tailles & des corvées.

M. DAILLY *prenant la carte.*

Heureuſement, Monſieur, vous voyez que vos remontrances à ce ſujet ont produit une partie de leur effet. Le total de cette impoſition n'eſt pas de la troiſieme partie, de celle ſur les biens-fonds.

LE CONSEILLER *à la Cour des Aides.*

C'eſt encore beaucoup trop, infiniment trop.

L'ANGLOIS.

Et le vingtieme fur les offices & droits.

LE CONSEILLER *à la Cour des Aides.*

Autre mangerie, fuivant l'expreffion triviale de ceux qui en fouffrent. C'eft une forte de rôle d'induftrie qui ne devroit pas avoir lieu aux termes de notre enregiftrement; puifqu'elle concerne fpécialement les arts, les métiers; & cependant, au préjudice de la claufe expliquée difertement, elle eft ouvertement enfreinte par l'interprétation arbitraire des prépofés.

L'ANGLOIS.

Pourquoi ne féviffez-vous pas contre les concuffionnaires?

LE CONSEILLER *à la Cour des Aides.*

Toujours par la même raifon du défaut de dépôt des rôles, de piece légale qui puiffe fervir de bafe à notre inftruction. Enfin, voulez-vous mieux connoître la mauvaife foi du Gouvernement à ce fujet? En 1756, notre enregiftrement (1) portoit: ,, à la charge qu'il fera dépofé fans frais, ,, au greffe de chaque Election, un double des rô- ,, les &c." Il fût fait d'accord avec les Miniftres qui étoient alors en place & qui avoient promis de s'y conformer. Le Monarque avoit auffi approuvé formellement la conduite de la Cour; c'eft une vérité atteftée par nos gens du Roi dans un

____

(1) Du 4 Septembre 1756.

mémoire préfenté au Chancelier, (1) & cependant ce dépôt n'a jamais eu lieu, & vous avez entendu la réponfe dérifoire qu'on nous a fait donner à ce fujet par Sa Majefté, qui a fini par révoquer folemnellement fa promeffe (2) & nous déclarer que *tout ce qu'on diroit feroit inutile* (3).

L'ANGLOIS.

J'aurois encore bien des chofes à vous demander, Meffieurs; mais je craindrois d'abufer de votre patience, & ce fera pour d'autres converfations particulieres. Paffons à la feconde divifion des Provinces contribuables du Royaume qui fe trouve défignée fur la carte fous le nom de *Pays conquis*. Voilà un terrible mot, qui femble annoncer la liberté d'y commettre toutes les vexations qu'on voudra, fuivant ce cri fi connu chez ces Romains, les conquérans du monde, *væ victis*.

M. DAILLY.

Point du tout; ils font beaucoup plus doucement traités que les anciens fujets: d'abord, ils font exempts de la taille; ils n'en connoiffent pas même le mot odieux, figne de la fervitude; enfuite, ils femblent avoir le mérite d'offrir de

---

(1) En exécution d'une réponfe du Roi & d'un arrêté de la Cour du 1er. Décembre 1758.

(2) Voyez la Déclaration de 1761 & les remontrances de la Cour des Aides fur l'affaire de Varenne, du 23 Juillet 1763.

(3) Voyez un petit écrit nouveau, intitulé: *Obfervations fur les remontrances relatives aux corvées ou lettre de M***.*

leur plein gré des secours par la dénomination
de l'impôt que vous lisez en titre : *Aide ordinaire*,
Aide extraordinaire ; enfin , pour les autres , ils
les asseient eux - mêmes & font reçus à abonnement.
Voyez la capitation par exemple : le total pour les
deux Provinces de Flandre Walonne & maritime
est de 335140 livres 16 sols ; cherchez dans les
Généralités , & vous observerez que la plus pauvre paye presque deux tiers en sus. Aussi visitez
les campagnes de l'intérieur de la France & com-
parez - en les paysans avec ceux - là.

L'ANGLOIS,

Effectivement , en passant en Flandre , j'en ad-
mirois les campagnes & leurs habitans ; ils avoient
l'air sain, opulent , heureux de nos laboureurs.

M. DAILLY.

Le même coup d'œil vous frapperoit en Alsace, dans le Comté de Bourgogne, en Roussillon,
dans le Pays Messin , en Lorraine surtout. Il
faut cependant convenir que la Flandre, le Hainault & la Lorraine , entre les Provinces con-
quises, font les plus ménagées. A l'égard de la
premiere, on vous dit, dans la note qui la concerne, que les deux Provinces dans lesquelles elle
se subdivise, obtiennent chaque année la remise de
leur aide extraordinaire pendant la paix ; c'est à
ce titre qu'elles firent offre de ce secours en 1704,
& on leur a tenu religieusement parole.

LE CONSEILLER *à la Cour des Aides*.

Parce qu'heureusement il y a eu des Commis-

faires départis, honnêtes gens, refpectant les propriétés, & ennemis du defpotifme : tel eft aujourd'hui M. de Caumartin; mais voyez le Hainault qui devroit jouir de la même remife; on
convient qu'on ne l'a fait point, que les fonds
n'en font pas moins recouvrés pour des objets
utiles à la Province, grand mot qui fert à colo-
rer les vexations, le gafpillage de l'Intendant, (1)
petit maître fans principes, fans humanité,
voulant imiter celui de Champagne & trancher
du defpote dans fon département.

Quant à la Lorraine, la préfence de l'augufte
Souverain qui en a fait fi longtems le bonheur,
contenoit l'Adminiftrateur dur auquel le foin de
cette Province étoit confié; mais depuis la mort
de Staniflas, j'entends dire qu'elle eft horriblement preffurée, & qu'il femble faire fon poffible
non-feulement pour lui faire regretter ce Prince,
mais fes anciens maîtres dont la domination étoit
d'une douceur fans exemple.

L'ANGLOIS.

C'eft d'une grande mal-adreffe au Gouvernement
de le fouffrir. Au refte, je remarque dans les
obfervations, que, par un privilege fpécial, la
capitation n'a pas lieu dans ce Pays.

LE CONSEILLER à la Cour des Aides.

Oui; mais un autre avantage plus unique, je

---

(1) M. Senac de Meilhan.

crois, plus précieux encore, c'eſt que les impoſitions y ſont réparties par la Chambre des Comptes.

M. DAILLY.

Pour moi, j'aime fort que le Clergé, plus docile que celui de France, y reconnoiſſe l'autorité du Roi & ſe laiſſe aſſimiler au reſte des Sujets par la contribution particuliere de ſa part au payement des gages des Magiſtrats.

L'ANGLOIS.

Qu'entendez-vous par les fourages d'Alſace?

M. D'AILLY.

C'eſt une charge de cette Province. Comme elle eſt fertile en cette denrée, on y entretient beaucoup de cavalerie. L'impôt, dans le principe, étoit payé ainſi en nature. Depuis on a trouvé plus commode de l'apprécier en argent; d'autres bouches que celles des chevaux ont été nourries d'une ſemblable ſubſtance, & la facilité d'obtenir de cette maniere des penſions obſcures, qui ne préjudiciaſſent point aux autres, a fait monter l'impôt à une ſomme énorme: cependant, pour conſerver le ſouvenir de la premiere inſtitution, plus que pour le modérer proportionnement aux circonſtances, vous voyez, dans la note qui concerne l'Alſace, qu'on attend au mois de Juin à conſtater la quotité de cette impoſition, parce que c'eſt le tems où la récolte des fourages étant finie, on peut eſtimer avec juſtice ce qu'elle rendra.

L'AN.

L'ANGLOIS.

Suivant ce que je lis, les impofitions de cette Province font réglées au département de la guerre.

M. DAILLY.

Oui, c'eft un empiétement du Miniftre en cette partie, qui, en général, prétend devoir poffé-der dans fon diftrict les Provinces frontieres : celle-ci lui eft particulierement dévolue.

LE CONSEILLER *à la Cour des Aides.*

Vous auriez bien dû juger à la maniere critique dont Monfieur s'exprimoit fur les impofitions de l'Alface qu'il avoit quelque raifon pour changer de langage à cet égard. Vous voyez qu'un motif fecret de jaloufie le faifoit parler.

M. DAILLY.

Non, je vous jure, qu'eft-ce que cela nous fait? La réunion de cette partie au Miniftere des finances ne produiroit que du travail de plus pour les fubalternes.

LE CONSEILLER *à la Cour des Aides.*

Je plaifante : je vous cherchois une mauvaife querelle, je fuis même de votre avis en cela. Je ne voudrois pas qu'on confervât au Secrétaire d'Etat de la guerre une pareille prétention, qui n'eft qu'un abus fort dangereux. En effet, tiré fou-vent de l'épée, il eft déjà difpofé par fon état à agir militairement ; il eft entouré de gens qui l'entretiennent dans cette façon de penfer, qui ne connoiffent de loi que la force, & toujours prêts à la faire valoir au premier ordre ; il me femble contre l'efprit d'un bon Gouvernement de lui laiſſer ainſi la facilité d'aſſouvir ſa cupidité ou celle des intriguans qui l'obſedent en général. Il ne faudroit pas que le même homme pût aſſeoir l'impôt & en diſtribuer les revenus à ſon gré ; il faudroit que le Miniſtre des finances eût ce qui le concerne en totalité , l'enſemble de la recette, dont le Conſeil feroit enſuite la répartition.

Au reſte, ma digreſſion ne peut inculper le Miniſtre de la guerre actuel. M. le Comte de St. Germain eſt Alſacien ; il connoît parfaitement l'abus de l'impoſition des fourages, & je ſais qu'il deſireroit bien le voir réprimer; mais il n'eſt pas plus maître en cela qu'en beaucoup d'autres choſes.

L'Anglois.

En parcourant cette carte je remarque une choſe qui me fait bien revenir de ma première idée, & je vois que les Pays conquis ſont en effet très-ménagés ; car le total des impoſitions qu'ils paient ne va pas à 19 millions, tandis que les Pays d'Etat formant la troiſieme diviſion , en paient plus de 43 millions, &, à en juger par la notion que j'ai de ces diverſes Provinces, la population, l'agriculture, le commerce n'y ſont pas moins floriſſans.

M. Dailly.

Il y a bien quelque différence; mais je ſoutiendrai qu'elle n'eſt pas dans la proportion de trois à cinq, comme l'eſt à peu près celle des ſubſides qu'elles fourniſſent: cela prouve le ſcrupule du gouvernement à tenir les capitulations de ces pays pour qui on les a propoſées les meilleures poſſibles.

LE CONSEILLER *à la Cour des Aides.*

Monfieur ne vous dit pas le fin d'une pareille
conduite, qui eft en traitant toujours mieux les
derniers venus entre les fujets, de les adoucir, de
les aprivoifer, de les empêcher de regretter l'ancienne domination, fi l'on ne peut pas leur faire
aimer la nouvelle. C'eft la politique des Gouver-
nemens modernes, éclairés par la Philofophie ;
c'eft-à-dire par la connoiffance du cœur de l'homme. Les Romains ne connoiffoient d'autre res-
fort que la crainte pour contenir les peuples fub-
jugués ; & cet orgueil altier qu'ils nourriffoient
dans l'ame des vainqueurs par les préférences les
plus flatteufes, capables d'entretenir l'idée de leur
fupériorité, l'efpoir de la victoire, & le goût des
conquêtes.

M. DAILLY.

Il me femble, Monfieur, que vous prenez
tout-à-coup un vol bien haut, que vous tran-
chez du Montefquieu ; rappelez-vous que nous
ne fommes point ici pour nous livrer à ces fubli-
mes fpéculations, mais pour donner à un étranger des définitions claires & fimples de notre adminiftration en finances : difons lui d'abord, ce
qu'on entend par Pays d'Etat.

L'ANGLOIS.

Je le fais.

LE CONSEILLER *à la Cour des Aides.*

Je le crois bien ; ils font une petite image de

votre Gouvernement, & plût à Dieu qu'ils la fuffent plus parfaite !

M. DAILLY.

Ah ! je vous en prie, ne devenons point Anglois : je crois que notre gouvernément vaut bien
celui-là.

LE CONSEILLER *à la Cour des Aides.*

Il feroit excellent s'il étoit en vigueur ; mais,
afin de ne point rentrer dans la differtation dont
vous m'avez rappelé avec raifon, je vais donner à
Milord une caufe bien fénfible de la différence
énorme qu'il a obfervée, ou, pour mieux dire,
en lifant les notes qui concernent différens Pays
d'Etats, il la concevra promptement lui-même ;
il verra que fur la moitié des impofitions levées
en Bourgogne il y a déjà une fomme de plus de
treize cens mille livres, déléguée aux Etats, aplicable
aux intérêts & au rembourfement des différens
emprunts qu'ils ont faits pour le compte du Roi ;
il verra que la Provence en a pour près d'un mil-
lion ; la Bretagne pour près de deux ; enfin, le
Languedoc, ce qui doit faire frémir, pour
5960,000 livres.

L'ANGLOIS.

Oui, j'ai toutes ces obfervations fous les yeux.

LE CONSEILLER *à la Cour des Aides.*

Le Gouvernement, forcé continuellement de recourir aux emprunts & craignant de ne pas trouver, fur le crédit du Roi, les fommes dont il avoit
befoin, avoit pris la tournure d'employer celui

des Etats. En conféquence, il a fallu à mefure leur déléguer refpeƈivement des fommes à retenir fur leurs impofitions, pour les intérêts à payer & fe remboursement à faire de ces emprunts : mais les fonds à verfer au tréfor royal de leur part diminuant ainfi confidérablement, ils n'arrivoient plus en proportion des affignations fur le fifc public ; il a donc fallu augmenter les fecours de ces Etats pour les acquiter, enforte qu'en dernière analife tout cela retomboit à la charge des prête-noms.

L'Anglois.

J'entends : les Etats empruntoient, & le Roi mangeoit.

Le Conseiller *à la Cour des Aides.*

Du moins, les chofes fe paffoient ainfi fous Louis XV, & il faudroit une bien grande, bien longue économie pour réparer tant de défordres.

L'Anglois.

Il me femble cependant qu'il feroit fort aifé d'en faire fur un revenu immenfe comme celui-là ; car enfin, aucun Pòtentat n'en approche : je vois dans ce tableau que le total général des fommes impofées dans l'étendue du Royaume rend environ 194 millions.

M. Dailly.

Ajoutez-y 162 millions 485 mille livres, montant du bail & des vingtiemes & capitation de la ferme générale, 40 millions de petites affaires

particulieres dont je puis vous montrer l'état que
je me trouve en poche (1).

-----

(1) M. d'Ailly me montra en même tems cet Etat, dont
il me permit de prendre copie.

Relevé d'affaires particulieres pour le Roi. (*)

		livres.
(*) Régie de la Flandre maritime.		771,680.
Régie des droits réunis sous le nom de Fouaches.	1. Les droits fur les cuirs.	2,600,000.
	2. Les Inspecteurs aux boucheries.	1,320,825.
	3. La marque d'or & d'argent.	1,050,000.
	4. La marque des fers.	1,200,000.
	5. Le droit fur l'amidon.	540,000.
	6. Le droit fur les fuifs.	320,000.
Hypotheques fous le nom de Pirodeau.		7,526,000.
Domaine fous le nom de Berthaux.		3,318,000.
Marc d'or.		120,634.
Impofitions de Paris.		705,276.
Capitations de la Cour.		840, 68.
Bois du Roi.		4,908,762.
Principauté d'Orange.		199,800.
Fermes.	Des Poftes. 7,700,000.	
	De Sceaux & de Poiffy. 90,000.	
	Des octrois municipaux. 1,079,600.	15,505,600.
	Des devoirs du Port-Louis. 32,000.	
	Particulieres des Domaines. 104,000.	
	Des droits réfervés. 6,500,000.	

40,926,645.

Le Conseiller *à la Cour des Aides.*

Et les revenus cafuels, (1) & les monnoies (2),
& les loteries (3), & les meſſageries (4). & le
don gratuit du Clergé (5) , & autres brouilles
qui, à vue de pays, forment un objet de plus de
15 millions.

L'Anglois.

Ainſi, voilà plus de 420 millions de revenu en
tems de paix ; il me ſemble qu'il y auroit bien
de quoi ſe mettre au pair, ſi l'on n'y étoit pas,
ſous un Prince comme votre Roi actuel, ami de
l'ordre , économe, diſpoſé à tous les ſacrifices
qu'on voudra lui ſuggérer.

M. Dailly.

Ce qui va vous ſurprendre, & étoit pourtant
très-vrai, ſuivant le compte que l'Abbé Terrai
mit ſous les yeux de Louis XV, c'eſt qu'en 1772
la recette excédoit la dépenſe de 5 millions.

Le Conseiller *à la Cour des Aides.*

Je ne ſais pas ſi ce tableau étoit bien fidele ;
mais je ſais qu'à la retraite de ce Miniſtre, la

---

(1) Portés à quatre millions dans un état des revenus
du Roi pour l'année 1775, préſenté par l'Abbé Terrai, &
que j'ai vu.

(2) 500,000 livres produit net, déduction faite des charges aſſignées ſur l'hôtel général des monnoies.

(3) Revenu annuel de ſept millions net, portés au plus
bas prix.

(4) Le bail eſt de 1,800,000 ; mais on doute que les
Entrepreneurs puiſſent le tenir.

(5) Peut être eſtimé à trois millions, année commune.

perfpective fatisfaifante en étoit tout-à-faic chan-
gée , puifque le *déficit* montoit à 25 millions
800,000 livres.

M. DAILLY.

Et à la retraite de M. Turgot il étoit encore
de 24 millions & plus.

LE CONSEILLER *à la Cour des Aides.*

Et il n'eft furement pas diminué fous M. de
Clugny.

M. DAILLY.

La dépenfe n'étoit pas moindre ; mais la recette
devint plus forte, & elle s'accrut même au point que
M. Taboureau a trouvé les chofes en compenfa-
tion.

LE CONSEILLER *à la Cour des Aides.*

M. Necker n'en convient pas. Au refte, tout
cela dépend de la façon de préfenter les objets.
Il eft certain que, fi l'on refte fidele à remplir
les engagemens, à faire les rembourfemens, les
revenus du Roi s'augmenteront doublement d'année en année, & par les accroiffemens réels, &
par les extinctions.

M. DAILLY.

Oui, furtout fi on laiffe agir librement l'homme dont vous venez de parler.

LE CONSEILLER *à la Cour des Aides.*

Je ne vois encore rien de bien merveilleux de
fa part ; il a fait deux beaux réglemens qui ne
feront peut-être jamais fuivis, & un emprunt de
vingt-quatre millions dont l'argent eft fans doute
mangé, tellement qu'on parle déja d'autres tour-
nus.

mûres pour en avoir, .en fe fouftrayant adroitement aux obfervations des Parlemens qu'il n'aime-
pas.

M. Dailly.

Milord m'appeloit l'autre jour le Medécin tant
mieux; mais, ma foi, Monfieur, avec tout le
refpect que je vous dois, vous êtes plus véritablement le *Medécin tant pis*, & puifque vous vous
obftinez à tout blâmer, je me retire; auffi bien
eft-ce l'heure de me rendre à mes affaires.

M. Dailly partit en même tems, & le Magistrat me dit en riant : c'eft le plus honnête homme du monde; mais il eft financier en diable &
croit toujours que tout va bien, que nous fommes dans le meilleur des mondes poffibles. Je
le remerciai de fa complaifance & me retirai.
J'efpere qu'avec ces divers commentaires joints à
la carte que je vous ai envoyée, elle vous fera
très-utile pour connoître l'état des finances de
la France, dont nos compatriotes n'ont été guere
au fait jufqu'à préfent. Du refte, l'emprunt eft
rempli, il y a longtems, & la confiance femble
un peu reprendre. Je vous parlerai plus amplement de cette matiere & de diverfes anecdotes y
relatives; mais je fuis ma méthode de ne point
me preffer pour donner plus de certitude & d'au-
thenticité à mes narrations.

Paris, ce 10 Mars 1777.

I 5

L E T T R E VIII.

Sur le journal des Théâtres ; sur son Auteur ; sur son Procès ; pieces de littérature rejetées de ce journal & qui méritent d'être connues & conservées.

Monsieur *Lefuel de Mericourt* après s'être essayé à la critique dans quelques feuilles légeres (1) avoit entrepris, Milord, *un Journal des Théâtres* ; c'est à dire un écrit périodique spécialement & uniquement consacré à rendre compte des divers poëmes représentés sur les théâtres de la capitale; des débuts des acteurs nouveaux, du jeu des anciens, enfin de tous les écrits qui paroîtroient, traitant de cette matiere. Il est étonnant, sans doute, que dans Paris où il y a tant de Journaux, on eût négligé d'en instituer un, pouvant être à la fois aussi utile & aussi agréable; car, indépendamment des progrés de l'art auquel il devoit tendre, il embrassoit essentiellement le cercle de toutes les anecdotes relatives, soit aux pieces, soit aux Auteurs, soit aux Comédiens. Et quel vaste champ ? quelle mine inépuisable de saillies, de bons mots, de tours & d'historiettes propres à égayer & à diversifier une feuille pé-

---

(1) Comme lettres *de M. le Hic, à Madame le Huc*, & autres facéties de cette espece d'assez mauvais goût quant au titre ; mais où l'on trouve quelquefois de la finesse dans la discussion & des vues judicieuses.

riodique ! Malgré tant d'avantages, encore un coup,
qui le croirait? ce n'eſt qu'en 1770, qu'un M. le
Prévôt d'Exmes imagina de faire un Journal des
Théâtres, & dès le premier cahier, ne trouvant
point à le vendre, il ſuſpendit ſon entrepriſe
pour ne la reprendre qu'en 1775, où il eut le courage d'aller juſqu'à quatre numéro, & la bonne
fortune d'acquérir cinq ſouſcripteurs. Les choſes
étoient dans cet état, lorſque M. *Lefuel de Mé-
ricourt*, ſe flattant d'en tirer meilleur parti, ſe mit à
la place du premier propriétaire & fit même pour
cela des ſacrifices (1). Il avoit déjà ſurmonté les
obſtacles & les dégoûts inſéparables, en France
ſurtout, d'un nouvel établiſſement; il étoit en pleine jouiſſance, les ſouſcripteurs arrivoient en foule; il s'applaudiſſoit de ſon heureuſe audace. Son
triomphe ne fut pas long: les tracaſſeries recom-
mencerent; lorſqu'il ſe croyoit le plus en ſécurité,
il ſe vit plus violemment traverſé dans ſes ſuccès, & cette fois l'effort de ſes ennemis a été tel,
qu'ils ont détruit toutes ſes brillantes eſpérances.

Quelque curieux que ſoit, au premier coup
d'œil de ſon titre pour les gens de lettres, & même pour les gens du monde, un Journal des théâtres, ſon auteur deviendra bientôt néceſſairement
monotone & faſtidieux, s'il eſt aſtreint à ſe reſſer-
rer dans la ſeule partie critique de la ſcene & de

____

(2) M. Lefuel devoit donner d'abord au Sieur Prévôt
trois livres par ſouſcription, & enſuite tranſigea pour une
rente viagere de 600, qu'il devoit lui payer annuellement.

la déclamation; il le fera même plus que les autres, qui ne traitant pas la matiere *ex profeſſo*, di-
verſifient leur travail, entremêlent ceux-ci d'articles d'un genre différent, & empêchent ainſi les
rapprochemens qui les feroient paroître ennuyeux.
Ce n'eſt donc que par la partie hiſtorique qu'il
peut ſe ſauver, & féconder ſa feuille en la rendant ſans ceſſe neuve & piquante. En effet, d'a-
près la nature de l'ouvrage, le peuple des His-
trions, ſe trouvant en quelque ſorte ſoumis à
l'inſpection du Journaliſte, & vu le rôle que,
ſuivant nos mœurs actuelles, les Comédiens &
Comédiennes jouent aujourd'hui dans la capitale,
il acquiert un domaine immenſe, tel que je vous
l'ai obſervé plus haut, Milord, & il ne doit plus
être que dans l'embarras du choix. Les avantures des héroïnes de couliſſes ſont trop mêlées
avec celles des jeunes débauchés, des libertins fé-
millans, des aimables roués de la cour & de la
ville, pour ne pas exiger une grande circonſpec-
tion; mais, en écartant tout ce qui pourroit compromettre le repos & la ſureté de l'écrivain, il
lui reſte encore ſuffiſamment de quoi amuſer ſes
lecteurs. M. Lefuel avoit, au reſte, les qualités
propres à mettre à profit un ſi beau fonds, beaucoup de ſarcaſme, de cauſticité, de méchanceté,
même dénuée de l'enjoument fin, de la gaieté vive d'Horace; il a l'humeur noire, le feu, la bouil-
lante efferveſcence de Juvenal, & ſon ſtile ſe reſ-
ſent de ſon génie; ſans graces, ſans aucune élé-
gance, on y remarque du naturel, de la correc-

tion ; & fa dureté, fa roideur donnent de la force & de l'énergie aux diatribes du critique.

Son journal étoit né fous les aufpices les plus
defirables. La police venoit d'être remife à un
Magiftrat (1) dont l'aménité encore plus fenfible
par le contrafte de l'humeur mauffade & revêche
de celui qui l'avoit remplacé (2) pendant quelque
tems ; qui, Philofophe enjoué, connoît trop bien
la nation Françoife pour en contrarier le caractere, & en réprimant fa licence, ne pas laiffer un
libre effor à fa gaieté ; qui, diftinguant la ma-
lice de l'efprit de celle du cœur, ne fait pas tra-
veftir en crimes les écarts pardonnables d'une
forte indignation contre le vice. Le Lieutenant
de police, rétabli en même tems à la tête de la
librairie, pour fe livrer à des occupations plus im-
portantes, s'étoit déchargé des détails minutieux
de celle-ci fur un Cenfeur, (3) fon ami, fils d'un
grand Poëte, & homme de lettres diftingué lui-
même. Par un concours de circonftances favorables, foit qu'il fe reffouvînt des injures faites à fon
pere par les Comédiens François, car quel Auteur de leur théâtre n'a pas à s'en plaindre, foit
qu'il eût eu lui-même avec eux des tracafferies
au fujet de cette fucceffion dramatique, foit qu'en
rendant juftice aux talens des coriphées, il con-

---

(1) M. le Noir démis depuis environ un an.
(2) M. Albert.
(3) M. de Crébillon le fils, Cenfeur de la police.

çût la néceffité de réprimer leur infolence, & de
les contenir dans de juftes bornes, ce Cenfeur
déteftoit les Comédiens. M. Lefuel crut en conféquence pouvoir hazarder beaucoup de chofes
qu'il n'auroit pas rifquées auparavant. Il avoit des
mécontentemens perfonnels de Mlle. Dubois; il
profita de la facilité qu'il fe promettoit, pour glif-
fer dans un numéro une anecdote de Société concernant cette Actrice en pleine activité, ayant les
premiers emplois, mais comptant trop fur fa figure, ne travaillant guere à perfectionner fes talens,
conféquemment peu aimée du public, bien plus
méprifée pour fon avarice fordide qui, malgré
fon opulence, lui faifoit mettre chaque jour fes
appas à l'encan. Il réfultoit de l'hiftoriette une
moralité dont le but étoit d'éclairer les étrangers,
les gens fans expérience fur le caractere de ces
courtifannes, fur la duperie de pareille paffion,
dont il n'y a que de la honte à recueillir. Le
Cenfeur, qui connoiffoit les bornes de fon pouvoir & n'avoit point envie de fe fufciter une querelle
relativement à un grand Seigneur figurant dans
cette fcene comique, trouva le Sermon bon à refter dans le porte-feuille du Journalifte: celui-
ci ne fe rebuta pas; il effaya de tenter fi les vers
pafferoient mieux; il avoit acquis une ode trouvée dans les papiers de M. Colardeau, péri depuis
peu à la fleur de l'âge; quoiqu'ancienne, elle
étoit ignorée; elle n'avoit jamais été imprimée,
& c'étoit une Philippique vigoureufe contre des

filles de fpectacle, dont la plupart étoient mortes, & les autres fans amans & fans crédit. La piece pouvoit entrer dans fes feuilles fans affectation ; il avoit même élevé le problême , en rendant compte de la perte du jeune Poëte dramatique, à réfoudre fi cette ode devroit s'attribuer ou non au défunt. Malgré toute cette tournure, il ne put éluder la vigilance de fon Mentor , & il fut obli- gé de fe reftraindre à des excurfions affez vives contre les Acteurs dont il relevoit durement les défauts. C'en étoit encore trop à leur gré ; mais le public aimoit cette guerre & furtout les Au- teurs qu'elle vengeoit un peu ; quelques-uns fu- rent même bien aifes de s'en mêler , d'entrer auffi en lice, &, la vifiere de leur cafque baif- fée, de frapper leurs ennemis & leurs rivaux fans être connus ; c'étoit fi vous voulez une image plus gaie, un efpece de bal dramatique, où, fous le mafque, on fe difoit toutes les vérités piquan- tes que tolere la licence d'une faturnale. Quoi qu'il en foit, un nouveau changement fit tourner la chance à l'avantage des Comédiens, & ils en profiterent. Les occupations du Lieutenant de po- lice, s'accroiffant chaque jour, on jugea pour le foulager, devoir en détacher la librairie. M. le Garde des Sceaux faifit cette occafion de récom- penfer un jeune Maître des Requêtes fon pupile , qu'il avoit initié dans le Confeil, qu'il formoit, qu'il aimoit avec la tendreffe d'un pere, d'ailleurs recommandable à la nation par le patriotifme rare

& intrépide qu'il avoit développé durant la révolution (1) de la Magiftrature.

La premiere tentative des Comédiens auprès de
lui fut d'engager les Gentilshommes de la chambre à folliciter qu'on donnât un autre Cenfeur à
M. de Mericourt; la demande étoit motivée fur
ce que M. de Crébillon n'étoit qu'un juge partial,
à raifon des inimitiés perfonnelles qu'il avoit contre eux. La religion de M. Camus de Nevile,
le nouveau Directeur de la librairie fans nulle connoiffance encore de cette partie, fut aifément furprife, & au premier il fubftitua Me. Coquelay de
Chauffepierre, qu'on lui fuggéra. M. de Mericourt, à cette nomination, fentit tout de fuite
d'où le coup venoit & où il portoit; cependant
il diffimula d'abord pour ne pas s'aliéner ce perfonnage à ménager, mais inutilement: il vit qu'il
y avoit un complot formé de le dégoûter à force
de chicannes. En effet, non-feulement Me.
Coquelay biffôit à l'examen des pages entieres du
manufcrit; mais, quand il n'avoit pu rien trouver de repréhenfible, au moment où le numéro
alloit paroître, il alloit chez l'Imprimeur en arrêter l'impreffion: cette manœuvre ne pouvoit
manquer de réuffir. D'une part, elle excitoit à

---

(1) M. Camus de Nevile étoit alors Confeiller au Grand-
Confeil, & quoique le plus jeune, fut celui qui repouffa
le plus vigoureufement les carreffés & les menaces du Chancelier. On voit cette anecdote très-détaillée dans la conftitution de la Monarchie Françoife, par M. de Maupeou,
Chancelier de France. Vol. I. pag. 262.

crier les foufcripteurs qui ne recevoient plus de cahiers ; de l'autre, on repréfentoit à M. de Nevile la néceffité d'ôter le journal à un Ecrivain qui ne pouvoit remplir cette tâche pénible & périodique; enfin, on aigriffoit le Sieur de Mericourt, naturellement très-irritable, & l'on fe doutoit bien qu'en le pouffant ainfi à bout, on lui feroit commettre quelque imprudence ; il fe répandroit en propos amers , il s'en rendroit peut-être perfonnellement défagreable , odieux même aux chefs.

Mais comment un jurifconfulte, un Cenfeur, un Homme de lettres pouvoit-il favorifer les Hiftrions contre un Journalifte eftimable? C'eft que Me. Coquelay étoit l'Avocat des Comédiens François, leur confeil, leur émule, leur ami, qu'il en prenoit des leçons pour jouer dans la fociété des farces, des parades, des proverbes, que ceux-ci le traitoient en camarade & le tutoyoient. Affurément, s'il eût eu la moindre délicateffe, il ne fe fût pas chargé d'un pareil emploi , & c'étoit bien lui qui étoit dans le cas d'être récufé. Quand la trame fut affez ourdie, il termina par déclarer à M. de Mericourt *qu'il vouloit être pendu s'il approuvoit jamais une ligne de lui* (1). C'étoit forcer celui-ci dans fes retranchemens & l'obliger à fe pourvoir par devers le

---

(1) Ce font les expreffions du Cenfeur que M. Lefuel rapporte dans une de fes lettres aux foufcripteurs en date du 12 Novembre 1776.

Directeur de la librairie, mais le Magiſtrat étoit circonvenu ; on lui avoit repréſenté le Journaliſte ſous des couleurs ſi noires, qu'il·avoit cru devoir ſe déterminer à lui ôter ſon privilege : le bruit en devint général, au point que pluſieurs Auteurs vinrent s'offrir à M. Lefuel pour traiter avec lui ; entre autres M. de la Harpe, M. de Murville, un Sieur Chevalier, dit du Coudray, (1) ayant pour aſſocié ſon beau-pere, fort bon Marchand de fer, qui répondoit des deniers. Quand le propriétaire auroit conſenti à vendre, ce n'eſt pas à ces Meſſieurs qu'il eût eu la liberté de le faire ; le Cenſeur travailloit ſourdement pour un autre plus heureux, qui devoit l'emporter.

Un Commis aux fermes, nommé le Vacher, jeune intriguant, ayant la manie de devenir Auteur, ſans beaucoup de fonds pour cela, avoit imaginé d'acquérir la dépouille du malheureux Lefuel. Il étoit épris d'une fille du Sieur préville ; il propoſa au Comédien de l'épouſer, s'il vouloit lui faire obtenir en dot le privilege du journal des théâtres. L'amour-propre du Sieur Préville & de ſa femme leur fit enviſager tout de ſuite l'avantage d'un gendre journaliſte des théâtres, qui leur prodigueroit avec zele tout l'encens qu'ils deſireroient : ils adopterent volontiers ſon projet ; ils le firent valoir auprès de leurs camarades ; ils

____

(1) Cet Auteur, amalgamant ſes deux noms & ſe faiſant un titre du premier, s'appelle *le Chevalier du Coudray*. La découverte eſt une petite méchanceté de M. de Mericourt.

leur repréfenterent qu'ils fe verroient par là dé-
barraffés d'un vautour impitoyable, & avoient droit
d'efpérer que cet exemple, fon intérêt, fa confanguinité avec l'un deux rendroit le Sieur le
Vacher plus traitable, plus à leur difpofition. On
réfolut unanimement de l'appuyer fortement & de
profiter de l'accès du Sieur Coqueley auprès de
M. de Nevîle pour négocier l'affaire qui fut
pendant longtems fecrete. On avoit fait intervenir
l'ancien propriétaire. Le Sieur Prevôt d'Exmes,
fe plaignant que fon acquéreur ne tenoit pas les
engagemens qu'il avoit contractés avec lui, auxquels s'offroit de confentir le Sieur le Vacher, &
indépendamment des autres motifs d'une adminiftration politique qui ne s'afferyit pas toujours
aux regles ordinaires , la dépoffeffion fembloit
s'accorder de la forte avec les principes de la juftice diftributive la plus étroite. Le Magiftrat fe
rendit donc aux vœux des Comédiens, croyant
fatisfaire au defir des foufcripteurs. Le Commis
aux fermes , non moins empreffé d'entrer en pos-
feffion & de la femme & du journal, n'a point
de ceffe que l'iniquité ne foit confommée; il
fe fait préfenter en fa nouvelle qualité par un Intendant des menus aux Comédiens; il s'en vante
partout & il prépare déjà fes matériaux pour fuppléer aux feuilles fufpendues de M. de Mericourt.
C'eft à l'Opéra que le dernier apprend la décifion
de fon fort: il fe rend dès le foir même chez le
Directeur de la librairie, & il y reçoit fon arrêt
fatal & irrévocable. Il court en diligence chez

Me. Falconnet , son ami, Avocat renommé pour
son zele à se charger de la défense du foible &
de l'opprimé, & c'est dans ces circonstances qu'est
née la brochure dont il s'agit, & que je vous
adresserai incessamment: il faut vous donner en attendant un esquisse de cette piece singuliere. Elle
a pour titre : *Mémoire à consulter pour les souscripteurs du Journal des théâtres , rédigé par le Sieur
Lefuel de Mericourt.* Il est timbré de Liege; car
le Jurisconsulte (1) n'a osé le faire imprimer en
France, ni charger aucun de ses confreres de le
signer pour lui. Tout cela vous annonce combien
il étoit susceptible d'être proscrit dès son origine;
cependant, afin de le motiver sur quelque chose,
de lui donner un appareil juridique & une sorte de
consistance, on a pris la tournure de faire intervenir les souscripteurs au nombre de sept, à la
tête desquels est un Chevalier de Rutlidge : ils
demandent s'ils ne peuvent pas forcer celui qui a
reçu leur argent à remplir sa promesse en donnant

---

(1) M. Falconnet n'est point sur le tableau des Avocats
& par conséquent n'a pas droit de faire imprimer sur sa
simple signature. Par une sentence même du Châtelet,
rendue le 2 Juin 1775, ce tribunal, après avoir ordonné
la radiation des termes injurieux contenus dans son mémoire en faveur du Sieur Tort contre le Comte de Gui-
nes , lui fait défense de faire de semblables mémoires à
l'avenir, espece de flétrissure qui ne peut disposer favorablement l'ordre à son égard, d'autant mieux que le Parlement vient de la confirmer, de l'aggraver même par son
arrêt du 19 de ce mois dans la même affaire, où il lui réi-
tere les mêmes défenses sous peine de *punition exemplaire.*

ſon ouvrage. Ils mettent ſous les yeux de leur conſeil pluſieurs miſſives du Sieur Lefuel de Mericourt, contenant dans un très-grand détail l'hiſtorique de ſes retards, ou peut-être de ſes ſubterfuges, & d'après ſa conſultation datée du 10 du mois dernier, il y a eu une aſſignation donnée le lendemain au Journaliſte.

On préſume, avec raiſon, que ce procès n'eſt que fictif, une comédie jouée entre les deux parties pour fournir occaſion au Sieur Lefuel d'épancher ſa bile, de mettre impunément au jour le récit de toutes les tracaſſeries qu'il a eſſuyées, des cabales ténébreuſes, des injuſtices colorées dont il eſt victime. Vous trouverez ſans doute comme moi, en liſant le mémoire que l'Auteur a trop abuſé de la circonſtance pour tourner en ridicule un chef toujours reſpectable; vous n'aimerez pas qu'il nous apprenne que M. Camus, le pere de M. de Nevil, eſt Marchand de drap à Louviers; que Madame Charles ſa grand' mere eſt auſſi marchande. On ſait bien qu'il ne faut pas faire preuve de ſeize quartiers de nobleſſe pour être Maître des requêtes, & que les qualités eſſentielles du Magiſtrat ſont le ſavoir, le déſintéreſſement, l'intégrité, l'exactitude, l'affabilité.

L'Avocat dans ſa conſultation affecte l'étalage d'une grande érudition, comme ſi la queſtion étoit réellement importante & très-ſérieuſe. On y trouve quelque détails ſur l'origine des Cenſeurs propres à ſervir de ſupplément à ce que je vous en ait écrit ci-deſſus.

„ Ce fut d'abord la Sorbonne, que l'examen
„ des livres regarda. Même un Arrêt du Parle-
„ ment de 1523, fit défenfe d'expofer publique-
„ ment en vente aucun écrit fur les matieres de
„ foi, qui ne fût examiné par la faculté de théo-
„ logie. Ainfi, c'étoit aux livres, qui regar-
„ doient la religion, que fe bornoit la cenfure.
„ Chaque Docteur paroiffoit pouvoir approuver
„ les ouvrages qu'on lui préfentoit, & le corps
„ exerçoit une police rigoureufe fur les membres
„ qui s'écartoient de leur devoir, témoin ce qui
„ arriva à Alexandre Soto, & à Julien le Gen-
„ dre, pour avoir approuvé un livre intitulé *de
„ vocatione Magorum*. Ils furent fufpendus pendant
„ fix mois, & défenfes leur furent faites d'approu-
„ ver aucun livre de quatre ans.
„ Sous Charles IX, on choifit, par des let-
„ tres patentes, quatre Sorboniftes pour remplir
„ les fonctions de Cenfeurs. Elles exciterent
„ tant de réclamations qu'on ne les exécuta pas.
„ En 1623, deux Docteurs, Richer & Duval,
„ ayant, fur la queftion de l'infaillibilité du Pape,
„ divifé la faculté en *Richeriftes & Duvaliftes*, le
„ fecond trouva le moyen de faire renouveler
„ en fa faveur, les lettres patentes de Charles IX.
„ Il fe fit nommer, lui & trois de fes amis à la
„ cenfure exclufive avec une penfion de 2000 li-
„ vres; mais les murmures, les plaintes, les cris
„ de fes confreres, lui cauferent tant de défagré-
„ ment, que n'y pouvant plus tenir, il fe défifta

,, après trois ans , ainſi que ſes coopérateurs, de
,, l'emploi & même de la penſion.

,, Les fameuſes diſputes ſur la grace firent ré-
,, tablir cet arrangement. On nomma quatre Cen-
,, ſeurs dont deux abdiquerent. Les deux autres
,, continuerent de cenſurer. Ils eſſuyerent beau-
,, coup de ſarcaſmes, & beaucoup de reproches,
,, dont quelques-uns étoient fondés, comme par
,, exemple, celui qu'on fit à Claude Morel, l'un
,, d'eux, d'avoir dit de la traduction de l'Alco-
,, ran, ou du Koran : Qu'il n'avoit rien trouvé
,, dans cet Ouvrage de contraire à la foi catholi-
,, que & aux bonnes mœurs. (1)

,, Toutes ces altercations théologiques, déter-
,, minerent M. le Chancelier Seguier à choiſir
,, des Cenſeurs ailleurs que dans la faculté. Il
,, ſoumit en même tems à la cenſure, les ouvra-
,, ges de littérature, qui, juſque-là, en avoient
,, été exempts. L'Abbé Desfontaine rapporte
,, dans ſes obſervations, (2) que le Dictionnaire
,, des précieuſes de Somaiſe, imprimé en 1661,
,, eſt, peut-être, le premier livre de ce genre,
,, que le chef de la juſtice ait fait approuver,
,, avant que d'en permettre l'impreſſion. Ce fut
,, M. de Balesdens de l'Académie Françoiſe, qui
,, fut commis à ce ſoin.

,, Depuis ce tems, le nombre des Ecrivains

---

(1) Voyez *Diſquis. hiſtoric. de approbationibus libro-
rum, pag.* 102.
(2) Lettre 311.

„ s'étant augmenté, on a pareillement augmenté
„ celui des Cenſeurs, qui, pris dans la claſſe des
„ Savans & des gens de lettres, ſe chargent
„ d'examiner les ouvrages de leur genre d'étude."

Ce qui concerne les privileges mérite encore
d'être conſervé & peut vous donner une idée de
la manutention de la librairie en France.

„ Dans le commencement de la librairie il n'é-
„ toit pas beſoin de privilege; mais quand un
„ imprimeur eut multiplié à un certain point les
„ copies d'un ouvrage qu'on crut utile, il repré-
„ ſenta qu'il n'étoit pas juſte qu'un étranger vînt
„ traverſer le débit des ſiennes en en faiſant de nou-
„ velles, & l'on eut égard à ſes repréſentations.
„ On lui aſſura donc le droit excluſif de débiter
„ celles qu'il avoit faites pendant un certain nom-
„ bre d'années; car après l'expiration du terme
„ le type devenoit commun; imprimoit ou copioit
„ qui vouloit. C'eſt ce que prouve ſurtout un
„ arrêt rendu entre les héritiers Giunti & le li-
„ braire Thyngui de Lyon le 7 Décembre 1579,
„ qui ſe diſputoient un frontiſpice & des privile-
„ ges. *Quant aux privileges, prononce l'arrêt, ouï*
„ *le Procureur-général, ordonné qu'on n'y aura au-*
„ *cun égard, ſinon qu'ès livres qui n'ont encore été*
„ *imprimés par ci-devant; & pour le regard des*
„ *autres jà imprimés, qu'ils ſeront imprimés par tous*
„ *les imprimeurs qui les pourront & voudront impri-*
„ *mer en pleine liberté.*

„ On voit par là qu'un privilege eſt une ſorte
„ de propriété à tems accordée à un marchand

„ pour

» pour le garantir des pertes auxquelles il feroit
» expofé par une concurrence dangereufe, & lui
» affurer quelque bénéfice fur fon entreprife.
» D'abord, les privileges émanerent tour-à-tour,
» enfuite concurremment, du Roi, du Parlement
» & du Prévôt de Paris; aujourd'hui , & de-
» puis Charles IX, ils font expédiés à la Chan-
» cellerie."

Me. Falconnet conclut, au furplus, que les
foufcripteurs ont droit d'exiger que M. Lefuel
tienne fon engagement, & qu'il ne foit remplacé
par perfonne; il eftime enfin, que tous les obftacles multipliés, tant exagérés par le Journalifte,
font auffi chimériques qu'ils font expofés avec
malignité & même avec un ton peu décent. Vous
concevrez facilement, Milord, à la lecture du
pamphlet, lorfque vous l'aurez, que ces reproches font inférés là exprès pour ôter toute idée
de collufion entre le Sieur Lefuel & fes foufcripteurs; car ils font très-bons amis, & certainement le procès n'aura pas de fuites; &, quand
il en auroit, il feroit bientôt évoqué au Confeil,
où il ne feroit jamais jugé: tournure dont la Cour
fe fert pour éteindre les conteftations qui lui déplaifent. Cet évenement pourra bien vous procurer à Londres M. Lefuel qui me paroît difpofé
à fe réfugier chez vous & à y chercher un azile, comme M. Linguet que vous devez poféder
actuellement. J'ai promis au premier de vous le
recommander, & il a bien voulu me communiquer
les deux pieces qui n'ont pu être inférées, & qui

completteront toute l'hiſtoire de ce Procès bizarre. La *nouvelle* (1) vous intéreſſera d'autant mieux qu'un de nos Pairs y figure, & malheureuſement il eſt plus d'un Milord qui pourroit ſe reconnoître au portrait. Quant à l'ode, (2) elle eſt vraiment lyrique, & vous y trouverez l'obſcénité des images relevée par la nobleſſe des figures & des expreſſions. Je les place à la ſuite de cette lettre.

Je vous embraſſe avec la plus tendre amitié.

Paris, ce 21 Mars 1777.

NOUVELLE.

Une avanture arrivée récemment à Mlle. Dubois fait l'entretien des cercles galáns & la met en butte aux ſarcaſmes de ſes camarades.

Un Milord avoit entretenu quelque tems cette Actrice; & s'appercevant toujours de ſes infidélités en faveur d'un nommé *Dauberval*, Danſeur de l'Opéra, il avoit pris ſon parti, & l'avoit quittée. Ce Milord, pour ſon malheur, va la ſemaine derniere à la comédie françoiſe un jour que Mlle Dubois jouoit dans l'*Iphigénie de Racine*; elle étoit vêtue on ne peut plus voluptueuſement; elle rendit ſon rôle avec une ame, un intérêt qui étonnerent tous les ſpectateurs: c'en étoit trop

____

(1) Cette hiſtoriette a dû arriver, à ce que prétend M. Lefuel, en 1767.

(2) M. Lefuel croit que cette ode a été compoſée en 1757; il y avoit joint des notes néceſſaires pour l'intelligence du texte.

pour ne pas rallumer un feu mal éteint. Milord
vole fur le champ à la loge de l'Actrice, fe jette
à fes genoux, s'avoue le plus coupable des hommes .... plus il s'humilioit, plus notre Iphigénie
montroit de fierté .... Il va mourir s'il ne ren-
tre dans fes bonnes graces; il a 500 louis à lui
facrifier fi le foir même il obtient fon pardon...
Quel cœur ne s'humaniferoit pas à pareil prix?
On veut bien le recevoir pour qu'il ne fe tue pas,
on va l'attendre, & pendant qu'il court chercher
fon argent, on écrit a Dauberval qu'on avoit mandé le matin pour la nuit, de ne point venir. Milord rapporte les cinq cens louis, remene Mlle
Dubois chez elle, fe met à table, & cependant
Dauberval, qui n'avoit point reçu le billet du con-
tre-ordre, arrive fort amoureux; il rencontre la
femme de chambre qui l'arrête, lui dit que Mlle
eft avec Milord, qu'il n'y a rien à faire ce foir-
là, qu'ils font racommodés..... Qu'importe, dit
le Danfeur, Mlle Dubois fait bien ce qu'elle fait,
voilà fa lettre... Au refte, reprend la femme de
chambre, Milord ne couche jamais ici; vous en
ferez quitte pour attendre..... Elle le conduit en
même tems par l'efcalier dérobé à la chambre à
coucher, le fait deshabiller, ferre tous fes vêtemens, & il fe met au lit. Cependant nos amans s'é-
chauffoient à table; Mlle Dubois voyant s'approcher le moment de s'acquitter des 500 louis, parle d'une eftampe délicieufe qui eft dans fa chambre à coucher; on s'y tranfporte : rien de plus
luxurieux que cette eftampe, Milord veut la réa-

lifer.... Une chaife longue fe préfente, & offre à Dauberval un fpectacle auquel il ne s'attendoit point: l'Iphigénie en donnoit au Milord pour fon argent ... il fut fi furpris, fi étonné de fa tendreffe, qu'en revenant à lui, il dit à fon amante : Ah ça, il me femble que vous m'aimez un peu : c'eft donc bien vrai, plus de Dauberval.... Ah fi donc, Milord; pouvez vous croire qu'un poliçon, comme cela, un faltimbanque, un efpece qui n'a que l'animal, puiffe entrer en concurrence avec vous. Je conviens avoir eu quelques bontés pour lui; mais c'eft l'occafion, c'eft le délire d'un moment .... on en revient toujours aux gens comme il faut .... il n'eft que vous autres hommes de cour pour avoir de l'ame & du fentiment..... Vous convenez donc que ce Dauberval eft un drôle? Ah! je vous l'abandonne, Milord, vous pouvez lui donner cent coups de cannes fi vous le trouvez ici. Dauberval qui entendoit & voyoit tout, trembloit de tous fes membres; il n'ofoit fouffler, & fe promettoit bien de profiter du premier inftant pour regagner l'efcalier dérobé. ... On peut fe peindre fon état, ou plutôt il faudroit y avoir paffé pour le concevoir .... à peine les amans font ils retournés dans le Salon, il fe leve tout doucement, cherche fes habits, & ne les trouvant point il s'affuble d'une robe de chambre & de pantoufles qu'il rencontre : dans fa frayeur il n'a rien de plus preffé que de redefcendre & de gagner le premier fiacre : comme il étoit dans l'efcalier, il fe trouve en tête

quelqu'un qui lui préfente une lanterne fourde fous
le nez & crie qui va là. Le pauvre diable, plus
mort que vif, tombe aux genoux du galant tel
qu'il foit, & demande grace... Celui-ci examine,
tâte, reconnoît fa robe de chambre ..... veut favoir ce que cela fignifie. Dauberval eft obligé de
conter fon hiftoire de point en point.... Faquin,
je veux bien vous faire grace, mon caroffe eft
là-bas; vous pouvez vous en fervir pour retourner chez vous ..... & le Danfeur de s'enfuir bien
vîte ... Ce *quidam* étoit le Duc de Fit *** qui,
revenu de Compiegne, venoit à la hâte paffer
une nuit avec Mlle Dubois. De tout tems il avoit
eu les entrées les plus fecretes, les clefs, les
paffe-partout les plus myftérieux &c. Cette rencontre le fait changer de goût & lui donne l'envie de fe procurer un plaifir nouveau : il fe des-
habille, cache fes vêtemens dans l'armoire où l'on
ferroit fa robe de chambre, & fe met au lit. Dans
cet intervalle, Milord s'étoit en allé, & la femme
de chambre fort empreffée venoit gronder fa Maitreffe de fon étourderie, lui conter l'efclandre
qui auroit pu arriver, fi fon intelligence n'y avoit
fuppléé. Mlle Dubois, fort étonnée, fe rappelle
tout ce qu'elle a dit de Dauberval... Oh ...
nous raccommoderons cela .... elle entre en riant
dans fa chambre à coucher, vole au lit, fe jette
fur le prétendu Dauberval, lui fait bien des excufes de ce qui s'eft paffé, rejette tout cela fur la
néceffité, fe plaint de fon état qui l'oblige à fein-
dre ainfi ..... mais lui déclare que fon cœur eft

toujours à lui, &c. Le faux amant continue à
jouer son rôle ... contrefaisant sa voix, il semble lui pardonner, & lui dit en termes énergiques
de se coucher.... Quand elle est au lit, il feint
quelque jalousie, non contre le Milord, mais contre le Duc de Fit ***, curieux de savoir de Mlle
Dubois sa façon de penser sur son compte....
Celle ci le rassure à son tour, & s'explique très-
cavalierement sur ce Seigneur ... elle ne l'a que
pour la liste de ses amans de pareils noms .....
elle n'avoit pas fini lorsqu'un nouvel incident lui
coupa la parole.

Milord avoit un de ses gens, espece de Mentor qui déploroit ses égaremens & à qui son maître confioit ses foiblesses... comme il alloit remonter en carosse, ce domestique lui dit qu'on
lui en fait accroire, & que ce même Dauberval
étoit entré dans la maison pendant qu'il y étoit,
que le Duc de Fit *** étoit aussi venu; mais
qu'il s'étoit promptement en allé... en robe de
chambre il est vrai... qu'il ne savoit pourquoi ce
travestissement. Quant au premier, il l'assura qu'il
devoit y être, que c'étoit le moment d'ouvrir les
yeux & de se guérir d'une passion folle ou jamais.
Milord, furieux, fait allumer les flambeaux de
ses gens, remonte chez Mlle Dubois, entre
brusquement dans la chambre à coucher, court au
lit, ouvre les rideaux, apostrophe l'un & l'autre
des épithetes les plus fortes... quel spectacle !
Mlle Dubois s'évanouit, le Duc se jette en bas
du lit : arrêtez, Milord, s'écria-t-il, je suis
Fit ***: j'ai peut-être autant que vous à me

plaindre de Mlle; dans l'inſtant même elle me traitoit de freluquet, de fat, de pauvre Sire &c. mais elle n'eſt digne que de nos mépris; laiſſons-la en proie à ſa honte & à ſes remords... Je vais m'habiller; un moment, je vous conterai tout ce qui s'eſt paſſé, & comment vous me rencontrez à la place de Dauberval... Cependant la femme de chambre étoit accourue, & cherchoit à faire revenir ſa maitreſſe; celle-ci tourne les yeux, &, pour ſurcroît de confuſion, reconnoît le Duc déjà habillé... Elle ſe déſeſpere, s'arrache les cheveux, veut parler & ne peut s'exprimer. Ces Meſſieurs s'en vont ſans daigner en entendre davantage. Elle n'étoit pas encore revenue à elle lorſque le matin elle reçoit une lettre de Dauberval qui met le comble à ſon ignominie. Elle étoit conçue dans le ſtyle d'un pareil Hiſtrion, ce qui ne permet pas de la rapporter: c'eſt le coup de pied de l'âne.

Ode.

Galériennes de cithere,
Pirates du Palais Royal, (1)
Vous chez qui l'heureux don de plaire
Se change en un art infernal,
Troupe intrépide à l'eſcarmouche,
Dont les yeux chargés à cartouche.

––––––––––––––––––––

(1) C'eſt ſurtout dans ce jardin que les filles viennent tendre leurs filets.

Portent les feux de toutes parts,
Je vais auffi lancer la foudre;
Je vais brifer & mettre en poudre
Vos facrileges étendards.

Baiffe, Gogo, (1) ta tête altiere,
Rougis de tes fuccès honteux;
En vain ta contenance fiere
Attire fur toi tous les yeux:
Paris, théâtre de ta gloire,
Sur des tretaux dans une foire,
Vit éclore tous tes talens,
Et dans Lyon l'on trouve encore,
Plus d'un malheureux que dévore
Le virus de tes agrémens.

Dieux! que vois-je? de pierreries
Ta gorge étale un triple rang,
Ta tête brille des folies
Du premier des Princes du fang;
De *Defaigle* écoliere habile,
La ville en dupes fi fertile
Ne peut fuffire à tes exploits,
Et le flambeau des Euménides,
Conduit tes faveurs homicides,
Jufqu'au pied du trône des Rois (2)

Mais la grandeur, foible phofphore,
Ne nous éblouit qu'un inftant.

Bien-

---

(1) Nom que portoit à l'opéra comique une Actrice de
la comédie Françoife nommée Beaumefnard & aujourd'hui
M. Bellecour, & femme du Comédien de ce nom.

(2) Mlle Defchamps, que le Duc d'Orléans avoit tirée
de l'opéra & comblée de biens, mais fi libertine que le
Prince, victime de cette malheureufe, fut obligé de l'a-
bandonner. On fe reffouvient encore du luxe infolent
qu'elle étaloit. Elle eft morte pourrie & dans la mifere,

Bientôt le retour de l'aurore,
Te replonge dans le néant.
Desaigle, soutiens ton éleve,
Sans toi sa carriere s'acheve
Chez la *Piron*, ou la *Maugé*: (1)
Par toi de ses charmes funestes
Elle pourra vendre les restes
A la milice du Clergé.

Venez voir votre souveraine,
Carton, *Sauyage*, *Frétillon*, (2)
Une *Laïs* ultramontaine, (3)
Vous force à baisser pavillon;
A cette Héroïne moderne
Le vainqueur de l'hydre de Lerne
De la force eût cédé le prix:
Sous sept têtes *Hercule* sue,
Vestris sans flèche ni massue
A Bagnolet (4) en abat dix.

Petite monture de page, (5)
Plus mutine qu'un sapajou,

---

(1) Fameuses entremetteuses.

(2) Les deux premieres de l'opéra, connues pour leur art dans les voluptés; la troisieme est Mlle. Clairon, alors plus célebre dans les orgies qu'au théâtre; Frétillon est le nom qu'elle portoit à l'opéra comique & il y a un roman sous ce nom d'un M. Baraguier, qui après avoir été le héros & le témoin des exploits de l'enfance de cette courtisane en voulut être l'historien.

(3) Mlle Vestris, Italienne, sœur du fameux Danseur, & renommée pour ses lubricités.

(4) Château de plaisance de M. le Duc d'Orleans où ce Prince vivoit avec la plus grande intimité avec ses courtisans, & faisoit ses parties de plaisir secretes.

(5) Mlle Rey, Danseuse de l'opéra, d'une famille originaire de Provence, célebre aux spectacles & dans la pantomime.

Le jour en brillant équipage,
La nuit courant le loup-garou,
Qu'il souvienne à ton excellence
De ces tems où dans la Provence
Sur un banc couvert de frimats,
Ta mere, endurcié au service,
Encourageoit ta main novice
Trop lente à gagner nos ducats.

Quel spectacle affreux se présente
Et dans les cœurs porte l'effroi?
J'apperçois une ombre sanglante
Qui traîne une fille après soi.
Des trois sœurs la noire cohorte,
L'accompagne & donne main forte
A son implacable ennemi,
Sous leurs pas la terre s'entr'ouvre.
Quel est l'objet que je découvre?
Vite approchons..... C'est *Astrandy* (1).

Ton supplice enfin se prépare,
Monstre altéré d'or & de sang,
Au fonds des cachots du Tartare
On a déjà marqué ton rang;
Digne ornement de la légende,
L'enfer en corps te redemande,
Accomplis les vœux des mortels;
Car si dans les sombres abîmes
Les honneurs sont le prix des crimes
On t'y dressera des autels.

Bornez-vous à cette prise
Notre bonheur & vos travaux?
Filles du stix, votre entreprise
Annonce la fin de nos maux:

---

(1) Danseuse de la comédie Italienne, accusée des plus
horribles noirceurs.

Nous laisserez-vous la *Deville*,
La *Chevrier*, la *Superville*, (1)
Et tous ces monstres minaudans
Qu'on voit au fonds de nos coulisses
Vivre du prix des chaude-pisses
Qu'elles vendent depuis dix ans ?

L E T T R E   IX.

*Séance du Parlement ; Représentations de
cette Cour sur l'emprunt de Janvier, Innovation de M. Necker dans la maniere
de le faire. Remontrances de la Cour des
Aides de 1777.*

MALGRÉ l'attention de M. Necker, Milord,
à prévenir favorablement le Parlement sur ses ex-
cellentes vues par les beaux réglemens dont je
vous ai rendu compte & par des bruits répandus
avec adresse, concernant ses projets de réforme &
d'économie, il n'a pu en circonvenir tous les
membres, & quelques-uns se sont opposés fortement
à son emprunt; les uns, mus sans doute par une
ambition sécrete, qui, prévoyant que M. Taboureau, vrai phantôme de Contrôleur-général,
ne peut longtems rester en place, voudroient
écarter du premier rang un concurrent trop dangereux en la personne du Directeur du trésor
royal; d'autres, de bonne foi, ne concevant pas
quel motif pourroit en tems de paix faire augmen-

____

(1) Danseuses de l'opéra.

ter les charges de l'Etat, convaincus par une longue & funeste expérience que plus il y a d'argent au fisc public, & plus on en dissipe; voyant un mal certain dans l'accroissement du fardeau de la dette royale, & un bien très-incertain dans la perspective flatteuse qu'on offre, trop souvent illusoire pour s'en laisser séduire. Tels étoient les chefs des deux partis qui balançoient dans l'assemblée des Chambres le vœu de leurs confreres, Magistrats faciles, se laissant aller à toutes les impulsions qu'on veut leur donner, ou intéressés secrettement à faire valoir les projets du Ministere, amorcés par les récompenses qu'ils envisagent. Tout ce que purent obtenir ceux-ci, ce fut qu'on enregistreroit l'Edit sans difficulté, sans délai, sans modification, purement & simplement, & que les représentations se feroient ensuite séparément & sans gêner en rien l'opération de M. Necker. Cette tournure le consoloit de la contradiction qu'il avoit éprouvée; il se flattoit que les choses se passeroient sourdement & à petit bruit, de façon à ne point ébranler l'opinion publique à son égard, dont il comptoit faire le ressort le plus essentiel de son administration, & il a réussi du moins en ce qu'il n'y a pas eu d'explosion violente; mais il n'a pu empêcher que l'arrêté ne perçat dans Paris & qu'on ne fût au bout de quelque tems toute la fermentation qui avoit régné dans l'assemblée. Après avoir interrogé, Milord, plusieurs de Messieurs, voici les détails de la séance. (1)

____

(1) Elle a eu lieu le 7 Janvier 1777.

M. l'Abbé d'Efpagnac, le Rapporteur de la Cour, ayant mis fur le bureau l'édit portant création des rentes viageres & perpétuelles en forme de loterie (1), on en commença la lecture. Dès le préambule on fut d'avis différent. Les badauds qui fe laiffent prendre aifément aux belles phrafes, le trouverent fuperbe; les membres plus fins ne le jugerent que captieux; d'autres de mauvaife humeur affurerent qu'il étoit très‑mal‑adroit. Le paffage où l'on avoue qu'on ne s'eft déterminé à cet emprunt que par néceffité & pour éviter l'alternative d'une impofition nouvelle, les révolta; ils ne pouvoient pas imaginer comment en faifant dire plus bas au Roi qu'il avoit pour les tems extraordinaires des fecours extraordinaires, il ne fût pas même au courant dans les tems ordinaires & dût employer dès ce moment‑ci les remedes extrêmes; ils reprocherent, en outre, au Miniftre, d'avoir levé le voile fur une charge actuelle effrayante, favoir les quarante millions de rentes viageres dont l'Etat eft grevé, & dont on faifoit faire l'aveu à S. M. Les premiers, plus confians, raffuroient ceux‑ci, les exhortoient à s'en remettre & aux bonnes & finceres intentions du Monar‑

---

(1) Le fonds eft de 24 millions : elle eft partagée en 20,000 obligations de 1200 livres, dont les chances s'effectueront en deux tirages; elles confifteront en 5000 lots de rentes viageres montant enfemble a 1,090,000 livres, le moindre fort pour les 15000 autres obligations fera d'avoir une rente perpétuelle de 95 livres & le total fera de 720,000 livres à payer par le Roi.

que dont on ne pouvoit douter, & aux vues lu‑
mineufes du Directeur du tréfor royal dont on
connoiffoit les réviremens intelligens ; ils infis‑
toient fur ce fonds d'amortiffement de 27 millions
tout prêt pour l'avenir, fur ces reffources infinies
que M. Necker fe propofoit de tirer d'une meil‑
leure diftribution des impôts, d'une plus grande
économie pour la perception & de plufieurs autres
améliorations.

Après ces débats, & la lecture de l'Edit finie,
le rapporteur opinant le premier, fuivant l'ufage,
fut d'avis d'enregiftrer fans obftacles & fur le champ,
fauf à former un arrêté particulier qui feroit re‑
mis au Roi, par M. le Premier‑Préfident : il en
avoit rédigé un tout prêt & en fit part à l'affem‑
blée ; il étoit bavard, mal écrit & fort peu digéré.

Plufieurs de Meffieurs adopterent cependant
fon opinion quant au fonds, & conclurent à dis‑
cuter mieux l'effence & la forme de l'édit avant
de rédiger l'arrêté. Et déjà vingt voix s'étoient
rangées de ce côté, lorfque M. d'Eprefmenil,
éleva une nouvelle difficulté. Ce jeune Magiftrat,
que M. le Chancelier avoit toujours écarté du
Parlement, parce qu'il redoutoit fes avis vigoureux
& patriotiques, n'eft que depuis deux ans dans la
Compagnie, mais s'y eft diftingué dès fon appari‑
tion, par fon zele, fes lumieres & fa chaleur. Il prit
occafion de la circonftance pour differter fur le
régime moderne ; il avoit déjà été le rival de M.
Necker dans les affemblées de la Compagnie des
Indes : il eft devenu encore fon adverfaire le plus

formidable en cette occafion. Il a remonté au.
vice - radical de l'adminiſtration actuelle, a rame‑
né les grands principes & a foutenu que cette créa‑
tion de rentes avoit un rapport trop direct avec
les intérêts de la nation, pour que la Compagnie
pût fe croire compétente d'en connoître; il a dé‑
claré ouvertement que c'étoit le cas de demander
l'affemblée des Etats‑généraux; d'autant mieux
que la France gémiffoit en ce moment fous une
foule d'impofitions enregiſtrées à un tribunal (1)
dont le Roi lui‑même, par fa conduite & par fes
difcours, accufoit de plus en plus l'illégalité: il a
exhorté fes confreres à faifir l'occafion de répa‑
rer la faute qu'ils avoient commife en 1773 de ne
point exiger l'anéantiffement ou la réforme de
ces actes deftructifs de la conftitution de la
Monarchie. Vous vous doutez bien que cet avis
n'a pas été nombreux; il n'a eu que fix voix.

La pluralité s'eſt réunie au rapporteur qu'on a
fait s'expliquer fur les termes & le fens de fon
arrêté. Il a cathégoriquement énoncé fes idées
qu'il avoit été obligé d'adoucir & d'envelopper dans
des phrafes vagues & générales, & l'on eſt con‑
venu qu'on ne pouvoit les tourner autrement. Il
s'agiffoit de fupplier S. M. de ne pas mettre une
confiance trop aveugle en M. le Comte de Maure‑
pas; de ne pas rendre ce Miniſtre vieux & foi‑
ble l'intermédiaire des opérations (2), encore

____

(1) La commiffion intermédiaire de 1771.
(2) M. le Comte de Maurepas venoit d'être nommé

moins le Juge fuprême ; enfin, de ne point faire
s'immifcer M. Taboureau & M. Necker des divers départemens & les régler. Ces préliminaires.
entendus , l'arrêté refferré & émondé dans fon.
ftyle, il a été conclu fur le regiftre en ces termes :

„ Le Roi fera très-humblement fupplié de
confidérer que fon Parlement n'a pu voir fans
douleur, qu'après 14 années de paix, au lieu de
préparer aux fujets dudit Seigneur Roi des diminutions d'impôts tant de fois & fi folemnellement.
promifes, l'Etat des finances exige d'avoir encore.
recours à un emprunt qui eft néceffairement le
germe d'une impofition."

„ Que dans ce moment où il s'agit de rapprocher
la différence qui exifte entre les revenus ordinaires & les charges dont ils font grevés , on ajoute
encore à ces charges anciennes par une nouvelle
création de rentes , tant perpétuelles que viageres ; que fon Parlement ne fe feroit jamais cru
permis d'enregiftrer le nouvel Edit, s'il ne s'étoit
abandonné à la confiance la plus entiere dans les
vues d'ordre & d'économie que ledit Seigneur Roi
fe propofe d'établir dans l'adminiftration de fes
finances ; mais qu'il fupplie ledit Seigneur Roi de
confidérer que fes vues de bienfaifance ne feront
jamais remplies, fi, d'une part, on ne retranche
pas entierement toute dépenfe fuperflue, & fi,

Chef du Confeil des finances ; ce qui lui donnoit la grande
main fur toute cette partie de l'adminiftration,

de l'autre, on ne foumet pas à la plus fage écono‑
mie les dépenfes même les plus néceffaires."

„ Que ce Royaume, le plus beau de l'univers,
eft auffi le plus fécond en reffources; que la pre‑
miere de toutes, la plus fûre, & peut‑être l'uni‑
que dans l'état actuel, eft que ledit Seigneur Roi
ne *fe repofe que fur lui‑même du foin de l'exécution
de fes fages deffeins ; que non content de tracer des
plans d'économie, il les derige & les faffe exécuter* (1)."

„ Que, pour y parvenir, *il defcende dans les der‑
niers détails, qu'il combine lui‑même avec chacun
des Ordonnateurs* (2) les diminutions & les réfor‑
mes dont font fufceptibles leurs départemens ,
qu'il forme enfin un plan fixe, invariable, dont
la marche conftante & les progrès rapides prou‑
vent à fes fujets que les moyens qu'il veut em‑
ployer pour rétablir l'ordre dans fes finances font
auffi réels que fes vues font droites & finceres."

„ Que ledit Seigneur Roi feul, en fe montrant
& agiffant lui‑même, en déployant, s'il eft ne‑
céffaire, fon autorité, peut rétablir l'ordre, l'é‑
conomie, & arrêter le cours des déprédations, en
leur oppofant cette volonté ferme, invariable, fans
laquelle il n'y a ni Gouvernement ni véritable
Adminiftration."

Un pareil arrêté fut jugé à Verfailles pour le

---

(1) C'eft une des phrafes louches, qui avoit paru avoir
befoin d'explication.

(2) Autre phrafe fur laquelle l'Auteur a été obligé de fe
commenter.

moins très - indécent. Des artifans de difcorde s'en prévalurent pour noircir le Parlement dans l'efprit du Comte de Maurepas. Ils prétendirent que, fier de la difgrace de M. Turgot, qu'il s'attribuoit, il efpéroit faire auffi changer Louis XVI de Miniftres à fon gré, jufqu'à ce qu'il les prît dans fon fein; ils lui peignirent l'énorme ingratitude de cette Cour, qui, lui devant fon rétabliffement, tournoit déjà fon activité contre lui, & vouloit lui enlever la confiance de fon maître. Heureufement, le fage Mentor, ne fortant point de fon caractere de modération & de douceur, ne vit en cela que les manœuvres ténébreufes de quelques membres ambitieux cherchant à fe pouffer & à parvenir fur les ruines des autres, & il rit de leurs vains efforts. D'ailleurs, ils avoient eu l'adreffe de fe concilier les autres Miniftres par l'article qui les concernoit, où l'on exhortoit le Roi à les laiffer maîtres dans leur partie, & à ne pas les fubordonner au Directeur du tréfor royal par une infpection de celui-ci, à laquelle ils devoient néceffairement répugner.

Le 24 Janvier donc, où les Chambres fe raffemblerent pour entendre la réponfe du Roi, elles la trouverent courte, vague, mais douce & bénigne. Sa Majefté fembloit y avoir égard aux infinuations de fon Parlement, ou, pour mieux dire, les avoir prévenues, & promettoit en fubftance de remédier aux abus de l'ancien régime & de faire un meilleur emploi que fon Ayeul du zele & des fecours de fes fujets: on ne pouvoit en deſirer davantage en ce moment. Cette démarche cependant tient en garde M. le Directeur, bien fâché aujourd'hui de n'avoir pas profité de la cir-conſtance pour faire tout de ſuite un emprunt double & triple, qui n'auroit pas ſouffert plus d'ob-ſervations ; car, par la maniere dont il a rempli celui-ci, il s'eſt ôté la reſſource de ſes prédéces-ſeurs, qui, éludant la vigilance des Cours, éten-doient leurs emprunts comme ils vouloient (1) ; mais dans ſa poſition, il a cru expédient de pren-dre une autre tournure plus capable d'éblouir & de favoriſer ſon ambition ; on ne peut douter, en effet, qu'il ne cherche à évincer ſon collegue & à occuper ſeul la place. Pour y parvenir, il a ſenti que la ſeule façon étoit de gagner la confiance de M. de Maurepas, de ſe rendre néceſſaire en lui ôtant toute inquiétude, tout embarras du côté des finances, en lui tenant toujours le tréſor royal plein, ou du moins en développant un crédit ca-pable d'y amener ſans ceſſe autant de fonds qu'on en aura beſoin. Ce vieux Mentor eſt à peu près comme Louis XV ſur la fin de ſon regne ; il

---

(1) L'emprunt ouvert par l'Abbé Terrai ſous le nom de *Hollande*, enregiſtré en Janvier 1772 en la commiſſion in-termédiaire, qui ne devoit être que de 30 millions, a été porté à plus de cent en 1776. M. de Clugny, obligé de faire expédier des lettres patentes à la Chambre des comp-tes pour ſauver cette irrégularité dans la comptabilité, a profité encore de la circonſtance pour l'augmenter de plu-ſieurs millions avant de le clorre entierement. Voyez la lettre du 49e. Vol. ſur Mrs. Taboureau & Necker.

defire que fon adminiftration coule & fe termine
tranquilement ; peu lui importe qu'on ne lui four-
niffe que des palliatifs , devant aggraver par la
fuite les maux de la France, pourvu qu'on goûte
un repos confolant tant qu'il vivra & qu'on béniffe
la douceur de fes moyens. M. Necker en conféquence a tourné tous fes efforts de façon à fuppléer par les apparences à l'impuiffance réelle de
fon génie ; il a fenti que les Banquiers, fes anciens confreres , pourroient le feconder merveil-
leufement & devenir fes coopérateurs dans ce
grand œuvre : il les a donc choifis avec complaifance ; il les a amorcés par l'appas le plus puiffant,
par l'efpoir d'un gain fûr, facile & prompt, le
prélude d'autres plus confidérables encore & devant fe renouveler chaque année de fon adminiftration. Il s'étoit inftruit dans fon voyage d'Angleterre de la maniere dont nos Miniftres formoient leurs opérations du *Budget* (1) ; & il a
imaginé de les finger en petit. Décidé d'ouvrir
fon emprunt, il a reçu les foumiffions de fes amis ;
enforte que dans ce début, n'ayant pas ofé le faire
trop fort, il étoit déjà rempli avant que d'être enregis-
tré, & l'un (2) deux avoit déclaré d'avance qu'il comptoit gagner mille louis fans bourfe délier. On l'a
pourtant ouvert pour la forme au tréfor royal ; on
a même mis des gardes , afin de mieux exciter les

---

(1) Ou porte-feuille. *Budget* en Anglois veut proprement
dire poche de cuir. *Note de l'Editeur.*
(2) Le Sieur Dumolé.

defirs du public, & au bout de 24 heures on a fermé l'emprunt. Les murmures des mécontens n'ont fervi qu'à augmenter l'empreffement général; il s'eft trouvé des demandeurs en foule, & dès les premiers jours les reconnoiffances de 2000 livres ont gagné près de quatre pour cent (1) fur la place. Ce jeu, fimulé d'abord entre les Agens de change, pour donner l'impulfion & établir le cours, malheureufement n'a pu fe foutenir; & ce qui prouve que c'étoit moins le réfultat d'un attrait véritable, que de la manœuvre des Agioteurs, c'eft que ces reconnoiffances, qui auroient dû augmenter aux approches du tirage (2), n'ont fait que baiffer, & font même aujourd'hui au pair.

Quoi qu'il en foit, les adverfaires de M. Necker ne pouvant trop critiquer le fonds de la loterie qui n'eft point une mauvaife affaire pour le Roi, puifqu'il eft calculé que cet emprunt n'eft qu'à fept & demi pour cent en viager & perpétuel & doit à l'extinction du premier ne revenir plus qu'à trois, en attaquent la forme nouvelle. Indépendamment du peu d'honnêteté d'attraper ainfi le public & de le rendre tributaire des Agioteurs, ils difent qu'il eft entierement dirigé en faveur de ces derniers, qui ne courent pas le plus léger rifque, puifqu'au cas où ils ne pourroient pas fe défaire de leurs reconnoiffances, ils font autorifés à les rapporter au tréfor royal. Or, qu'étoit-il

---

(1) Elle ont monté à 1245, leur plus haut période.
(2) Le premier doit avoir lieu le 9 Avril.

befoin d'eux? Ces intermédiaires indifpenfables à Londres pour foulager le Miniftre dans une entreprife trop vafte, qui doit fe répartir d'abord en grandes maffes avant de fe divifer & fubdivifer enfuite en une infinité de détails particuliers, font dangereux en France pour une opération partielle, dont c'eft gratuitement compromettre le fuccès; car il dépend de la bonne foi des Agens, dont la plupart n'ont à offrir pour fureté que le hazard de leurs fpéculations. Mais fervent-ils même au principal objet qui eft de voir promptement arriver les fonds, puifqu'il ne dépofent au tréfor royal qu'un papier ftérile, acquitable à des termes qu'ils reculent le plus qu'ils peuvent; puifqu'ils ne fatisfont pas toujours à la rigueur de leur engagement & obtiennent du répit autant qu'ils veulent, tandis qu'à bureau ouvert, l'argent arriveroit journellement & à proportion des canaux qu'on préfenteroit pour le recevoir? N'eft-il pas à craindre, d'ailleurs, que l'avidité des monopoleurs mettant à la fois trop de récépiffé fur la place, ne faffe ouvrir les yeux aux acheteurs, qui fe ligueront à leur tour pour les avilir & les demander au-deffous du pair, pertes dont les premiers s'embarraffent peu, puifqu'elle doit retomber fur le Roi, ce qui lui rendroit ainfi très-onéreux, un emprunt en apparence affez fage. L'effai que vient de faire M. Necker en eft déjà un exemple, finon funefte, au moins fenfible, les Agioteurs ayant été obligé de baiffer le taux en raifon inverfe du véritable crédit qu'auroient

dû avoir les billets, c'eft - à - dire à mefure qu'ap⸗
proche le tirage, ainfi que je viens de vous l'ob⸗
ferver; enforte qu'aujourd'hui les frais de la né⸗
gociation (1) font aux dépens de l'Etat.

Ces critiques vont plus loin & prétendent qu'en
fuppofant cette forme utile, ce n'étoit pas à M.
Necker à la propofer; que fon honnêteté auroit
dû l'y faire répugner, s'il l'eût trouvée établie;
parce qu'ayant été Banquier, tout récemment,
ayant un frere Banquier, une maifon de com⸗
merce à lui à Paris, on ne peut que le foupçon⸗
ner de travailler pour les fiens & pour fon comp⸗
te, de chercher à fe dédommager amplement par
des reviremens auffi lucratifs des moindres facri⸗
fices qu'il annonce. Oui, Milord, M. Necker
déclare, plus fortement que jamais, qu'il ne veut ni
gages, ni étrennes, (2) ni pots de vin, ni gra⸗
tifications; qu'il ne defire ardemment que la gloi⸗
re, que la noble fatisfaction d'un cœur grand &
généreux, d'avoir contribué au bonheur de fes
femblables, & qu'il fera récompenfé de la maniere
la plus flateufe s'il réuffit, comme il l'efpere, à
tirer la France de l'abîme où fes prédéceffeurs
l'avoient plongée. Eh! qui tient ce langage,

---

(1) Les Agens de change dont le droit eft de vingt-cinq
fols par mille, les billets de la loterie tombés au pair au⸗
jourd'hui, préleveront furement cette retenue en comptant
avec le tréfor royal.

(2) M. Necker a refufé au jour de l'an les bourfes de
jetons & les bougies que les Tréforiers & les Fermiers⸗
généraux ont voulu lui offrir pour étrennes, fuivant un
ufage très - ancien.

continuent les détracteurs? Un homme qui n'a jamais formé que des spéculations utiles; qui toute la vie à rêvé argent, n'a cherché que de l'argent, ne se rassasiant point d'argent, en ayant amassé beaucoup, & voulant en amasser encore sans s'embarrasser des moyens, des bruits injurieux qui en courroient à sa honte (1); qui n'a restauré un moment la Compagnie des Indes, que pour mieux la ruiner; qui, comme Actionnaire, proposoit de la faire végéter avec des loteries dont il avoit la manutention comme Directeur, & les profits comme Banquier. Si le caractere moral d'un homme ne change guere que par miracle, par un coup de la grace, qui n'est pas toujours efficace, ce qu'on juge aux rechutes fréquentes des pécheurs d'habitude, afin de persuader un désintéressement aussi affecté, il falloit donc que le Directeur du trésor royal écartât loin de lui ces liaisons suspectes, ces hommes cupides, ces conseillers pervers ne pouvant diriger ses vues que vers les objets de leur utilité personelle: il s'en rapproche au contraire; il les rend les dépositaires de ses secrets,

---

(1) M. de St. Foy, qui étoit premier Commis des affaires étrangeres lors de la paix derniere, se plaint que, d'après les renseignemens qu'il lui donnoit, M. Necker en jouant aux actions à Londres à coup sûr avoit gagné 1,800,000 livres, dont il lui avoit toujours refusé la part qu'il lui avoit promise. Un M. Favier, autre Commis qui avoit été le porteur de parole, & en devoit profiter aussi, atteste le fait & le conte également à qui veut l'entendre.

crets, fes agens, fes coopérateurs, fes prôneurs; il en fait les reſſorts eſſentiels de ſon adminiſtration. Aſſurément, bien loin d'avoir la délicateſſe ſcrupuleuſe de ce Romain qui diſoit que la femme de Céfar ne devoit pas même être ſoupçonnée, c'eſt braver non-ſeulement ſes calomniateurs, ſes ennemis, ſes envieux, les gens prévenus; mais même le froid obſervateur, le philoſophe indifférent, qui, ſans s'arrêter aux propos, aux contes, aux anecdotes, aux certitudes de ſociété, ne juge que par induction, par la connoiſſance qu'il a du cœur humain, & ne ſe perſuadera jamais qu'un mortel, dévoré juſqu'à ſoixante ans de la ſoif de l'or, poſſédé du démon de l'avarice, s'arrache tout-à-coup à ſa paſſion pour dépouiller le vieil homme, furtout lorſqu'il en aura l'objet plus attrayant ſous les yeux, les moyens plus ſecrets de l'aſſouvir à ſa diſpoſition, & qu'il s'entourera d'agens multipliés, propres à le ſervir & à le ſeconder.

M. Necker, au ſurplus, ne pouvant ſe concilier tous les ſuffrages, ſe moque de l'opinion de ces cenſeurs fuſpects ou-iſolés, qui doit ſe perdre dans l'opinion de la multitude plus bruyante. Il n'ignore pas que, pour gagner le peuple, il faut ſe laiſſer aller à ſes préventions, ſe rendre à ſes murmures, & ſe déclarer l'ennemi de tous les objets de ſa haine. Depuis longtems on s'indigne contre les fortunes énormes des financiers: il déclare que, s'il devient le maître, il étouffera ces ſangſues publiques & régira les finances ſans eux; il eſt vrai que l'abus dans la choſe, & non dans le nom, ſubſiſtera: peu importe, c'eſt aſſez pour en impoſer aux ſots, & les ſots for‐ ment le grand nombre & crient le plus haut. Par exemple, il vient de commencer par les chefs; il a remercié les ſervices (1), auxquels il ſatis‐ fera avec le comptant du tréſor royal. On van‐ te beaucoup cette opération, qui, ſuivant ſes ad‐ mirateurs, eſt une économie de quinze pour cent par an, claire, ſans parler des bénéfices indirects que faiſoient ces Meſſieurs; & ſans doute ce ſeroit un coup de partie, un début de meilleur augure, ſi ce vuide ſe réparoit par le retranchement des dépenſes ſuperflues, & la modération des néceſ‐ ſaires; par des réductions dans celles des dépar‐ temens; par des branches de revenu, ou créées, ou découvertes, ou améliorées : rien de tout cela n'exiſte encore qu'en promeſſes, pour ſou‐ tenir le fanatiſme des enthouſiaſtes ; ce n'eſt qu'une illuſion ſéduiſante, le preſtige magique d'un charlatan adroit. Au fond, à trois finan‐ ciers nationaux payant de gros impôts, ayant des terres, des biens connus, pouvant ſervir de ga‐ ges de leur geſtion, des charges conſidérables entre les mains du Roi, le Directeur du tréſor

---

(1) Ils étoient partagés entre trois Banquiers de la Cour, les Sieurs *Baluc, Bourgade* & *Lafrete.* Le premier avan‐ çoit à la cour 5 millions par mois, le ſecond deux & le troiſième un, en tout 8 millions en faiſant 96 par an. C'eſt pour le premier Avril qu'ils ſont remerciés.

royal fubftitue 40 Banquiers prefque tous étrangers, ne payant rien à l'Etat, n'ayant pas un pouce de terrein, fans fortune réelle, ou la portant toute dans leur porte-feuille, & pouvant à tout moment manquer impunément à leurs engagemens ; mais entre lefquels fe trouve toujours cette maifon de commerce qu'il affectionne & qui doit être le plus cher objet de fes complaifances, entrer dans fes fecrets, & gagnant à propos de primauté, attirer à elle le gain le plus certain ; afin d'y parvenir, il fubftitue aux emprunts qu'on faifoit aux Banquiers de la Cour, mais dont la charge, quoiqu'elle fe renouvelle annuellement, n'étoit que momentanée, puifqu'on étoit toujours en liberté de s'y fouftraire, des emprunts au public perpétuels ou viagers, charge durable, & néceffitant, pour la foutenir, plus tôt ou plus tard, quelque invention burfale, qui, une fois imaginée dans ce pays-ci, ne s'éteint jamais & s'étend à perpétuité.

En attendant qu'il puiffe revenir aux emprunts par voie de loterie, qu'il chérit fpécialement en ce qu'ils n'ont pas befoin de la fanction légale par l'enregiftrement des Cours, & qu'excitant davantage la cupidité des joueurs, ils peuvent procurer à fon frere, & affociés (1) des bénéfices meilleurs & plus rapides, il ufe du crédit des corps intermédiaires, & l'on compte déjà près de 60 mil-

____

(1) Son frere fe nomme *Germani*, & eft affocié avec *Girardot.*

lions qu'il demande & doit foutirer de cette ma‑
niere, foit de l'ordre du Saint‑Efprit (1), foit du
domaine de la ville de Paris (2), foit des Fer‑
miers généraux (3) & de leurs employés (4).

Voilà, Milord, l'état actuel des finances de la
France, dont la fituation, malgré l'apparence du cré‑
dit, à en juger par le jeu de la place, qu'entend à
merveille M. Necker, & dont il a tous les reflorts
& tous les agens dans fa main, eft toujours la
même, & bien loin de s'améliorer, empire. Voilà
ce que je vois; voilà ce que penfent les gens

---

(1) Par arrêt du Confeil du 7 Février, l'ordre du St.
Efprit doit verfer au tréfor royal les capitaux de 600,000
livres de rentes, qu'il eft autorifé d'emprunter, foit à ren‑
tes perpétuelles à cinq pour cent fans retenue, foit à ren‑
tes viageres à fept pour cent fur deux têtes. Le montant
doit être de dix millions, & le public y mordant, il a été
porté jufqu'à douze.

(2) Il eft de douze millions.

(3) Par billets mis dans le public à quatre & demi pour
cent d'intérêt, payés d'avance, qui fe rembourfent ou fe
renouvellent d'année en année au gré des prêtenrs. Cet
emprunt eft d'autant plus fingulier, que l'on peut avoir au‑
jourd'hui des billets de la même efpece, mais de l'ancienne
création, à cinq pour cent de perte & qui fe rembourfent
d'année en année par la voie du fort; cependant le délire
eft tel, qu'on néglige le bénéfice qu'on avoit fur ces der‑
niers, pour courir aux nouveaux. On en a diftribué pour
28 millions.

(4) On oblige tous les employés de fournir des caution‑
nemens en argent dont on leur fait la rente. Cette autre
forme d'emprunt doit produire un capital de quinze mil‑
lions.

fenfés, froids, impartiaux, que j'ai interrogés. On parle bien de beaux projets; mais les faits y font tout oppofés, & l'on ne peut y croire qu'en voyant. Au refte, l'on ne doute pas que M. Necker ne réuffiffe d'ici à quelque mois à fe débarraffer de M. Taboureau, qui le gêne plus que jamais, depuis qu'il a été décidé, fur les repréfentations du dernier, qu'il lui donneroit communication de fes projets, & qu'il ne travailleroit point avec le Roi, que le Contrôleur-général ne fût préfent.

Avant de quitter cette matiere, Milord, je vais vous faire juger par vous-même que l'argent eft aujourd'hui le grand befoin de M. le Directeur du tréfor royal; qu'il lui en faut à quelque prix que ce foit, & que l'intérêt du pauvre peuple, quoi qu'il en dife, n'eft pas ce qui le touche le plus. Sous le miniftere de M. Turgot, les déclamations contre les Traitans & les Fermiers-généraux avoient été portées à tel point, que le peuple des provinces, déjà peu difpofé favorablement pour leurs Commis & Suppôts, les maltraitoit avec impunité; que le nombre dés contrebandiers s'étoit accru confidérablement, & que les fraudes s'étoient multipliées dans toutes les parties du Royaume. On comptoit même fur la fuppreffion de la plus grande partie des droits odieux qu'ils perçoivent, & fur une meilleure manutention. Tout cet efpoir s'eft évanoui fous M. de Clugny; mais on a eu peine à réprimer la licence accrue fous le précédent miniftere. Le nouveau Contrôleur général avoit fait rendre une déclaration par laquelle S. M. renouveloit les difpofitions des anciennes ordonnances publiées pour empêcher la contrebande ; mais la Cour des Aides, depuis le deux Septembre, a paru avoir reculé l'enregiftrement. Enfin, à l'occafion de l'emprunt que S. M. fait aux foixante, il n'a pas été poffible de leur refufer cette fatisfaction ; ils en ont fait un pot de vin du marché avec M. Necker ; M. Taboureau a dû fuivre les erremens du défunt & l'engagement de fon collegue, & la **Cour** récalcitrante a été obligée d'obéir.

Vous pouvez, Milord, ajouter d'autant mieux foi à cette anecdote, que je la tiens de mon Confeiller à la Cour des Aides. Il m'a fait part auffi de ces belles remontrances de 1775, qu'il m'avoit promifes, mais comme c'eft un Magiftrat trésauftere, que la défenfe de rendre cette piece publique n'eft pas encore levée, il a exigé ma parole d'honneur, en me confiant le manufcrit pour vingt-quatre heures, de n'en pas prendre copie, & cela m'auroit bien été impoffible en auffi peu de tems ; car elles ont 180 pages de minute. Je ne puis donc que vous en donner une idée jufqu'à ce que l'impreffion qu'il m'affure devoir s'en permettre d'ici à un an, me procure la facilité de vous envoyer un ouvrage auffi intéreffant. C'eft un réfumé de l'état actuel de la nation, des empietemens du miniftere, & des moyens qu'il y auroit à prendre pour le foulagement des peuples & pour rendre aux loix leur activité ; à la conftitution du Royaume, fa forme effentielle.

En rétabliſſant la magiſtrature, ſuivant ces re-montrances, on n'a réparé qu'une partie des maux ; on a laiſſé ſubſiſter des loix établies illégale-ment (1) ; on a laiſſé dans pluſieurs places impor-tantes des hommes qui ont abuſé de leur pou-voir. Ce ſeroit ſans doute aux Etats-généraux qu'il appartiendroit de réclamer les droits de la nation & de dénoncer au Souverain les infrac-teurs de ces droits (2) ; mais, puiſqu'une funeſte politique, introduite depuis un ſiecle par la jalou-ſie des Miniſtres, a réduit au ſilence les différens ordres, excepté la Magiſtrature, c'eſt à elle à les ſuppléer & à pénétrer juſqu'au trône.

Le premier tableau que préſente la Cour des Aides eſt celui des droits connus ſous le nom de *Droits des fermes.* Elle fait voir qu'ils ſont moins onéreux par eux-mêmes que par les frais de régie & les gains des fermiers : elle gémit ſur la mul-titude de membres dont elle prive l'Etat, les uns employés à faire la fraude, les autres à l'empê-cher ; ſur le découragement que ces droits jettent dans la culture & le commerce. Mais c'eſt ſur-tout contre la rigueur des loix pénales pronon-cées contre la contrebande qu'elle s'éleve, con-tre la cruauté de punir de mort des citoyens pour un intérêt de finance. Indépendamment des châ-timens horribles & ſans proportion avec le délit,

---

(1) Ce qui s'accorde avec ce que diſoit M. d'Eprémeſ nil dans l'aſſemblée du Parlement du 7 Janvier.

(2) Même langage encore de M. d'Eprémeſnil.

il eft une autre tirannie, plus fourde & non moins infuportable, qui s'exerce tous les jours, & qu'éprouve la claffe entiere des habitans des campagnes, gémiffant dans une efpece de fervitude des fuppôts de la ferme, dont ils font forcés de fouffrir fans relàche les caprices, les hauteurs, les infultes même. Ce régime exécrable provient de la barbarie du code fifcal, de l'immenfité de fes loix, de leur ambiguité, de leur abfurdité, &, pour comble de malheur, des évocations fréquentes, qui, ôtant aux accufés leurs juges naturels, les foumettent au defpotifme d'un feul homme, par effence toujours partial.

C'eft principalement dans la régie des droits compris au bail des fermes, fous le nom de *Domaine*, tous enlevés à la connoiffance de la juftice réglée, que fe commettent des abus monftrueux & intolérables. Il femble cependant que le fermier auroit pu fe difpenfer d'employer, pour s'y fouftraire, tant de moyens illégaux, quand on confidere les moyens légaux qui lui ont été donnés pour triompher dans quelque tribunal que ce foit; moyens tels que les juges font fouvent forcés d'aller contre les lumieres de leur raifon; moyens prefque toujours fondés fur la délation & le parjure.

Ici fe trouve une digreffion vigoureufe contre les ordres du Roi, accordés aux Traitans pour faire arrêter fans forme de juftice tous les particuliers foupçonnés de contrebande, & la liberté de difpofer arbitrairement de leur fort durant leur détention. La Cour des Aides rappelle à cette

oc-

occasion une affaire si atroce , qu'elle se crut
obligée d'en faire , en 1779 (1), l'objet de re.
montrances particulieres. Mon ami m'observa que
ce morceau étoit un de ceux qui avoient le plus
offensé la Cour , parce que la Compagnie y nommoit sans détour un ancien Ministre & un Intendant des finances (2), & les dénonçoient comme
coupables d'une complaisance servile, d'une collu-
sion honteuse avec le Fermier. D'ailleurs , la
proscription absolue qu'on y propose au jeune Roi
des lettres de cachet ôteroit aux Ministres une
portion d'autorité trop grande, un moyen trop
utile de servir quelquefois leur vengeance particuliere , celle de leurs maitresses, de leurs amis.,
& plus souvent encore des subalternes qui les
entourent; car, s'écrie le Magistrat auteur de ces
remontrances, tel est dans la finance, & même
dans les bureaux des Ministres , le mépris de
l'humanité, qu'un ordre dont l'exécution sera si
cruelle, est donné en blanc à un chef; mais que
la vie & la liberté d'un homme obscur sont un
trop petit objet pour que ce principal Financier
daigne s'en occuper ; ensorte que, de main en
main , l'ordre redoutable est abandonné à un
homme inconnu, & c'est lui qui fait livrer un
citoyen à un genre de captivité plus cruelle que
la mort.

La Cour des Aides exhorte le nouveau Monar-

____

(1) Elles sont du 14 Septembre 1770.
(2) L'Abbé Terrai, qui vivoit encore, & M. Cochin.

que non-feulement à ne plus employer ce genre
de punition , auffi contraire à l'humanité qu'à
l'ordre judiciaire, mais à vérifier les ordres donnés fous le feu Roi en ce genre, dont quantité
de victimes gémiffent dans les prifons ; & c'eft
fans doute d'après ces erremens que M. de Malesherbes , alors premier Préfident de la Cour
des Aides , & devenu peu après Miniftre & fecrétaire d'Etat au département de Paris, s'eft conduit, n'a voulu donner aucune lettre de cachet
qui n'eût été examinée par une commiffion de
Magiftrats tirés de fon ancienne compagnie; avoit
commencé de purger la Baftille & Vincennes des
malheureux que ces châteaux recéloient dans leur
fein depuis nombre d'années , & avoit engagé
Louis XVI à voir par lui-même ces lieux d'horreur, bien perfuadé qu'un pareil fpectacle le feroit
frémir & le détourneroit plus que les difcours
les plus touchans de l'ufage de ces ordres préci-
pités, & injuftes même contre les coupables, que
c'eft fouftraire à la vindicte des loix.

L'Orateur revient aux impôts & approfondit le
fyftême funefte d'adminiftration adopté , qu'il
qualifie énergiquement *de defpotifme*, dont le réfultat eft d'avoir anéanti les vrais repréfentans de
la nation, d'être parvenu à rendre illufoires les
réclamations de ceux qu'on n'a pu détruire, de
chercher même à les rendre impoffibles avec la
clandeftinité introduite de deux genres, l'une qui
cherche à dérober aux yeux de la nation, à ceux
du Monarque même, les opérations de l'admini-

ſtration; l'autre qui cache au public la perſonne des Adminiſtrateurs. Après les avoir définies, il en fait l'application aux trois impoſitions directes, la taille, la capitation, le vingtieme : dans l'énumération des vexations auxquelles donne lieu le dernier, on trouve encore un portrait de l'Intendant de Paris qui a ſingulierement déplu, en ce qu'on l'y dépeint comme ayant arrêté par ſes violences le cours d'une procédure commencée au ſujet de concuſſions exercées par ſes prépoſés; comme ayant enſuite provoqué l'Autorité ſouveraine pour empêcher la Cour ſupérieure d'en connoître; enfin, comme ayant profité du crédit que lui donnoit ſa ſoumiſſion aveugle au rôle qu'on vouloit lui confier dans la nouvelle magiſtrature (1), pour faire frapper, d'une maniere cruelle, de la diſgrace du Roi, un Conſeiller de la Cour des Aides (2), integre, vertueux & ferme, dont le zele s'étoit ſpécialement diſtingué dans l'affaire où étoit compromis le Commiſſaire départi.

Enfin, dans la péroraiſon de ce beau traité des droits de la nation & des infractions incroyables qu'ils ont éprouvées, l'on termine par demander au Roi, non la réforme de quelques abus particuliers, mais celle de l'adminiſtration: l'on indique, comme le meilleur moyen pour y parvenir, le rétabliſſement des Etats-généraux; on

---

(1) Il faut ſe rappeler que M. Berthier de Sauvigny, l'Intendant de Paris, avoit été nommé premier Préſident de la commiſſion intermédiaire.

(2) M. de Fays.

defireroit au moins qu'à leur défaut chaque Province eût des Députés en Cour pour défendre fes intéiêts, comme il y a des Députés du commerce. Et ce jour où les fujets auront recouvré cette précieufe liberté, on pourra dire qu'il a été conclu un traité entre le Roi & la Nation, contre les Miniftres & les Magiftrats. (1)

Telle eft, Milord, l'efquiffe rapide & imparfaite des ces remontrances. On les attribue au Chef de la Compagnie dont je vous ai parlé plus haut; &, quoíque le ton véhément, énergique & libre dont elles font écrites eût répugné à Verfailles, Louis XVI, fans doute, n'en penfa pas de même, puifqu'il l'appela bientôt auprès de lui; mais les ennemis de la vérité n'ayant pu s'oppofer à fon élévation, fe font propofés de le dégoûter en le contrariant fans ceffe dans les grandes vues qu'il avoit pour le bien public. Il s'eft trouvé dans l'impuiffance de les effectuer, & vous avez vu qu'il avoit bientôt abandonné une place où il auroit perdu fa gloire & peut-être fa vertu. Maintenez la vôtre, Milord, au milieu de la corruption de notre Parlement, & tenez-vous uni aux Abington, aux Richmond, aux Conway, aux Fox, aux Barrés & autres illuftres du parti de l'oppofition dans les deux Chambres.

Paris, ce 31 Mars 1777.

---

(1) „ Contre les Miniftres, ajoutent les remontrances,
„ s'il en eft d'affez pervers pour vouloir vous cacher la
„ vérité; contre les Magiftrats, s'il en eft jamais d'affez
„ ambitieux pour prétendre avoir le privilege de vous la dire.

LETTRE X.

*Suspension du journal de Paris ; son rétablis-
sement. Anecdote qui a donné lieu à la
premiere.*

Voos me demandez, Milord, des nouvelles *du
Journal de la Poste du soir*, établi dans cette
Ville, dont vous me reprochez de ne vous envoyer aucun numéro. Non content de ce qui en
est dit dans ma lettre du 29 Janvier, vous voudriez savoir mon sentiment. Mon silence vous
a déjà répondu, & assurément si pareille feuille
l'eût mérité, je n'aurois pas manqué de vous en fe
part pour me soulager dans mon travail & mes découvertes. Dès qu'elle a paru, chacun s'est empressé
à la parcourir, & l'on s'est écrié : *n'est-ce que
cela !* Elle ne ressemble que du nom à la nôtre de
Londres. Ce n'est point, comme les Entrepreneurs l'avoient annoncé dans leur *Prospectus*, aussi
long qu'emphatique (1), un tableau mouvant des

____

(1) Pour juger de ce que n'est pas le Journal de Paris,
voici, Milord, ce qu'il avoit promis d'être: ,, Il contien-
,, dra l'annonce des livres qui paroîtront le même jour, leur
,, prix, l'adresse du libraire & l'interprétation du titre ; se
,, réservant toutefois de donner dans quelques-uns des
,, numéros suivans, une idée plus détaillée des ouvra-
,, ges faits pour intéresser réellement.
   ,, Celle des cartes géographiques, des estampes, de la
,, musique, &c.

fcenes multipliées qu'offre chaque jour à la curio‑
fité publique la capitale immenfe de la France. Ce

Ces légeres productions de l'efprit, ces madrigaux, tou‑
tes ces pieces de poéfie, fruit du bon goût & de la gaieté
décente ; ces bons mots, ces anecdotes, à qui la nou‑
veauté femble ajouter du prix.

La defcription des fêtes particulieres, dont on voudra
nous communiquer les détails.

Les modes, qui parmi nous fe fuccedent fi rapidement.

La conftruction des édifices publics & particuliers ; le
nom des artiftes qui y feront employés.

Le récit des actions vertueufes dans tous les genres,
lorfque les circonftances le permettront.

L'arrivée des grands, celle des favans & des artiftes
étrangers, avec des notions fur le genre des fciences qu'ils
cultivent & des arts qu'ils profeffent ; leur demeure, leur
départ.

Le bulletin de la maladie des perfonnes dont la fanté
intéreffe le public, foit par le rang qu'elles occupent, ou
les dignités dont elles font revêtues, foit par la réputation
dont elles jouiffent.

L'objet des Edits & Déclarations, celui des Arrêts du
Confeil, du Parlement, des autres Cours fouveraines, des
Ordonnances, des Réglemens de police &c.

Les jugemens rendus la veille par les divers tribunaux,
dans les caufes intéreffantes.

Des détails fur les payemens de l'hôtel-de-ville, comme
la lettre, le nom des payeurs &c.

Le cours des effets publics & du change de Paris, qu'il
importe à beaucoup de citoyens de favoir journellement.

Les obfervations aftronomiques du jour, c'eft‑à‑dire le
lever & le coucher du foleil, le quantieme de la lune, fes
phafes, & la différence du tems vrai au tems moyen, pour
la direction des pendules & montres à fecondes.

Les obfervations météorologiques de la veille, favoir,
la graduation du barometre, celle du thermometre, la

n'eſt point une correſpondance familiere & réguliere entre les citoyens d'une même ville ; ce n'eſt point une gazette bourgeoiſe, plus digne d'être lue que les au‑tres ne concernant que la politique, les Rois & leur grandeur, parce qu'embraſſant toutes les actions de la vie civile & privée, elle intéreſſe tous les ordres, tous les individus de la ſociété. Enfin, ce n'eſt point un journal unique, infiniment diverſifié, rempliſſant ſans ceſſe l'avidité des nouvelliſtes, four‑niſſant un aliment à la curioſité des oiſifs, nour‑riſſant les réflexions du Philoſophe & facilitant les vues & les moyens de bienfaiſance au patriote. C'eſt un journal ſans caractere, ſans phiſionomie, reſſemblant à mille autres, & n'ayant ſur eux qu'un avantage, bien précieux, il eſt vrai, celui de la

---

qu'antité des eaux tombées, l'épaiſſeur de la glace & la crue des eaux.

Ces obſervations dont on a trop tard ſenti l'utilité, ſe font aujourd'hui, avec la plus grande exactitude, dans les principales villes de l'Europe.

Les aurores boréales, les occultations des étoiles, les éclipſes de lune & de ſoleil, celles des ſatellites de Jupiter, &c.

Dans la feuille du Lundi, le relevé, jour par jour, des naiſſances, des mariages, & des morts de la ſemaine qui aura précédé, ainſi que celui des malades entretenus dans les divers hôpitaux de cette Ville ; tableau douloureux, bien propre à exciter la ſenſibilité.

Il eſt enfin pluſieurs autres articles, qu'il ſeroit inutile ou impoſſible d'énoncer ici, ſoit parce qu'ils ne ſont pas prévus, ſoit parce qu'ils ne doivent ſouvent qu'aux cir‑conſtances l'intérêt qu'ils produiſent.

rapidité , celui de les primer en fe diftribuant tous les matins , & cependant avantage prefque nul par fa futilité, par fa contrainte, & la fouftraction abfolue de beaucoup de fes annonces.

Comme vous avez vu, Milord, dans une de mes lettres précédentes, il a été arrêté prefque dès fa naiffance, & quoique la fufpenfion n'ait été que de peu de jours, elle lui a fait grand tort en découvrant d'une part le foible crédit qu'avoient fes auteurs , & de l'autre en les intimidant de maniere à les obliger de changer de marche abfo·lument & de fe refufer à inférer des détails innocens, qu'ils fe feroient permis dans un autre tems, ou que le Cenfeur moins circonfpect auroit laiffé paffer.

Au refte , j'ai vérifié l'anecdote de l'Officier aux Gardes-Françoifes qui a fi fort révolté ce régiment; elle eft curieufe, fait trop d'honneur à l'Héroïne, fans dégrader les autres perfonnages pour ne pas vous en amufer & vous en rendre toutes les circonftances telles que je les ai réunies.

„ M. *de la Blinaye* , Gentilhomme Breton , vivoit dans fa terre avec une fortune honnête, mais trop modique pour qu'il pût s'en écarter, habiter la capitale ou les grandes villes de fa Province. La même raifon l'avoit empêché de fe marier. Doué cependant d'un tempérament affez vigoureux, il avoit été obligé de s'en tenir aux payfannes, fes vaffales , qui s'étoient trouvées honorées de fa couche, ou aux femmes de quelques gentillâtres fes voifins, qu'il avoit cocufiés.

Il avoit plus de foixante ans, lorfque des fucces-
fions confidérables lui étant arrivées, il s'eft
trouvé à la tête de cent mille livres de rentes.
C'étoit le moment de jouir, & comme il étoit
preffé par le tems, il fe rend en diligence à Paris,
le centre des plaifirs, où il pouvoit aifément par
leur multiplicité & leur continuité regagner ce
qu'il devoit perdre néceffairement du côté de la
durée. Il prend un hôtel fuperbe; il monte fa
maifon fur le plus grand ton & nage dans les
délices. Il loue une loge à l'année à tous les
fpectacles. Celui qui le flatte le plus, c'eft l'Opéra. Ses fens, en quelque forte neufs à cet égard,
lui procurent prefque les impreffions vives de la
jeuneffe: il ne tarda pas à payer le tribut, c'eft-
à-dire à devenir épris d'une Nymphe de ce pays
enchanteur. Mlle Beaumefnil fut celle qui le
frappa. La fineffe de fon minois, le piquant de
fon jeu, la légereté, l'agrément de fa voix le
féduifirent; il fe trouva enlacé fans s'en apperce-
voir; il ne pouvoit manquer l'Opéra un jour où
elle jouoit: quand elle ne paroiffoit pas, il étoit
dans une inquiétude extrême; elle venoit toujours
trop tard fur là fcene; elle s'en alloit toujours
trop tôt. Il avoit affez d'expérience pour
fentir ce que cela fignifioit, & heureufement
fon opulence le mettoit dans le cas de ne pas
craindre un refus. D'ailleurs, le moment étoit
favorable: il apprend que la Chanteufe n'a point
d'entreteneur ni même d'amoureux, qu'elle eft
parfaitement fa maitreffe. Il faifit l'occafion & va.

la trouver. Il lui déclare qu'il eſt un Provincial, un vieux Reître très-gauche dans le commerce des femmes de ſpectacle; que cependant, par un inſtinct naturel, il l'a démêlée & goûtée au milieu de cent autres : qu'elle lui plaît infiniment, qu'il en eſt fol, & qu'il a 50,000 livres à manger par an avec elle, s'il eſt aſſez heureux pour que ſes hommages ſoient agréés. A travers ce ton brusque, & qui lui étoit peu familier, Mlle Beaumeſnil découvre un genre d'éloquence très-attrayant. L'originalité du perſonnage ne la rebute point, & elle ſemble diſpoſée à accéder à ſes propoſitions. Les conventions ne tardent pas à ſe conclure. La plus importante étoit déjà annoncée & devoit faciliter toutes les autres: il lui donne pour premier préſent de nôces mille louis, & du reſte mille écus par mois. Il demande pour retour, non de l'amour, il ſait que cela ne ſe commande point; elle n'eſt pas plus libre de l'aimer, que lui de ne la pas aimer; mais les égards, les careſſes, tout ce qui peut le ſuppoſer ou y ſuppléer. Il deſire, en ſecond lieu, qu'elle écarte tous ces freluquets, ces petits-maîtres, ces talons rouges dont l'eſſain fourmille autour d'elle. Enfin, il exige le plus grand ſecret; il craint le ridicule qui rejailliroit ſur lui d'une paſſion auſſi tardive. Une ſeule femme de chambre affidée doit l'introduire dans la nuit, & durant le jour ſes viſites ne doivent reſſembler qu'à celles d'une multitude de gens graves, d'amateurs, de Seigneurs ſenſés qui viennent la voir.

L'Actrice s'étoit fi exactement conformée aux intentions de M. de la Blinaye, qu'il étoit très-content. Leur union duroit depuis plufieurs mois, & la reconnoiffance chez Mlle Beaumefnil étoit fi vive, fi empreffée, fi ardente, qu'à tous les yeux elle auroit eu les caracteres d'une vraie paffion, fans l'âge de l'amant & cette qualité *d'Entreteneur*, fi incompatible avec l'amour. Quoi qu'il en foit, le foin même qu'avoit pris M. de la Blinaye pour s'affurer exclufivement de la poffeffion de ce tréfor, contraria fes intentions, & fut vraifemblablement ce qui troubla fon repos & fon bonheur.

Il avoit pris dans fon hôtel fon neveu, le Chevalier de la Royrie, jeune Officier aux gardes, qu'il aimoit beaucoup, & dont il comptoit faire fon héritier. Son objet étoit en conféquence de le marier promptement. Jufque-là il veilloit fur lui avec attention, & ce Militaire n'étoit pas entré pour peu dans fes raifons de tenir cachée fon inclination, ou plutôt fa foibleffe envers une courtifanne; il fentoit bien que fes difcours n'auroient plus aucune force fur fon pupille, & que fon exemple auroit détruit tout l'effet de fa morale. Pour mieux le contenir, il le menoit toujours avec lui au fpectacle, & c'étoit à l'Opéra où il alloit le plus fouvent. Là, quand ils étoient enfemble dans la loge, il ne manquoit pas de fe répandre en exclamations d'admiration fur le compte de fa maitreffe. Il fixoit ainfi, fans le vouloir, continuellemént les yeux de fon neveu fur Mlle

Beaumefnil, &, à force de la lui faire diftin-
guer, à force d'éloges, il parvint à enflammer
pour elle ce jeune homme, qui auroit pu le devenir pareillement pour toute autre dans les mêmes
circonftances. Qu'on juge des ravages que devoit
caufer, dans un cœur novice, une paffion journellement accrue par la préfence de l'objet, nourrie
de fes louanges répétées à outrance, & concen-
trée, réprimée par la préfence d'un Mentor févere. On concevra facilement à quel degré d'im-
pétuofité elle devoit être. D'abord, le Chevalier, preffé du befoin d'exprimer au dehors tout
ce qu'il fentoit, fe contenta d'écrire à Mlle Beaumefnil une lettre très-chaude, très-emportée,
où la traitant comme les femmes de fon efpece,
il la marchandoit & lui offroit des fommes exor-
bitantes.

Cette déclaration refta fans réponfe. La paffion
du jeune homme n'en devint que plus violente. Mais
ce qui prouve qu'elle tenoit du caractere de l'amour
véritable, c'eft-à-dire honnête, c'eft qu'il fe
repentit bientôt du ftile de fon épître, & concevant de l'eftime pour l'objet de fes defirs, fe
détermina à des propofitions bien oppofées aux
premieres. Un jour, après l'Opéra, ayant quitté
fon oncle fous quelque prétexte, il s'informe de
la loge de Mlle Beaumefnil ; il s'y rend, & n'en
étant pas connu, il eft obligé de s'annoncer par
fa lettre.... A ces mots, l'Héroïne de théâtre
ne le laiffant pas s'expliquer davantage, prend un
air de dignité, lui demande comment il ofe s'in-

troduire à pareil titre; que c'en eſt, au contraire, un pour elle de ne pas le recevoir & de le prier de ſe retirer. Confus, étourdi, pénétré de douleur, il reſte & veut s'excuſer : la parole expire ſur ſes levres. L'Actrice, interprétant mal ſon obſtination, appelle ſa femme de chambre & menace de faire venir du ſecours s'il perſiſte à l'importuner. Alors il n'y tient point, ſes pleurs coulent en obondance, il ſangiote, & ſe jetant aux pieds de ſon amante dans l'attitude de la componction & du déſeſpoir, il dit qu'il mourra plutôt que d'en être diſgracié au moment où il a le bonheur d'en approcher pour la premiere fois. Il déſavoue le langage d'une penſion effrenée ; il lui jure l'amour le plus pur & le plus reſpectueux; il ne demande d'autre liberté que celle de lui faire la cour, de mériter ſa grace par ſes hommages. Enfin, c'eſt moins à ſa perſonne qu'à ſon cœur qu'il en veut; c'eſt l'union la plus durable & la plus ſacrée qu'il lui propoſe, lorſqu'à force de ſoins & de conſtance il aura pu mériter qu'elle le regarde plus favorablement. Un changement de ſtile ſi différent, des offres ſi extraordinaires & ſi mal articulées, firent aiſément concevoir à Mlle Beaumeſnil que c'étoit une tête tournée d'amour. Elle eut compaſſion de ce malheureux, & ne pouvant en ce moment avoir avec lui toute l'explication qu'exigeoit cette ſcene imprévue, elle ſe radoucit; elle lui dit qu'il falloit remettre à un tems plus convenable une converſation qui exigeoit beaucoup de détails; qu'elle l'attendroit chez elle le Mardi fuivant, qu'elle ne jouoit pas, & où, pendant le fpectacle, elle pourroit lui parler plus à l'aife. Ce peu de mots rendit la vie au Chevalier, ou plutôt il quitta la loge le plus heureux de tous les hommes. Son vifage en parut fi radieux à quelques-uns de fes camarades le rencontrant, qu'ils lui firent compliment & le féliciterent fur fa bonne fortune. Il étoit atteint d'une vénération trop grande envers fon idole pour en plaifanter; il s'en occupa fans relâche jufqu'au moment du rendez-vous; il fe livra à toutes les chimeres qui pouvoient paffer dans une pareille tête, & vit enfin luire le jour defiré. Mlle Beaumefnil avoit pris toutes les précautions néceffaires pour que le tête-à-tête ne fût pas troublé, & pouvoir épuifer à fond la matiere.

M. de la Royrie commença, après avoir renouvelé fes affurances de refpect, d'attachement, d'ardeur inviolable & tous les autres lieux communs des amoureux, par protefter plus amplement fur la pureté de fes vues, fur la légitimité de l'union à laquelle il afpiroit; en un mot, déclara que c'étoit un franc & loyal hymen qu'il defiroit contracter avec elle. Il entra enfuite dans les détails effentiels fur fon nom, fa naiffance, fa qualité, fa fortune, fur les efpérances prochaines & confidérables qu'il avoit de M. de la Blinaye, fon oncle. A ce mot, Mlle Beaumefnil, frappée de la bifarrerie des circonftances, fans lui laiffer pénétrer ce qui en étoit, fit beaucoup d'interrogations pour s'informer fi c'étoit bien le même hom-

me qui l'entretenoit. N'en pouvant douter, elle
diffimule, ne fe confirme que davantage dans fes
réfolutions, lui laiffe reprendre le fil de fon difcours, & dès qu'il a ceffé de parler, lui répond:
„ L'offre que vous me faites, Monfieur, fé-
„ duifante en apparence, en éblouiroit beaucoup
„ d'autres. Il eft peu de mes camarades, fans
„ doute, qui y réfiftaffent: pour moi, dans tout
„ ce que vous me dites, afin de me déterminer,
„ je ne trouve qu'une raifon de plus de vous re-
„ fufer & de vous combattre. Vous êtes homme
„ de condition, au fervice; vous attendez une
„ fortune confidérable d'un oncle, & vous vou-
„ lez, par un hymen mal afforti, vous mettre
„ dans le cas de vous voir expulfé de la fociété,
„ de perdre votre emploi & d'être exhérédé. Je
„ fais que ces fortes de mariages deviennent fi
„ communs, que peut-être bientôt on n'y fera
„ pas plus d'attention qu'aux autres méfalliances;
„ je vois tous les jours des Militaires, des Offi-
„ ciers-généraux même, qui en ont fait de pa-
„ reils & n'en reftent pas moins dans leurs Corps,
„ ou dans leurs grades; enfin, fans doute, il
„ eft des tournures, des expédiens pour tenir
„ votre turpitude fecrette, la cacher au bon-
„ homme & vous laiffer l'efpoir d'en recueillir im-
„ punément la fucceffion. Auffi je crains moins
„ ces obftacles que vous-même: vous êtes à la
„ fleur de l'âge, dans la fougue des paffions,
„ vous brûlez d'amour, & fi vous pouviez refter
„ toujours dans la même ivreffe, je ferois votre

„ bonheur ; ma poſſeſſion vous ſuffiroit, vous
„ n'auriez beſoin d'aucun autre bien. Mais que
„ vos yeux ſe deſſillent, que le voile tombe, je
„ vous deviendrai auſſi odieuſe que je vous ai été
„ chere, auſſi vile que je vous ſemble adorable.
„ Vous m'imputerez vos propres torts ; & votre
„ ſottiſe, l'effet d'une ſéduction involontaire de
„ ma part, vous la rejetterez ſur moi ; c'eſt moi
„ qui aurai dreſſé le piege ſecret pour vous en-
„ lacer ; je ferai une femme perfide, horrible,
„ abominable ! Non, Monſieur, vous ne me fe-
„ rez jamais de pareils reproches : je ne puis me
„ rendre digne de vos offres qu'en vous reje-
„ tant, & m'élever à vous qu'en me refuſant à
„ votre alliance trop honorable. Toute explica-
„ tion ultérieure feroit ſuperflue. Trouvez bon
„ que je vous ſauve de vous-même par un parti
„ extrême & néceſſaire. C'eſt la premiere & der-
„ niere viſite que vous me ferez. Et promettez-
„ moi de ne plus revenir ; car je vais donner
„ ordre à ma porte de ne jamais vous laiſſer
„ entrer."

Cet Arrêt n'ayant pu être révoqué ni ſuſpendu
par tout ce que le Chevalier put dire en pareil
cas pour arrêter la menace, il ſe retira malgré
lui, & Mlle Beaumeſnil, ſe doutant bien qu'il ne
tarderoit pas à revenir, prit toutes les précautions pour qu'il ne fît pas quelque nouvelle
étourderie. Elle ſe flata qu'entraîné par la conta-
gion de l'exemple, il porteroit ailleurs ſes hommages, ne pouvant pénétrer chez elle. Il n'en
arri-

arriva pas ainsi ; car le Chevalier, ayant essuyé plusieurs refus, eut recours à un de ces moyens extravagans qu'on ne connoît plus guere que dans les romans. On en fera moins surpris quand on saura qu'ils étoient devenus sa lecture habituelle, cette sorte de livres étant la plus analogue à sa situation, étoit la seule qui lui plût. Par une belle nuit, il se fait mettre une échelle à la fenêtre de sa maitresse ; à l'aide de deux crocheteurs qui la soutiennent, & jugeant à la lumiere qu'il voyoit qu'elle n'étoit pas endormie, il y monte & frappe aux vitres. Heureusement Mlle Beaumesnil étoit seule ; elle attendoit M. de la Blinaye, qui étant à souper à la campagne, ne devoit venir que très-tard. Au bruit qu'elle entend, elle est d'abord frappée d'effroi ; mais bientôt une voix lamentable lui apprend que c'est la Royrie.... Elle est dans la plus grande perplexité sur ce qu'elle doit faire. Elle craint si elle persiste à le laisser dans cette posture, qu'il ne se casse le col, volontairement ou par accident. D'un autre côté, qu'elle scene si l'oncle le surprenoit chez elle ! Elle cherche à prévenir le danger le plus imminent : elle lui ouvre ; mais à peine est-il à ses génoux que, s'armant de tout son empire sur lui, elle lui ordonne de se retirer. Elle lui déclare qu'elle est invariable dans sa résolution ; qu'au surplus elle attend quelqu'un qui doit passer la nuit avec elle, & que si son amant le rencontroit dans sa chambre, il s'ensuivroit pour elle la catastrophe la plus funeste. Cette nouvelle fit plus d'effet que toutes les remontrances, prieres, fupplications, menaces. Ce fut un coup de poignard pour le malheureux amant. La jaloufie fe joignant à fes autres tourmens, il eft faifi de l'effroi de voir un mortel plus heureux que lui; il défefpere abfolument de le devenir, & fort comme un éclair. Il venoit de lire le Comte de Cominge, cette tragédie de M. Darnaud, où la fcene fe paffe à la Trappe. Il ne voit que ce lieu propre à enfevelir fa honte & fon défefpoir. Il va chez lui, prétexte d'aller monter la garde à Verfailles, prend la pofte & fe rend dans ce monaftere.

Cependant M. de la Blinaye arrivoit. Il avoit, fuivant fon ufage, renvoyé fa voiture à quelque diftance, & s'acheminoit à pied & fourdement. Il voit de loin l'échelle qu'on enleve, & deux hommes la rapportant vers lui, il les arrête, les interroge & n'en peut tirer d'autre éclairciffement, finon qu'un jeune homme comme il faut, aimable en apparence, les a rencontrés au coin de la rue, leur a demandé s'ils vouloient lui apporter cette échelle à une heure indiquée, les a payés d'avance, en leur promettant une récompenfe; qu'il eft entré par la fenêtre chez une fille d'Opéra qui demeure-là; qu'il les a fatisfaits, & qu'ils remportent cet inftrument, déformais inutile. Le Vieillard ne pouvant douter par ce récit, que l'introduction du galant furtif n'ait été faite chez Mlle Beaumefnil, eft agité des plus cruels foupçons; & hâte le pas pour les éclaircir. Elle étoit encore émue de ce qui venoit de fe paffer avec le neveu; & la furprife où elle eft de voir arriver tout-à-coup fon entreteneur, d'apprendre qu'il a vu l'échelle & tout l'appareil de l'efcalade extérieure, ne fait qu'augmenter fon embarras. Le jaloux le regarde comme une conviction, & veut être inftruit de cette avanture. La délicateffe de Mlle Beaumefnil s'y oppofe; la fureur de l'amant redouble; il pique de la maniere la plus fenfible fon amour-propre, par les reproches les plus injurieux, les termes les plus méprifans. Alors, avec cette fermeté que donne l'innocence, & furtout la confcience d'une bonne action dont on fe glorifie en foi-même, elle lui réplique qu'en ce moment elle a des raifons effentielles pour ne pas le fatisfaire; qu'il les faura un jour; qu'elle exige qu'il s'en rapporte à fon honnêteté; qu'elle lui jure qu'il ne s'eft rien paffé dans cette entrevue qui doive alarmer fon amour ou lui déplaire; qu'après cette affirmation, toute queftion l'offenferoit, & qu'elle le prie de ne plus infifter. Ce difcours prononcé avec un calme fuccédant au trouble dont elle avoit été agitée jufque-là, aux yeux d'un obfervateur de fang-froid du cœur humain, auroit été une preuve de la vérité de ces excufes; mais le vieillard étoit trop hors de lui pour faire une remarque combinée. Sa fureur s'en irrite, & accablant la courtifanne de reproches, d'injures & de toutes les imprécations que vomit un homme auffi cruellement dupe, il lui annonce une rupture décidée. Il fort comme un enragé, & fe retire chez lui : après avoir paffé la nuit dans les angoisses qu'a éprouvé tout amant forcé d'abandonner une maitresse qu'il aime encore, il tombe dans une rêverie profonde; il fait fermer sa porte le lendemain, & ne trouve d'autre remede à sa mélancolie que d'aller à la campagne. Il ne se soucioit pas de voir son neveu, dans l'état où il étoit, & instruit qu'il étoit à Versailles, il ordonne seulement qu'en descendant sa garde, il soit prévenu du départ de son oncle, avec ordre de le rejoindre.

La terre où étoit allé M. de la Blinaye, étoit précisément dans la Perche, non loin de la Trappe. Il prend un jour cette abbaye pour but de sa promenade. Les Religieux étoient occupés aux travaux de la main. En les voyant successivement, il en remarque un dont la figure le frappe & singulierement ressemblant à son neveu. Sa réflexion ne va pas plus loin & il se retire. Peu de jours après il reçoit des lettres de Paris, où on lui apprend qu'on ignore ce qu'est devenu M. de la Royrie; qu'il n'a point été à Versailles, comme il l'avoit annoncé; qu'il a disparu, sans que, par les informations ordinaires, on ait pu apprendre sa destinée. Alors il se rappelle la rencontre du jeune Religieux, dont le visage l'a ému; il se rend en diligence à l'abbaye; il demande à parler à l'Abbé, & par les réponses de celui-ci sur le compte du novice, il ne doute pas qu'il ne soit son neveu. On le fait venir; il s'évanouit à la vue de son oncle: rappelé à lui, on l'interroge. Les jeûnes, les macérations

avoient calmé l'effervefcence de fon fang & rallenti
l'ardeur de fa paffion: il avoit les idées plus nettes
fur les chofes, & fa vocation étant plus l'effet
d'un dépit amoureux que d'un mouvement de la
grace, il ne fut pas fâché de trouver cette occafion de quitter une retraite pour laquelle il n'étoit
pas fait. Il rend compte de fon extravagance. A
fon récit, M. de la Blinaye avoit peine à fe contenir. Il étoit fi enchanté de trouver fa maitreffe
innocente, d'admirer fa prudence, fa réferve, la
nobleffe de fon procédé, qu'il pardonna facilement
au Chevalier. L'Abbé fut le premier à exhorter
le novice de rentrer dans le monde, & de fuivre
fon oncle, qui vouloit bien le recevoir en grace.
Tous deux regagnereut bientôt la capitale. M. de
la Blinaye s'étant affuré des difpofitions de fon
neveu, & convaincu que par fa courte, mais
falutaire retraite, il étoit revenu d'un délire paffé
d'autant plus vîte qu'il avoit été plus violent, lui
dit que, pour toute punition, il veut le ramener couvert de confufion aux pieds de fa divinité;
&, fans la prévenir, il le conduit chez elle. On
ne paffe que d'étonnement en étonnement dans
cette anecdote. Celui de l'Actrice fut extrême à
la vue de ces rivaux réunis: ,, Madame, lui dit
,, M. de la Blinaye, voilà deux coupables repen-
,, tans, d'autant plus dignes de pardon, qu'ils ne
,, le font que par amour." Puis fe tournant vers
fon neveu: ,, Oui, continua t-il, c'eft moi qui
,, vous ai été préféré; c'eft un vieillard feptüagé-
,, naire qui l'a emporté fur ce que la jeuneffe a

,, de plus agréable & de plus floriffant, & c'eft
,, moi qui ai eu l'indignité de foupçonner une
,, femme qui mériteroit des autels." On entre
alors en explication de part & d'autre de tout ce
qui s'eft paffé ; & après avoir comblé de louanges
leur Héroïne, les deux amans ne la quittent que
pour aller la prôner & publier dans Paris ,, qu'il
,, *eft encore de l'honnêteté & de la vertu jufque*
,, *dans les foyers de l'Opéra.*

A mon récit, Milord, je vous vois d'ici béant
d'étonnement ; je vous entends vous écrier comme Moliere, *où diable la vertu va - t - elle fe loger !*
Rien de plus vrai cependant. Gardez pour vous
l'avanture & ne la divulguez pas : nos jeunes Milords
feroient tentés de venir voir une telle Héroïne,
& chemin faifant, pourroient en trouver d'autres
qui leurs feroient paffer une *Quinzaine Angloife.*
C'eft un roman nouveau de M. le Chevalier de
Rutlidge, Irlandois, tableau fidele de tous les dangers auxquels font expofés les étrangers nouvel-
lement débarqués dans Paris. Les différens théâtres
de la débauche & de l'efcroquerie y font repréfen-
tés au naturel, & les gens au fait des brillantes
avantures y reconnoiffent une foule de portraits.
Je vous envoie, Milord, ce livre pour l'inftruction de nos compatriotes : le ftile en pourroit être
plus élégant ; mais les peintures en font énergiques,
& il vous intéreffera.

J'ai l'honneur d'être &c.

Paris, ce 4 Avril 1777.

L E T T R E XI.

Dénonciations au Parlement contre les Ex-Jéfuites. Faits & Ecrits relatifs à ce fujet.

Vous êtes maintenant, Milord, affez inftruit de la conftitution du Parlement de France, à le prendre même fous la grande idée mife au jour par fes plus fanatiques partifans (1), pour concevoir qu'il ne peut s'affimiler en rien au nôtre, ni quant à fa formation, ni quant à fon fervice. Ses membres ne font point choifis par des fuffrages libres, & n'acquierent le droit d'y entrer qu'à prix d'argent. Ils font refferrés ou troublés dans leurs fonctions les plus effentielles qui font de juger les conteftations entre particuliers, par des attributions, des évocations continuelles. L'enregiftrement dont ils fe prévalent fi fort comme d'un complément néceffaire aux loix nouvelles, n'eft, dans le fait, qu'une forme vaine, puifqu'on s'en paffe quelquefois; qu'on force les Magiftrats à y procéder contre leur vœu, ou qu'on le renvoie à d'autres Cours; enfin, le Parlement peut être fufpendu, fupprimé, caffé au gré du Souverain. Ses membres en font difperfés en totalité ou en partie au moindre figne de fa volonté, foit par l'exil, foit par la captivité. Au refte, cette Cour, abfolument impuiffante pour

(1) Voyez lettre troifieme du 1 Novembre 1773.

faire le bien, peut au moins quelquefois prévenir
le mal. Il eſt rare, quand elle prévoit à tems
les coups funeſtes que les Miniſtres veulent porter, qu'elle ne les pare & ne faſſe même choix
leurs auteurs. Il faut, il eſt vrai, une grande
activité, une vive énergie de ſa part, une cohérence indeſtructible ; & cette réunion d'efforts ne
ſe rencontre guere que dans les affaires qui lui
ſont perſonnelles, ou à quelques Magiſtrats aſſez
accrédités pour donner l'impulſion à la Compagnie ; car vous ſavez qu'il ne faut ſouvent qu'un
ſeul homme pour remuer tout un Corps ; mais il
ſe trouve conſtamment de ces chefs d'émeute. [Il
y a un parti de l'oppoſition dans la Chambre
baſſe (1) comme chez nous, & c'eſt peut-être
le ſeul point de reſſemblance entre ce Parlement
& le nôtre : les membres les plus cités de ce parti
aujourd'hui, ſont les Préſidens *Dormeſſon* & de
Lamoignon, les Conſeillers *Freteau* & *Déprémeſnil*.
Ils ſont occupés à veiller ſans relâche à tout ce

qui

---

(1) J'appelle *Chambre-baſſe*, tout le Corps des légiſtes,
vulgairement nommé Parlement. Les Princes & Pairs forment la *Chambre-haute*, mais n'ayant point de conſiſtance
particuliere, n'ayant point le droit de s'aſſembler ſéparément,
ne votant qu'en commun avec les légiſtes, & ne pouvant jamais par leurs ſuffrages en trop petit nombre balancer les
leurs. Entre ceux-ci je ne vois guere que les Ducs *de
Charoſt* ou de la *Rochefoucault* capables de faire un parti
de l'oppoſition ; au reſte, les Pairs ne vont preſque jamais
au Parlement. Voyez lettre troiſieme du 1 Novembre 1773.

qui pourroit bleffer l'honneur , les droits , les
prérogatives, les intérêts de la Cour, à éventer
les projets du Gouvernement contraires aux principes d'adminiftration fur lefquels repofe la ftabi-
lité des loix, la conftitution de la monarchie &
même l'autorité royale.] C'eft furtout contre le
rétabliffement, réel ou imaginaire, des Jéfuites,
qu'ils viennent d'exciter toute la vigilance de la
Compagnie. Il faut pour vous bien mettre au
fait, Milord, de cette terreur foudaine, vous
reprendre le fait de plus haut.

Le Parlement n'a pu douter que les Jéfuites
ou leurs partifans n'aient contribué beaucoup à
fes calamités ; que, pendant fa deftitution, ils n'aient
fait de puiffans efforts pour fe maintenir & reprendre confiftance. Il favoit combien de protecteurs
puiffans ces Religieux avoient dans le Confeil de
ce tems - là, en forte que, malgré le bref d'extinction de l'ordre (1), dont ils avoient eu le crédit d'empêcher l'enregiftrement, (2) cette époque
eft précifément celle où s'étoit accru leur efpoir,
où ils avoient redoublé avec plus de fuccès leurs
cabales. Qui le croiroit? Ils étoient fur le point
de tourner à leur avantage, même le projet d'un

____

(1) Donné en 1773 par Clément XIV.

(2) M. de Maupeou, alors Chancelier, prétendit par
une de fes aftuces ordinaires que la Société de Jéfus n'exif-
tant plus dans le Royaume, même avant le bref, il étoit
inutile de donner de l'autorité à un décret qui partoit fur
le néant, qui pourroit contenir d'ailleurs des chofes que
nos maximes ne permettroient pas d'adopter..]

de leurs ennemis, M. l'Archevêque de Toulouse, qui, vu fes liaifons avec les Encyclopédiftes, paffe pour un de leurs plus ardens adverfaires. Occupé fans ceffe d'idées de réforme & d'amélioration, il avoit conçu le plan d'une efpece de féminaire propre à remédier à deux grands abus : il devoit fervir à former des Profeffeurs pour les colleges de province, & des Aumôniers pour les régimens & la Marine. Quant au premier point, c'étoit très fagement vu. Depuis la deftruction de la Société, on ne pouvoit fe diffimuler que l'éducation de la jeuneffe en avoit beaucoup fouffert, & qu'elle manquoit en grande partie de bons inftituteurs. Le fecond n'étoit pas moins bien imaginé ; on remédioit ainfi au fcandale trop fouvent offert aux Corps militaires en la perfonne de ces Chapelains ambulans, la plupart Moines défroqués, échappés de leur cloître pour fe livrer impunément aux excès du libertinage, ayant avili leur état au point d'en écarter tout Prêtre honnête ou bien né, & qu'il falloit être réduit à la plus extrême indigence pour l'embraffer.

Le Chef de la juftice, le Miniftre de la guerre & celui de la marine (1) adopterent le projet avec

______

(1) On prétend que M. de Boines, alors Miniftre de la Marine, étoit fort attaché aux Jéfuites, ce qui étoit affez vraifemblable. Quant au Duc d'Aiguillon, fon zele pour la Société ne pouvoit être ignoré, non plus que celui de M. de Maupeou. Ce qui plaifoit furtout aux deux premiers, c'eft que les nouveaux Aumôniers ne devoient plus être payés comme autrefois fur leur département ou aux

d'autant plus d'avidité, qu'il leur fourniſſoit un moyen de réunir ſans affeᴄtation dans cette congrégation générale une foule d'Ex-Jéſuites manquant d'emploi & très-propres à celui dont il s'agiſſoit. Le plan étoit ſur le point de ſe réaliſer; on parloit déjà dans le monde du moderne inſtitut ſous le nom de *Freres de la Croix*, nom aſſez analogue aux ſujets dont on vouloit le compoſer : ces rumeurs prématurées firent trembler le parti janſeniſte. On engagea l'Ambaſſadeur d'Eſpagne (1) à faire des repréſentations; c'étoit lui qui avoit détruit les Jéſuites dans les Etats de S. M. Catholique, & provoqué le plus vivement la ſuppreſſion de l'ordre; il n'avoit garde de ne pas agir; il témoigna ſes alarmes. Les Miniſtres, fauteurs de la Société, ſans convenir qu'elles fuſſent fondées, ſe virent obligés de ſuſpendre leurs bonnes intentions. Un pamphlet du philoſophe de Ferney, (2) qui parut à ce ſujet dans le même tems, acheva de déconcerter le projet en le ridiculiſant, moyen ſi terrible & ſi viᴄtorieux ſous ſa plume ironique. La mort de Louis XV & le rappel du Parlement furent d'autres obſtacles qui

---

frais des troupes. Ils devoient avoir 1000 livres de fixe, & 600 livres de penſion, après 20 ans de ſervice. Les fonds de cette dépenſe devoient s'aſſigner ſur ceux provenant des couvents éteints.

(1) Le Comte d'Aranda, arrivé depuis peu en France.

(2) Il étoit intitulé, *Lettre d'un Eccléſiaſtique de Province ſur le prétendu rétabliſſement des Jéſuites dans Paris,* 20 Mars 1774.

commençoient à les faire défefpérer de leur réfur-
rection, lorfque des conjectures plus favorables
ont donné lieu à de nouvelles intrigues de leur
part.

Un perfonnage accrédité, tiré de leur Corps (1),
entré au Confeil, & comme Secrétaire d'Etat de
la guerre, chargé de l'Ecole militaire qu'il alloit
être forcé de rétablir après l'avoir détruite, voulant au moins fauver fon honneur en innovant,
prétextoit, entre autres changemens, d'y établir
ce féminaire de Chapelains des régimens, rejeté
fous fon prédécefleur & que l'infatigable Archevêque de Touloufe vouloit faire renaître fous le
Comte de St. Germain. Guidé par ce Prélat politique, il marchoit par degrés. Déjà il avoit
changé les anciens Adminiftrateurs, compofés de
Magiftrats (2) peu propres à entrer dans fes vues,
& dont il redoutoit les repréfentations. Il y avoit
fubftitué des Officiers accoutumés à une obéiffan-
ce paffive & dévoués à fes volontés; enfin, par
un arrangement bizarre aux yeux de ceux qui n'en
conjecturoient pas le motif, on voyoit pour la
première fois parmi ces guerriers fiéger un Prêtre, en qualité de Supérieur général des Aumôniers militaires (3); &, ce qui fit frémir les en-

____

(1) M. le Comte de St. Germain qui a été Jéfuite. Voyez
la lettre fur ce Miniftre.

(2) Ils avoient été nommés par Arrêt du Confeil du 10
Mai 1776 & furent remerciés par Arrêt du 31 Décembre
fuivant.

(3) Par ordonnance du Roi du 4 Janvier 1777, par les

nemis des Jésuites; ce Prêtre étoit l'Abbé *Folly*, Professeur royal en Théologie, Sorboniste très-renommé pour son molinisme, & dont on avoit caractérisé la morale relâchée par l'épithete burlesque de *La Grande-Catin*.

Le Parlement fut bientôt en grande fermentation, & le premier-Président, malgré sa molesse, fut obligé de se retirer par devers le Comte de Maurepas, afin de le prévenir de l'obstacle insurmontable qu'on trouveroit dans la Compagnie contre le nouveau projet. Le vieux Mentor, très-guoguenard de son naturel, rit au nez de M. Daligre, & lui répondit que c'étoit une terreur panique des Magistrats; qu'il n'étoit pas & ne pouvoit être question de rétablir les Jésuites, & que même le séminaire dont on s'étoit occupé n'auroit pas lieu. Les zélés qui connoissoient le génie de la Cour, & celui du premier Ministre, qui savoient qu'il est beaucoup plus aisé d'empêcher

---

quelle S. M. jugeant à propos d'apporter à la composition du bureau d'administration de son école royale militaire, des changemens que les circonstances & *des vues qu'elle a sur cet Etablissement rendent indispensable*, il est dit, article premier. „ *Le bureau de ladite école & établissement qui*
„ en dépendent, aura pour Chef & Président, le Secré-
„ taire au département de la guerre, Surintendant de la-
„ dite école : & sera désormais composé de l'Inspecteur-
„ général, du Sous-Inspecteur, du Supérieur-général des
„ Aumôniers militaires , & d'un Directeur-général des
„ affaires, tous Résidans à l'Hôtel de l'école, avec voix
„ délibérative audit bureau.

un établiſſement, que de le renverſer quand il eſt formé, ne crurent pas devoir s'en tenir au perſifflage du Comte de Maurepas; ils traiterent la choſe gravement & demanderent une aſſemblée des Chambres.

Elles ſe tint le 28 Février, & M. Angran ouvrit la ſéance: il dit que MM. de la troiſieme Chambre des Enquêtes dont il avoit l'honneur d'être Préſident, frappés du concours de pluſieurs circonſtances indiquant de grands efforts de la part des Ex - Jéſuites pour parvenir au rétabliſſement de leur Société, l'avoient chargé de requérir la réunion des Magiſtrats, & de dépoſer leurs inquiétudes dans le ſein de la Compagnie.

Enſuite, après avoir félicité le premier Préſident (1) du ſuccès de ſa miſſion, il entra dans le détail des faits induiſant à préſumer que, malgré les aſſurances du Miniſtere, l'intention des ci-devant Jéſuites étoit de profiter du nouvel établiſſement pour s'y former inſenſiblement en congrégation, y prendre, au moyen de leurs fonctions, un aſcendant inévitable ſur les troupes, & mettre par la ſuite dans leurs mains une partie importante de l'éducation nationale.

Ce n'eſt pas ſans deſſein, ſans doute, que l'Archevêque de Paris, leur principal ſoutien, ne pouvant les raſſembler en corps dans la capitale, les a employés dans le ſaint miniſtere, en

____

(1) La dénonciation de M. Angran eſt imprimée, & ſon diſcours eſt adreſſé au premier Préſident, ſuivant l'uſage.

a rempli les chaires; ce n'eft pas fans deffein, fans doute, qu'il y en a également un grand nombre dans la ville de Lyon, qu'ils y affluent des diverfes parties du Royaume, même des pays étrangers.: ce n'eft pas fans deffein, fans doute, qu'ils ont gagné les bonnes graces de l'Impératrice des Ruffies, dont un Miniftre (1) les affure du defir qu'a fa Souveraine de conferver l'inftitut des Jéfuites dans fes Etats, de l'approbation qu'elle donné au projet qu'ils ont conçu d'avoir dans un college de leur ordre une maifon de noviciat.

Les Jéfuites fe regardent donc comme ayant encore, malgré la réprobation du Pape, une forte de vie; ils publient dans leurs libelles, que la bulle de fuppreffion eft nulle, & dans les pays où ils ne peuvent avoir une exiftence publique & légale, ils fe flattent de conferver, aux yeux de leurs partifans, une exiftence religieufe.

M. de Beaumont penfe de même; il a refufé fon *vifa* au réfignataire d'une cure, attendu qu'étant Jéfuite, il ne pouvoit poffeder de bénéfice. Le pourvu s'eft adreffé au Primat (2) qui lui a répondu qu'aux termes des arrêts (3) il avoit un ferment à prêter, & le pourvu s'eft retiré, fe

---

(1) C'eft le Gouverneur de la Ruffie blanche, & non un Miniftre, qui écrit au Recteur du college de Polocz à ce fujet une lettre en date du 26 Décembre 1776.

(2) L'archevêque de Lyon.

(3) Des 6 Août 1762, 22 Février 1765, & de 1767.

croyant à coup sûr toujours enfant d'Ignace (1).
Les ci-devant Jésuites sont si éloignés de regarder
leur Société comme anéantie de droit, qu'ils
annoncent partout qu'elle va renaître de ses cendres; ils indiquent même l'époque précise de son
rétablissement & vont jusqu'à soutenir qu'il est
prédit dans les livres sacrés.

Je vous vois d'ici, Milord, rire à cette asser-
tion du Dénonciateur devant une assemblée aussi
grave. Quelque chose étrange que vous ayez
entendu dans notre Parlement, vous n'avez pas
encore ouï donner en preuves pareils rêves d'un
cerveau blessé. Pour que vous ne m'accusiez pas
de tourner le récit en ridicule, je vais vous trans-
crire les propres expressions du paragraphe imprimé.
„ Je citerai à cet égard un fait qui est certain,
„ quelque extraordinaire qu'il paroisse. Deux Prê-
„ tres, l'un séculier, & l'autre régulier, se sont
„ adressés au mois de Janvier dernier au Sieur
„ *Bouillerot*, Curé de Saint Gervais, l'ont pressé
„ vivement, & à plusieurs reprises, de donner
„ son approbation à un ouvrage sur l'apocalipse,
„ dans lequel on s'efforce de prouver que les

____

(1) La conséquence de M. le Président ne me semble
pas ici tout-à-fait bien tirée. En effet, le pourvu auroit
pu refuser de prêter le serment, parce qu'il auroit cru se
déshonorer & mentir à sa conscience en abjurant, comme
abominable, un institut qu'il avoit embrassé comme bon,
qu'il croyoit tel encore, & qu'il ne pouvoit détester, ainsi
que l'exigent ridiculement & inhumainement les arrêts.

„ Jéſuites ſeront rétablis entre le mois de Mars
„ & le mois de Juillet de la préſente année. Une
„ premiere partie de cet ouvrage, imprimée
„ ſéparement, avoit été diſtribuée dans Paris,
„ ſur la fin de l'année derniere, mais avec les
„ plus grandes précautions, pour échapper à la vigi-
„ lance des Magiſtrats. On reconnoît aiſément
„ dans cette brochure l'eſprit qui l'a diĉtée.
„ L'Auteur applique aux Jéſuites un Chapitre
„ entier de l'Apocalipſe, & pluſieurs paſſages
„ détachés. Il prétend y trouver leur établiſſe-
„ ment, leur miſſion pour prêcher & défendre la
„ foi, la converſion du nouveau monde par leurs
„ travaux apoſtoliques ; les perſécutions qu'ils
„ doivent éprouver; leur deſtruĉtion cauſée par
„ l'athéiſme, & par un ſyſtême de politique anti-
„ chrétienne, qui tend à ramener le regne de
„ l'infidélité; l'époque de cette deſtruĉtion; enfin,
„ leur rétabliſſement en 1777. Il a ſoin d'avertir
„ les leĉteurs, que la diſpoſition des choſes eſt
„ conforme à ce qu'il annonce pour l'avenir. Il
„ mêle à ſes prédiĉtions des principes dont il eſt
„ aiſé de ſentir tout le danger. En parlant d'un
„ nouvel empire, qu'il appelle empire purement
„ chrétien, il dit que cet empire eſt dans l'égliſe,
„ au lieu qu'autrefois l'égiſe étoit dans l'empire ;
„ qu'il eſt fondé ſur la religion chrétienne, ou
„ plutôt qu'il eſt l'égliſe même, & que l'empire
„ & l'égliſe ne ſont qu'une ſeule & même choſe.
„ Telle eſt l'analiſe ſuccinte de cette brochure.

„ dont je me fuis procuré un exemplaire pour le
„ mettre fous les yeux de la Cour."

Certes, voilà un pitoyable galimathías qui devroit faire tomber le livre des mains de tout homme raifonnable , & mettre aux petites - maifons
l'auteur de ce délire myftique : mais que dire
d'une chambre entiere s'en occupant, le commen-
tant, l'accréditant, lui donnant de la confiftance,
de l'importance même en faifant de l'ouvrage la
bafe d'une dénonciation ?

M. Angran revient à des faits plus effentiels,
quoique pas plus authentiques, pas plus pofitifs;
car, fuivant les termes mefurés dont il fe fert, il
lui femble feulement que Lyon eft encore plus
que Paris le centre des intrigues des ci - devant
Jéfuites; qu'ils y poffedent des fonds confidérables, placés dans le commerce, & adminiftrés
par une efpece de fociété, compofée de plufieurs
perfonnes qui leur font totalement dévouées; que
cette-fociété a une caiffe; qu'elle tient des affemblées; qu'elle donne des fecours de toute efpece
aux ci - devant Jéfuites qui paffent par la ville ;
enfin, qu'elle entretient une corréfpondance réglée
au dedans & au dehors du Royaume.

Tel eft le réfumé du difcours du Préfident, qu'il
termina en priant le premier - Préfident de remplir
le vœu de la troifieme Chambre des Enquêtes & de
mettre en délibération ce qu'il y avoit à faire à
ce fujet.

Avant qu'on allât aux opinions, un de Mes-

Ieurs ajouta d'autres renfeignemens concernant les capitaux prétendus placés dans la ville de Lyon, appartenans à la Société, qui formoient, fuivant lui, un rapport de 900,000 livres. Il donna la lifte des Régiffeurs, Receveurs, Adminiftrateurs, hommes & femmes & ceux de plufieurs témoins à ouïr, circonftances qui auroient infiniment aggravé l'accufation, fi elles euffent été foutenues de preuves. Malheureufement, les gens impartiaux & de fang-froid dans l'affemblée eurent peine à ne pas traiter l'Orateur de vifionnaire, tant fon récit leur parut vague & dénué non-feulement d'appui, mais de probabilité. Cependant la pluralité des voix fut pour ne pas rejeter abfolument la dénonciation, & l'on arrêta que le tout feroit remis aux gens du Roi, afin de prendre des informations plus amples & de donner leurs conclufions. On ne limita pas le tems, ce qui annonçoit le peu d'intérêt que la Compagnie en général prenoit à ces recherches dont elle n'efpéroit aucun renfeigement plus lumineux.

Les fanatiques du Parlement n'étoient pas contens de cette pufillanimité. Ils fe remuerent de nouveau pour découvrir quelque piece qui pût fervir de fondement à une dénonciation plus rigoureufe, & fe flatterent d'échauffer peut-être mieux les efprits cette fois. Ils obtinrent, en effet, une feconde affemblée des Chambres pour le 21 Mars : un autre acteur parut fur la fcene, & M. de Corheron, Préfident de la premiere des Enquêtes fe rendant l'organe de fes confreres, articula de

nouveaux faits relatifs aux démarches des reve-
nans. 1°. L'auteur de la dénonciation, c'eft-à-
dire le particulier (1) qui avoit la clef des intrigues des Ex-Jéfuites & de leurs affiliés, par un
concours de circonftances, tout au moins fort
fingulier, eft déjà mort. 2°. L'on a fu que les
puiffans protecteurs du parti adverfe travailloient
à obtenir une lettre de cachet contre un ami du
défunt (2), le dépofitaire de fes fecrets, & pouvant le fuppléer ; qu'ils cherchoient fous d'autres
prétextes à le rendre fufpect au Gouvernement ;
qu'il avoit eu recours au Lieutenant de police,
qui fe conformant au defir du Parlement, avoit
les yeux ouverts fur cet étranger & veilloit à fa
confervation.

D'après ces obfervations préliminaires, le Préfident mit fur le bureau plufieurs lettres du dernier,
parvenues par une voie fûre, qui venoient à l'appui de la dénonciation, relatives aux affemblées
tenues à Lyon, & qui avoient paru à la Chambre très-importantes. On lut ces lettres (3),
où le Préfident prétend ,, qu'au travers du ftile
,, peu correct d'un étranger, on reconnoît un
,, homme perfuadé de la vérité & de l'importance
,, de fes avis, de la facilité qu'on auroit trouvé,
,, & qu'on trouveroit même encore, à en confta-

---

(1) Un certain Abbé Tripolsky.
(2) Le Baron de Goftraux, Suiffe d'origine.
(3) Elles ont été imprimées au nombre de quatre, ainff
que la dénonciation écrite du Préfident de Corberon.

„ ter la sincérité ; & frappé du plus grand éton-
„ nement à la vue du peu de soin qu'ont pris de
„ les approfondir, ceux qui en avoient la charge
„ expresse : qu'enfin , loin de chercher à se ca-
„ cher, comme il paroît craindre qu'on ne l'en
„ ait accusé auprès de l'administration, il s'est
„ lui-même offert à ses recherches, depuis que
„ sa dénonciation a été divulguée & sa personne
„ diffamée, avec une affectation singuliere ; qu'il
„ a porté la confiance jusqu'à écrire à M. le
„ Lieutenant de police de Paris ; conduite d'au-
„ tant plus remarquable, que l'on voit par le lieu
„ d'où ces lettres sont datées, (1) combien il lui
„ auroit été facile de prendre la fuite, s'il l'eût
„ voulu.

Franchement, Milord, je n'y remarque rien de
tout cela ; j'y vois un pauvre diable affamé d'argent, n'ayant pas de quoi exister, s'accrochant
où il peut & ressemblant beaucoup à un escroc,
ou du moins à un avanturier : il fournit des in-
structions qu'il tient d'un mort, & qu'il envoie
sur les lieux à un tiers (2), faute de pouvoir
avancer les frais de son voyage d'Aix à Lyon.
Deux Députés de la masse des créanciers des Jésuites arrivés dans cette ville, ne l'y trouvant point
pour suivre le fil de ses opérations, ne tiennent

---

(1) Aix en Provence. Ces lettres sont datées de la fin
de Février & du commencement de Mars.
(2) Le Chevalier de Monlong, Capitaine.

aucun compte du Chevalier de Monlong, cet au‑
tre lui même; déclament beaucoup contre le Ba‑
ron de Goftraux, & repartent le lendemain pour
venir fe plaindre à M. le Noir, fous les aufpices
duquel ils avoient marché, de s'être vus fruftrés
dans leur attente; ils ne daignent pas procurer à
l'étranger les fecours qu'il follicité, & font fi peu
de cas de fes découvertes, qu'ils en reftent là &
n'y donnent aucune fuite. En vérité, cela prouve
bien peu de confiance au perfonnage & en fes
difcours; auffi fes lettres n'ont‑elles pas produit
un plus grand effet fur le Parlement qui les a fait
remettre aux gens du Roi, pour les joindre aux
autres pieces & leur fervir de point d'appui.

Mais, ce qui déconcerte furtout aujourd'hui les
inftigateurs de la nouvelle perfécution contre les
Jéfuites & leurs Agens, c'eft ce qui s'eft paffé
dans une troifieme affemblée tenue il y a quelques
jours (1), où l'Avocat‑général‑Séguier en requé‑
rant la lacération & brulûre du *Plan de l'Apoca‑
lipfe*, cette brochure apportée précédemment par
le Préfident Angran, en prend occafion d'en ras‑
furer d'avance la Compagnie fur l'objet de cet
écrit, compofé uniquement pour annoncer le rap‑
pel d'une Société qui ne fubfite plus, ni dans l'E‑
glife, ni dans l'Etat, ,, détruite en France, ainfi
,, que dans plufieurs autres Royaumes voifins, par
,, l'autorité de la puiffance royale; fa diffolution
,, a été de même prononcée, fon exécution a

____

(1) Le 11 Avril.

„ été entierement exécutée par le concours de
„ l'autorité ecclésiastique. Comment pourroit-elle
„ se promettre de renaître de ses cendres? Que
„ les nouvelles étrangeres répandent dans le pu-
„ blic que quelques particuliers fugitifs & isolés
„ ont été recueillis dans des Etats lointains, &
„ qu'ils y ont trouvé un asile qui ne leur étoit
„ pas refusé dans leur patrie, en se plaçant dans
„ la classe des autres citoyens, & en se soumet-
„ tant aux-mêmes obligations; que les feuilles pé-
„ riodiques, dont l'Europe est inondée, annon-
„ cent que la Souveraine d'un vaste Empire les
„ a appelés dans ses possessions, & qu'elle ne
„ craint pas de leur confier une maison destinée
„ à l'éducation de la jeunesse, on peut sans doute
„ ne pas ajouter foi à des récits, dont rien ne
„ garantit la sincérité. Nous serions en droit de
„ regarder ces évenemens comme des fables in-
„ ventées à plaisir pour favoriser la prétention
„ de la Société & de ses partisans; nous traite-
„ rions de même de chimere la prétendue élection
„ d'un Général des ci-devant soi-disant Jésuites.
„ Quel est l'homme sensé qui peut croire à une
„ élection obscure & clandestine, faite dans une
„ assemblée inconnue, par des gens sans titre &
„ sans caractere, par des Religieux sans pouvoir
„ comme sans mission? Cette élection seroit bien-
„ tôt désavouée par toutes les Puissances catho-
„ liques, & s'alarmer d'un bruit aussi incertain,
„ ce seroit donner de la réalité à ce phantôme."
Il regarde donc comme apocriphe tout ce qui a

été dit dans les nouvelles publiques, foit fur l'ac‑
cueil que le Roi de Pruffe a fait aux Jéfuites fu‑
gitifs, foit fur les faveurs que leur a accordé l'Im‑
pératrice de Ruffie, foit fur l'abfurde élection d'un
Général à Ragufe. Il prétend qu'on donne au‑
jourd'hui trop de créance aux gazettes étrangeres,
fouvent fujettes à erreur, fouvent dirigées par les
vues politiques de leur Gouvernement refpectif,
fouvent organes des paffions particulieres, & pres‑
que toujours archives de menfonges. Il finit cette
partie de fon réquifitoire par ces paroles mémo‑
rables. ,, Si parmi les membres de cette Société
,, anéantie, il exiftoit des efprits affez crédules
,, pour fe flatter de former encore une congré‑
,, gation réelle, de même que ce peuple errant
,, & répandu dans le monde entier, partout pros‑
,, crit, partout rejeté, fe flatte toujours de for‑
,, mer un corps de nation, il eft impoffible de
,, diffiper un aveuglement volontaire, mais qui
,, fert à entretenir des efpérances chimériques dans
,, des efprits intéreffés à en perpétuer l'illufion,
,, nous n'entreprendrions point de les convain‑
,, cre; nous nous contenterions d'affurer la Cour
,, qu'il n'y a rien à craindre fur le rétabliffement
,, de la Société; notre miniftere veille fur fes
,, démarches; & fi quelques‑uns des membres qui
,, l'ont anciennement compofée fe font trouvés
,, enfemble chez leurs anciens partifans, c'étoit
,, tout au plus pour y confondre leurs regrets,
,, & jouir du commerce de ceux qui leur avoient
,, été attachés."

Voi

Voilà, Milord, où en eft l'affaire qui, vu le peu d'activité du Parlement en général, doit, fuivant toutes les apparences, s'affoupir inceffamment. Les Janféniftes en jettent les hauts cris; ils font indignés du ton lefte dont M. Seguier a traité leur dénonciation; ils le regardent comme vendu à la cabale jéfuitique; ils critiquent fans ménagement fon difcours, très-bien fait à mon gré; ils s'écrient que c'eft un perfiflage indigne, & de fon Miniftere, & de la majefté du lieu, & de l'augufte affemblée où il portoit la parole. Ils prétendent que ce Magiftrat s'entend avec M. Bertin, créature de la Société, &, qui lui devant fon élévation, a pour elle une reconnoiffance fans bornes. Ils accufent ce Miniftre, qui, comme Secrétaire d'Etat ayant le département du Lyonnois, a dû expédier les ordres pour les recherches dont on avoit befoin, d'une colluſion évidente; en ce qu'au lieu d'apporter tout le zele & tout le miftere que l'importance de la chofe exigeoit, par fes lepteurs & des éveils détournés, il a éventé le fecret, & laiffé le tems & les moyens de fouftraire les douze millions qu'il étoit queftion de faifir & de furprendre. Ils l'accufent même d'avoir voulu, fous prétexte de fatisfaire aux plaintes des créanciers, décerner contre ce Baron de Goftraux, dont il fufpendoit fourdement l'activité, une lettre de cachet que la vigilance des Magiftrats a heureufement détournée; ils l'accufent enfin, d'avoir fait fortir de la Baftille très-promptement une femme dont le féjour y auroit été fort utile pour en avoir mille renseignemens néceffaires. Il s'agit ici, Milord, d'une anecdote qui mérite quelque développement & dont peu de gens ont encore la clef.

La nommée Rogé, femme d'un fayancier-poëlier, ne poffédant aucuns fonds, dont tout le bien étoit dans fon travail & fon induftrie, parut tout-à-coup maîtreffe d'une mine d'or; elle fit des acquifitions confidérables, foit à Lyon, foit à Paris, acheta entre autres dans fa ville des terreins appartenans aux Jéfuites. On étoit alors à la pourfuite de leurs prétendus prête-noms: on foupçonna cette femme. L'Intendant de Lyon fut chargé de prendre des informations; les Prévôt des Marchands & [Echevins qu'il confulta lui répondirent qu'il étoit en effet merveilleux que des gens de la lie du peuple, à peine connus, fi ce n'eft par un petit trafic de ferraille & de fayance, fuffent en état de payer des fonds auffi chers. Sur le rapport du Commiffaire départi, on ne douta pas d'avoir trouvé la principale bourfe des Jéfuites, & l'on arrêta la femme Rogé qui étoit alors à Paris (1). On le crut d'autant mieux qu'il ne vint dans la tête de perfonne que cette marchande, ne manquant pas d'un certain efprit, mais fans culture, fans éducation, dénuée de charmes dans fa figure, groffiere, ayant l'air d'une poiffarde, ou même d'un grenadier, eût jamais fait de fon corps un trafic

____

(1) La nuit du 23 au 24 Février.

aſſez lucratif pour acquérir cette fortune immenſe. D'ailleurs, on avoit le détail de ſa vie & ſurtout de ſa jeuneſſe, la ſeule époque où elle eût pu en tirer parti. On avoit appris que, née de l'extraction la plus baſſe, dans ſon enfance, la miſere l'avoit réduite à aller vendre par les rues des petites pâtiſſeries ; qu'à treize ans elle s'étoit miſe fille de boutique chez une Marchande de modes : qu'elle n'avoit pas eu, il eſt vrai, des mœurs très‑régulieres ; que dès‑lors groſſe jouflue, rubiconde, pourvue de robuſtes appas, elle avoit circulé quelque tems dans la ville parmi les jeunes libertins dont elle abonde ; mais que, plus avide de plaiſir que d'argent, elle n'avoit encore rien amaſſé au moment de ſon mariage, formé depuis près de trente ans (1). On ne voyoit point du reſte que durant ſon hymen, elle eût eu dans ſa patrie des amans en état de l'enrichir. Quelle fut la ſurpriſe du Lieutenant de police , lorſque l'interrogeant, lui repréſentant l'impoſſibilité qu'elle payât de ſon propre argent toutes les poſſeſſions dont elle devenoit propriétaire, elle lui répondit impudemment : „ regardez‑moi, Monſieur, & en contemplant ma phiſionomie vous ne ferez plus étonné de mon opulence." Le Magiſtrat ne reſtant pas convaincu de cette vérité, il fallut lui en donner l'explication.

En 1770 un procès lui avoit procuré l'occaſion de venir à Paris pour la premiere fois ; c'étoit

____

(1) La femme Rogé s'eſt mariée en 1749.

un théâtre où elle defiroit depuis longtems de paroître, &, quoiqu'elle eût perdu bien du tems,
elle fe flatta de le réparer. Ayant fait connois-
fance avec le Sieur Parent, premier Commis de M.
Bertin, cette femme artificieufe, & vraiment extraordinaire, imagina de le rendre amoureux d'elle, &
de devenir fa maitreffe. Sa dupe enlacée, elle
s'évertua, conçut de grand projets de fortune, & la
fonda principalement fur l'aveuglement, la bonhommie & la crédulité de fon efclave. Le Sieur Parent
fentant, à caufe de fa place, l'indécence de faire
certaines acquifitions en fon nom, accepta les
offres qu'elle lui fit d'être fon prête-nom, &
c'eft pour lui qu'elle avoit acheté tous les effets
dont le montant prodigieux avoit fixé les yeux
fur cette avanturiere.

Le premier Commis, & comme amant & comme propriétaire, étoit doublement intéreffé à fe
rémuer pour la prifonniere; il apprit & prouva
aux Miniftres & au Lieutenant-général de police
qu'il avoit fourni les deniers; & la femme Rogé
vient d'être élargie environ fix mois après fa
détention. Outre le mifteré ordinaire qui fe met
dans ces fortes d'inquifitions & de procédures,
l'acquéreur & fa maitreffe ont des motifs puiffans
de laiffer éclater, le moins poffible, la découverte, enforte que peu de gens en font informés.
Comme le Sieur Parent n'a pu diffimuler l'intérêt
qu'il prenoit en général à cette femme, qu'on a
été inftruit de fes démarches, & qu'il eft premier

Commis de M. Bertin , c'eft un nouveau grief des Janféniftes contre lui.

Au refte, ce Miniftre, avec le Comte de Saint Germain, n'eft pas le feul qu'ils accufent de favo·rifer la Société ; ils redoutent prefque tout le Confeil, ils voient des Jéfuites partout. Le Secré·taire d'Etat de la Marine, fuivant eux, nageant conftamment entre deux eaux , a un caractere d'aftuce & de duplicité qui fent beaucoup leur école (1).; celui des affaires étrangeres, partifan zélé de l'autorité royale, n'a pas diffimulé dans le tems fon affection pour le Parlement intermédiaire , & , s'il eft trop bon politique pour fe prêter à une reffurection abfolue de la Société , il ne feroit pas fâché d'en voir les individus bien traités, revenir en place, acquérir quelque confiftance, & tenir en refpect les Magiftrats qu'ils font trembler. Ils connoiffent trop la déférence du Secrétaire d'Etat au département de Paris , envers le Comte de Maurepas, & ils ne doutent pas qu'il ne fe prêtât à tout ce que le premier Miniftre croiroit expédient. Enfin , celui-ci, d'un caractere naturellement doux, modéré, dont la pufillanimité eft encore augmentée par l'âge, n'a pas le nerf qu'il faudroit afin de fe roidir contre une cabale puiffante dans laquelle entrent les perfonnages les plus auguftes. En effet , fi Madame Louife, qu'ils regardent toujours comme l'ame du

____

(1) On dit qu'en effet, M. de Sartines a étudié aux Jéfuites.

parti, comme abufée par l'intérêt de la religion, qu'elle s'imagine fervir, en ne fervant qu'un inté-rêt purement humain, n'a pas le crédit qu'elle avoit fous Louis XV, ils favent qu'elle emploie le canal de fes fœurs pour parvenir au Rôi, & que Sa Majefté a une tendre confiance en Madame Adelaïde; enfin, ils remontent jufqu'à l'héritier préfomptif du trône, & ils veulent que cé foit dans fa Cour que les Jéfuites aient établi le foyer de leurs intrigues. L'affocié du Comte de Saint Germain ayant l'honneur d'être attaché à Mon-fieur, (1) en entrant dans les vûes du Miniftre à cet égard, feroit le point de communication par oû pafferoient, de *Thuy* (2) à fon Alteffe Royale, les mémoires du Chancelier intervenant dans cé complot. , Celui-ci regarderoit comme un coup de parti de pouvoir ramener fur la fcene dés factieux, néceffairement fes émiffaires, fes prô-neurs & fes agens. Il excite la pitié de fon Alteffe Royale en faveur des ces Religieux fugitifs, dont on n'a plus rien à redouter dans leur mifere; il repréfente qu'il feroit tems de mettre un terme à la vengeance barbare du Parlement, en leur laiffant un azile pour y finir tranquilement leurs jours dans la douleur & les larmes.... Je ne puis vous

____

(1) M. le Prince de Montbarrey, aujourd'hui adjoint à M. le Comte de Saint Germain pour le Miniftere de la guerre, étoit & refte toujours Capitaine des gardes de Monfieur.

(2) Terre de M. de Maupeou en Normandie oû il eft toujours exilé.

dire, Milord, jufqu'à quel point il faut croire ces clameurs du parti, au moins très - exagérées ; mais on ne peut diffimuler, foit qu'elle foit antérieure ou fubféquente, qu'il ne regne auffi une grande fermentation parmi les partifans de la Société, qui, loin d'être intimidés des informations, perquifitions & vexations du Parlement ne font que prendre plus de vigueur & augmenter en nombre, déclarant affez haut que cette tirannie n'ira pas loin & que l'autorité va intervenir & arrêter les démarches des Magiftrats intolérans. Quoi qu'il en foit, ce qui prouve que certaines Puiffances s'intéreffent encore aux Jéfuites, c'eft qu'ils ont le moyen de faire percer de leur côté des pamphlets, des brochures, des eftampes, res- forts effentiels pour entretenir le fanatifme & le propager. Vous avez vu par la courte analife du Préfident ce que c'eft que ce *plan de l'Apocalipfe*, que M. Seguier qualifia *un des chefs - d'œuvre de l'extravagance de l'efprit humain*; fur lequel il au- roit gardé le plus profond filence, fi cette bro- chure ne contenoit que les calculs d'un enthou- fiafte ou les détails d'un rêve auffi extraordinaire ; mais dans le bavardage emphatique de l'écrivain fai- fant l'infpiré, il trouve qu'il tend à faire renaître les anciens principes ultramontains qui foumettoient le fceptre à la Thiarre, & cette domination univerfelle qu'affectoit la Cour de Rome par un fyftême en- fanté durant les fiecles d'ignorance, de crédulité, & d'abjection. C'eft affez vous faire connoître ce ridicule & puérile ouvrage. On parle beaucoup d'une eſtampe Allégorique du même genre qu'on m'a promiſe, & que je n'ai pas encore vue. De l'autre côté, outre les deux dénonciations imprimées, il m'eſt parvenu une lettre (1) antérieure, par ſa date, aux démarches des deux Préſidens, mais qui ſemble en avoir été la baſe. Effectivement, on eut ſoin de la divulguer avant la premiere aſſemblée, & de l'envoyer à Meſſieurs. L'Auteur la jugeoit, ſans doute, bien importante pour les éclairer. Comme ce petit écrit aſſez lumineux n'eſt pas marqué au coin du fanatiſme autant que d'autres, qu'il eſt en général ſage & plus patriotique que théologique, je vais en terminant ma lettre vous en donner un extrait détaillé; il ſervira peut être plus que ce que je viens de vous raconter à fixer vos idées ſur la reviviſcence qui met aujourd'hui en mouvement pour & contre tant de graves perſonnages.

Le Comte anonyme prétend dans ſa lettre dévoiler les démarches des Ex-Jéſuites, motiver les craintes de leur retour & indiquer le remede pour prévenir ce funeſte évenement. Quant au premier article, il en eſt tellement convaincu; *qu'il voit déjà un orage, concentré depuis longtems dans des ſouterrains profonds, & prêt à éclater par une éruption dont les ſuites pourroient être irréparables;* c'eſt

la

---

(1) *Lettre de M. le Comte de *** à M..... Préſident au Parlement de Paris,* datée de R..... le 24 Février 1777.

la phrafe, dont les expreſſions gigantefques, ſi elles ne font le choix d'un goût bien exquis dans l'écrivain, caractérifent au moins une imagination vivement frappée d'épouvante. En conféquence, il excite le zele du Parlement; il dit à fon cher Préſident, comme à ce célebre Romain.: *Dormis, Brute?* Tu dors, Brutus, tu dors?

Il pofe d'abord pour chofe conſtante, que les Jéfuites ne fe font jamais cru détruits légalement, ni par les arrêts des Cours, ni par les édits des Souverains, ni par le bref d'extinction. Quant aux premiers, ils fe fervent d'un principe généralement reçu par le Clergé : que l'autorité féculiere eſt incompétente pour diſſoudre une Société religieufe; &, à l'égard du dernier, ils répandent qu'un ſimple décret de Clément XIV, arraché par les Puiſſances, promis d'avance & payé de la promeſſe de la thiarre, ne peut contrebalancer le ſuffrage de pluſieurs Papes, la fanction de l'Eglife entiere, qui avoit cimenté l'inſtitut. Ils ont donc continué de faire fecrétement tous les actes d'un corps exiſtant; ils ont perpétué les fupériorités, reçu des novices, admis à la profeſſion, même en France (1). Peut-on douter enfuite qu'ils ne

____

(1) Si l'on en croit l'Auteur, à la fin de 1776, il y eu deux profeſſions dans un château à quatre lieues de Paris, occupé par des Dames très-dévouées à la Société. I pourroit en citer des témoins aux Magiſtrats, s'il ne craignoit de les expofer à un faux ferment, parce qu'ils ont annoncé qu'ils nieroient tout.

fe foient efforcés de profiter de toutes les occafions favorables à leur rétabliffement? Sous le feu Roi, ces Prothées, prêts à prendre toute forte de formes, dès qu'elles peuvent être utiles à leurs vues, alloient fe reproduire fous la dénomination que je vous ai indiquée, fi le foulevement des Puiffances voifines & amies de la France (1) n'eût effrayé les promoteurs du projet. Ils avoient mis plus d'adreffe encore dans la feconde tentative, &, fe dépouillant d'un orgueil qui ne pouvoit plus convenir à leur état d'humiliation, ils fe dévouoient à un fervice qu'ils auroient rejeté bien loin autrefois : ils ne dédaignoient point de devenir collegues de ces Moines mendians qu'ils appeloient dans leur gloire *leurs valets de pied* (2) ; ils fe faifoient Aumôniers de régiment. Mais qu'ils fe feroient bientôt relevés de cet état d'abjection ! Quelle politique incroyable dans cette métamorphofe ! A quels dangers leurs ennemis & la France entiere n'ont ils pas échappé? C'eft d'abord un très-grand inconvénient qu'un même efprit fe répande dans toutes les troupes, & qu'une feule impulfion puiffe remuer ces vaftes corps ; ce qui arriveroit infailliblement de la part des Jéfuites n'ayant qu'une tête, qu'une ame, pouvant d'ail.

---

(1) Je n'ai parlé que de l'Efpagne ; fuivant l'Auteur, le Portugal auroit auffi fait des démarches pour empêcher l'établiffement des Freres de la Croix.

(2) Ce font principalement les Capucins qu'on défignoit fous cette vile fonction.

leurs emplóyer ce reſſort puiſſant, l'argent, dont ils connoiſſent ſi bien l'uſage, & qu'ils n'amaſſent avec tant de ſoin, que pour le diſtribuer enſuite à propos. A l'attachement des troupes qu'ils gagneroient par leurs libéralités, il faut joindre l'impérieuſe influence de la religion & du fanatiſme ſur des gens groſſiers, violens, impétueux, qui ſeroient bientôt imbus de principes *ligueurs* (1). En ſuppoſant que les Jéſuites n'euſſent pas des vues auſſi criminelles, ils pourroient du moins ſe ſervir de leur aſcendant ſur les Soldats pour faire trembler tous les Miniſtres, & provoquer par des murmures généraux dans les troupes la diſgrace de celui qui leur déplairoit. Ils ne ſeroient pas moins redoutables aux corps qu'ils dirigeroient & aux chefs, en devenant les correſpondans ſecrets de l'adminiſtration, & ſe livrant à l'eſpionnage, à la délation, qualités inhérentes à leur état, lien de leur gouvernement intérieur & domeſtique.

Les Jéſuites ne ſe borneroient pas à ſubjuguer le peuple militaire, par ſuite de leurs nouvelles fonctions. Inſtituteurs des jeunes Gentilshommes diſtribués comme Cadets dans les régimens, ils

---

(1) L'Auteur rapporte, à cette occaſion, qu'en 1718 les Jéſuites de Flandres tenterent de réunir les Soldats dans une de ces congrégations entre leſquelles ils diſtribuoient leurs proſélytes, qu'ils leur faiſoient faire le ſerment de défendre le Roi & la religion; mais que le Régent ſentant les conſéquences d'une telle aſſociation la proſcrivit ſéverement.

façonneroient encore ces jeunes éleves à leurs principes, en régleroient les opinions, & leur incul-
queroient comme autrefois dans les colleges, leur
morale civile & religieufe. Enfin, fans fuivre
l'Auteur dans toute la marche qu'il leur fait tenir,
il les rend en peu d'années plus puiffans qu'ils n'ont
jamais été, puifqu'ils feroient remuer à leur gré
ces corps redoutables qui défendent tour à tour
la nation & l'afferviffent, felon le génie qui les
infpire.

Voilà fans doute un fuperbe plan de renaiffance
& de domination ; auffi le politique ne peut fe
perfuader que les Jéfuites, malgré les affurances
du miniftere, l'aient abandonné : il le croit d'autant moins que, pour peu qu'ils reftent encore
dans le tombeau qu'on leur a creufé ; il n'en pourront plus reffortir. Qu'il s'écoule encore dix ans,
& leur rétabliffement feroit très-difficile ; qu'il
s'en écoule vingt, il deviendra phifiquement impoffible. Leurs propres membres fe laffent de cet
état d'incertitude, où ils ne peuvent être ni Jéfuites, ni Ex-Jéfuites : l'enthoufiafme de leurs
partifans s'affoiblit ; l'illufion fe diffipe, & dans
la gêne & l'obfcurité où ils font, on leur a ôté
la faculté de la ramener par leurs preftiges accoutumés. D'ailleurs, le moment ne fut jamais fi
opportun : ils regardent le Pape comme leur étant
dévoué ; il peut mourir, ou l'on profitera de fa
foibleffe pour changer fes difpofitions favorables.
Ils voient que le Gouvernement eft prêt de changer en Portugal, & fe perfuadent que le Miniftere

actuel d'Espagne leur est moins opposé; ils comptent sur des protecteurs nombreux, zélés, puissans en France, sous un Prince qui ne peut pas les connoître comme son auguste ayeul, qui a l'ame trop belle pour soupçonner chez eux des forfaits qu'on lui aura laissé ignorer, & qui ne verra dans les Jésuites que des individus malheureux, suspects au Gouvernement en corps; isolés, dignes de sa commisération & de ses bontés. Mais leur grand espoir est dans l'affaissement universel qui s'est découvert durant la révolution la plus importante, la plus capable de rendre son énergie à la nation, s'il lui en restoit encore, affaissement qui se manifeste dans la magistrature même, dans leurs propres ennemis; puisque le Parlement, depuis son retour d'une dispersion qu'eux seuls avoient provoquée, n'ose satisfaire sa vengeance la plus légitime, en remplissant son devoir, en mettant en vigueur les loix portées contre la Société.

Cependant, plus les circonstances sont favorables aux Jésuites, plus il faudroit déconcerter leurs desseins par une résistance vigoureuse. Deux moyens suffiroient: procurer l'enregistrement du bref, & exiger le serment ordonné par les arrêts du Parlement.

Par cette tournure très-simple & très-légale, on remédiera à tous les inconvéniens de leur demeure en France; on les empêchera de se réunir pour intriguer & cabaler. Ils n'entretiendront plus à Paris le foyer d'une fermentation dangereuse;

ils ne tiendront plus à Lyon des affemblées réglées de gouvernement & de comptabilité; ils n'auront plus de centre de commerce, de correfpondance fuivie; ils apprendront enfin, par cette fermeté, que la perféverance à repouffer l'inftitut, eft auffi infatigable, que leur opiniâtreté à vouloir demeurer comme Jéfuites dans un Etat qui les a profcrits.

Je ne manquerai pas, Milord, de vous inftruire de l'iffue de cette crife où fe trouvent les Jéfuites, crife auffi importante pour eux, que pour nous celle où nous fommes; & je crains bien qu'avec plus de moyens, & de reffources pour en fortir, nous n'ayons comme eux une opiniâtreté moins glorieufe & plus funefte.

L E T T R E XII.

Sur M. Delifle de Salces, & fur fon livre de la Philofophie de la Nature.

Vous me demandez, Milord, de vous envoyer le livre de la *Philofophie de la nature*. Vous en avez ouï-parler à M. Linguet depuis qu'il eft à Londres; il en dit beaucoup de mal, & c'eft un motif de plus pour redoubler votre curiofité, parce que vous vous doutez bien au titre, que la partialité l'anime en cette occafion, ce qui lui arrive fréquemment. J'ai en vain follicité différens colporteurs de me le chercher; comme l'Auteur vient d'être condamné par le Châtelet (1) à une peine infamante, ils n'osent le vendre à préfent, & ils attendent l'arrêt plus mitigé du Parlement, où le procès est par appel. J'ai eu recours pour vous fatisfaire à un homme de lettres (2), chargé d'une bibliotheque confidérable : il n'a pu me le procurer à acheter; mais il m'a offert de me le prêter à lire & l'étaloit déjà même à mes yeux, lorfqu'il a remarqué mon effroi à l'afpect de fix volumes fur pareille matiere. Il a eu pitié de mon embarras, m'a tiré de fon fecrétaire un extrait de l'ouvrage qu'il avoit préparé, non pour la feuille hebdomadaire qu'il rédige, (3) trop fuccinte, ni pour un autre journal de ce pays-ci où l'on ne l'auroit pas laiffé inférer, mais pour être adreffé à quelque journal étranger : il n'a point répugné à me le confier, & je vous en fais part jufqu'à ce que je puiffe vous adreffer le livre même.

Ce critique voulut bien avant, me donner quelques notions préliminaires fur le Philofophe & fur le traité qu'il a publié. Voici tout ce qu'il m'en apprit : M. Delifle de Salces, forti de l'Oratoire peu après y être entré, fe trouva par fes liaifons initié dans la fociété de M. Helvetius, & s'y in-

____

(1) Suivant la fentence du 21 Mars, M. Delifle eft condamné à un banniffement perpétuel.

(2) M. Meunier de Querlon, qui a foin de la bibliotheque de M. Beaujon.

(3) Les affiches de Province.

fecta bientôt de la nouvelle philofophie (1), qui
a tant d'attraits pour les jeunes gens avides de célébrité ; il voulut faire fes preuves ; de là eft né
l'ouvrage en queſtion, auquel on prétend que fon
patron a beaucoup contribué. A l'exemple de celui-
ci, s'embarraffant peu des fuites, il ne chercha
qu'un Cenfeur facile qu'il pût abufer : il fut auffi
heureux ; mais plus adroit d'abord en ce que,
malgré quelques murmures de la part du Clergé,
& même malgré des alarmes jetées parmi les Magiftrats, il échappa à l'une & à l'autre flétriffure.
Cependant M. Delifle, ne connoiffant pas encore
le prix du repos, fut vraifemblablement fâché de
ne pas caufer le bruit qu'il defiroit ; il entreprit
une nouvelle édition de fon ouvrage, augmenté
de moitié & renforcé de tout ce qui pouvoit lui
donner plus de piquant. N'étant pas affez content
de la bonhommie du premier Cenfeur, il trouva
le fecret, en dénaturant le titre, de s'en faire
nommer un pris dans la claffe chirurgicale (2).
Après avoir ainfi fait adopter du nouveau, qui
n'étoit pas théologien, tout ce qu'il voulut, il ré-
tablit le vrai titre & crut obtenir une plus grande

---

(1) Il faut obferver, que M. de Querlon, à raifon de fa
feuille, eft obligé de déclamer fouvent contre les Philofophes & la philofophie, enforte qu'il en a contraĉté l'habitude, mais, au fond, il fait bien à quoi s'en tenir, & il
leur rend juftice.

(2) M. Delifle avoit intitulé fon nouvel ouvrage : *Anato-
mia du corps humain.*

vogue: ou plutôt il efpéra que l'ouvrage fe ven-
droit & que la feconde édition feroit paffer la premiere encore toute entiere chéz l'Imprimeur. En
effet, depuis que fon livre, graces aux propofitions erronnées, aux paradoxes hardis, aux di-
greffions agréables ; aux peintures voluptueufes
dont il l'a enrichi, a mérité l'attention des Magiftrats, qu'il a été lacéré, brûlé, tout le monde
le recherche & defire s'en pourvoir; mais, malgré cette renommée bruyante après laquelle il afpiroit, je crois que l'Auteur, plus véritablement philofophe qu'il ne l'étoit lorfqu'il a compofé fon traité,
regrette fincerement cette obfcurité dont il gémiffoit.

Au refte, m'ajouta le critique, pour vous éviter la peine de lire ces fix volumes trop longs &
trop ennuyeux, pour que vous ne foyez pas obligé
de vous en rapporter à mon extrait, & puiffiez
juger l'homme par vous même, tenez, voilà un
petit volume fort élegant, fort agréable qui n'a
que 64 pages, & dont la préface feule de la compofition de M. Delifle en a 24; lifez-la & c'en eft
affez; vous faurez alors à quoi vous en tenir fur
cet enthoufiafte, tête chaude, imagination vive,
& très digne d'être le difciple de M. Diderot plus
que de M. Helvetius.

Ce livre, Milord, avoit pour titre, *Mélanges
de Mad. la Comteffe de Vidampierre*, lefquels accou-
plés avec plufieurs morceaux étrangers, auroient
dû plutôt s'appeler mélanges de divers Auteurs.
Ces riens confiftent uniquement en trois ou quatre
opufcules où il y a des graces & de la facilité; mais

qui ne peuvent mériter à cette virtuofe d'être pla·
cée au-deffus de Mad. Deshoulieres, ainfi que le
veut l'emphatique Editeur. Sans difcuter le motif,
louable fans doute, dont on le dit animé, de vou·
loir procurer quelque argent à une femme de qualité dans l'indigence, l'appareil impofant de toute
cette charlatannerie me fit rire, & me confirma
effectivement dans l'opinion que le critique m'en
avoit donnée. Au refte, jugez à votre tour, Mi·
·lord, & voici l'analife annoncée *de la Philofophie
de la Nature*. L'Auteur me prévint qu'il n'em·
braffoit guere que les trois premiers volumes, ceux
fur lefquels a porté plus fpécialement la condam·
nation, & d'ailleurs les plus capables de convenir
à tous les lecteurs. C'eft lui qui va parler.
„ Etudier en grand, Dieu, l'homme & la na-
„ ture, telle eft la Philofophie que l'auteur a eu
„ en vue." Elle peut fe divifer en deux parties:
l'une renfermant les quéftions curieufes, & l'autre
les quéftions utiles. Il laiffe les premiers à réfoudre aux contemplateurs oififs qui ont blanchi dans
les rêves de la métaphifique; il ne s'occupe que
de la feconde, comprenant la morale de l'homme,
c'eft-à-dire fes devoirs envers Dieu, envers lui·
même & envers la Société. C'eft proprement le
droit naturel, dont l'Europe, fuivant lui, demande
depuis longtems un traité élémentaire, qui raffem-
ble les vérités éparfes dans les immenfes differta-
tions des *Puffendorf*, des *Cumberland* & des *Bur·
lamaqui*; qui rectifie ces hommes célebres & qui
les faffe oublier. Pour éviter toute difcuffion avec

les Prêtres & les Théologiens, il prévient que la religion révélée n'entre pas dans le plan de son ouvrage. Après cette précaution, dictée par la prudence, mais rarement suffisante, il entre en matiere, il pose ses principes.

1°. L'univers ne peut exister sans ordre, sans un concert invariable de toutes ses parties ; tous les êtres sont soumis à une harmonie primitive, à des loix naturelles auxquelles ils obéissent aveuglément, sauf l'homme, qui, en sa qualité d'être libre & intelligent, peut les violer.

2°. S'il y a une nécessité générale de loix naturelles pour l'univers, il y a une nécessité particuliere du droit naturel pour l'homme. Il ne s'est pas donné l'être, donc il y a des rapports de reconnoissance & de devoir envers son Créateur : il est intéressé à sa propre conservation ; mais elle est liée à une suite d'actes qu'il ne peut remplir seul. De là son besoin perpétuel de la société ; ainsi il y a un ordre de devoir qui le lie à ses égaux.

3°. Le droit naturel a existé antérieurement à tout système humain : il est des choses dont l'essence est de devoir être faites, comme il en est d'autres dont l'essence est de devoir être crues.

4°. Ce droit naturel consiste dans des principes éternels & primitifs, dérivant de la constitution de l'être & le conservant, ou, dans un sens plus particulier à l'humanité, il est l'assemblage des loix fondées sur les rapports de bienveillance mutuelle qui réuniffent l'homme à Dieu, & l'homme à l'homme.

5°. Ces loix naturelles font écrites dans le cœur de l'homme. En effet, il exifte un inftinct moral, ou une faculté de l'ame, qui difcerne le bien & le mal moral fans le fecours du raifonnement. C'eft un fixieme fens plus excellent que les autres, qui ne confervent que les individus, tandis que celui-là conferve l'efpece humaine.

6°. L'exiftence du droit naturel fe démontre par fon infraction même.

7°. Il exifte un Etre Suprême. Toutes les lumieres de notre efprit & toutes les facultés de notre ame fe réuniffent à nous le perfuader; mais nous ne pouvons le comprendre. Si nous venions à pénétrer fon effence, nous ferions égaux, & il n'exifteroit plus.

8°. Deux objets de bienveillance dans le genre humain : nous mêmes, & les autres. L'amour de foi eft la bafe de tous les vices, comme la fource de toutes les vertus. Il eft criminel, quand il fe concentre en lui-même, puifqu'il travaille à fa propre deftruction; il eft louable, quand il s'étend aux autres, puifqu'il favorife fa propre confervation.

Tel eft le réfumé du premier livre de l'ouvrage, que le Philofophe termine par le foliloque fuivant.

„ Moi qui dis, je veux vivre, j'ai autant de „ droit que celui qui dit, je veux mourir: qui

» donc fera le juge entre nous deux ? — On a
» répondu avant moi : ce ne peut être l'homme;
» mais ce fera l'humanité : c'eſt à la volonté gé-
» nérale que l'individu doit s'adreſſer pour ſavoir
» juſqu'où il doit être ami, fils ou citoyen.

» De cette idée lumineuſe dérivent tous les
» devoirs de ſociabilité. Mon bonheur eſt eſſen-
» tiellement lié avec celui des êtres qui m'envi-
» ronnent. — Je ceſſe d'être homme en ceſſant
» d'être utile. — Aimer la philoſophie n'eſt point
» fuir le genre humain. — La parfaite indiffé-
» rence dégrade l'homme auſſi bien que la divi-
» nité d'Epicure.

» Comme membre d'une ſociété très-bornée,
» je maintiendrai dans ma famille l'harmonie qui
» conſerve l'univers; je me ſacrifierai pour mon
» pere & même pour mes enfans, juſqu'à ce
» qu'ils ſoient en âge de ſe ſacrifier pour moi.

» Comme membre d'une ſociété plus étendue,
» je concourrai à la gloire de ma patrie & à ſa
» félicité, je vivrai pour la défendre; & je mour-
» rai avec ma famille pour la ſauver.

» Enfin, comme citoyen de l'univers, j'em-
» braſſerai tous les hommes dans ma bienveillan-
» ce; &, s'il étoit poſſible que leur intérêt fût
» eſſentiellement oppoſé à celui de mes conci-
» toyens, j'immolerois ſans balancer ma patrie,
» ma famille & moi-même à la félicité du genre
» humain.»

L'auteur de la Philoſophie de la Nature, après
avoir établi ſes axiomes dans ſon premier livre,

en tire les corollaires dans les livres fuivans. Le fecond traite de l'homme en rapport avec Dieu. Il examine d'abord fi le théifme, c'eft-à-dire l'adoration d'un Etre Suprême, eft néceffaire à l'homme; enfuite s'il fuffit, & s'il ne faut pas y joindre un culte; &, pour réfoudre affirmative-ment ces deux queftions, il met en fcene un théifte & un athée, & puis le même théifte & un chrétien. Et, fans s'ouvrir parfaitement, il laiffe conjecturer que, fuivant lui, tous les cultes font égaux: ce qui amene une digreffion fur la fuperftition, qu'on fait être des abus dans le culte, abus qui découlent néceffairement de la confiance trop aveugle dans les Prêtres, intéreffés à les in-troduire pour accroître l'imbécillité du peuple & leur autorité. De la fuperftition eft né le fana-tifme, que l'Auteur définit: *la religion des petits efprits qui ont la tête chaude.* C'eft lui qui a fait immoler à Dieu des victimes humaines; qui a or-donné les meurtres; qui les a confacrés par les loix; qui a armé les nations entre elles; qui a caufé les guerres civiles & les maffacres; qui à établi le mahométifme, les croifades; qui a dé-vafté les deux Indes, & qui du Nouveau-Monde revenant en Europe, a fait couler le fang de tant de milliers de Proteftans en France, de tant de malheureufes victimes péries dans le maffacre d'Irlande. C'eft l'auteur de cette confpiration générale & foutenue contre les Juifs, des défaftres qu'ils ont effuyés dans ce continent fous l'Empire Romain, fous les Califes, en Allemagne, en Italie, en Espagne, en Angleterre, chez nous & jusqu'en Perse. C'est enfin lui qui a élevé le tribunal de l'inquisition. Il n'est pas jusqu'à la philosophie dont il emprunte le manteau, & s'il n'est pas aussi dangereux sous ce travestissement, il est toujours redoutable & funeste.

Dans le troisieme livre, le Philosophe considere l'homme en lui-même. La nature lui crie de chérir son existence & d'être heureux; car il s'aime & s'aime légitimement. Voilà le fondement de sa morale. Mais en quoi consiste pour lui le bonheur? Il le connoîtra, s'il n'altere point l'organisation de son corps, s'il dirige son entendement à la vérité; & s'il exerce sa volonté à la vertu. Pour parvenir au développement de ses trois assertions, l'Auteur traite de l'ame & de ses attributs, du corps, des sens, des passions; &, comme dans ces longs détails nous ne voyons rien de bien neuf, aucune découverte, & que nous y observons seulement, au contraire, le résumé des meilleurs livres écrits sur ces objets, nous aimons mieux faire connoître la maniere de l'Ecrivain, plus piquante que celle de tant d'ennuyeux Métaphysiciens, qui l'ont précédé dans cette carriere. Il n'a point la tête fortement organisée, comme l'Auteur hardi du *Systême de la Nature*: il n'a point la logique pressante du savant académicien auquel on attribue *la lettre de Trasybule à Leucippe*: (1) il n'a point les graces &

____

(1) Freret.

l'enjouement du Philofophe aimable qui a compo-
fe le *livre de l'Efprit*; mais il a l'imagination exal-
tée, beaucoup de fenfibilité, & paroît le difciple
de ce dernier, fur lequel on voit qu'il a voulu fe
modeler.

Comme M. Helvetius, pour éviter la féche-
reffe & la profondeur des raifonnemens trop di-
daftiques fur des matieres déjà obfcures & arides,
il a recours aux faits hiftoriques, aux anecdotes
& quelquefois aux contes. Pour animer fon dis-
cours, ou pour éviter de difcuter lui-même, au
lieu de differter pefamment, il met des interlocuteurs en fcene & forme des dialogues. Enfin, il
enrichit fon ouvrage de morceaux littéraires, de
traduftions en profe & en vers des Auteurs anciens, latins & même grecs, & partout il étale
tour à-tour l'érudition & le bon goût. Nous
allons choifir quelques endroits propres à donner une idée de fon travail.

Dans l'article qui concerne l'examen des abus
de la religion naturelle, après avoir parlé de
différentes fectes fingulieres, il cite les Quakers,
& ce morceau eft encore plus curieux dans la
circonftance.

„ Si l'on pouvoit féparer un moment la révé-
„ lation, qui fait un fondement du Quakérifme,
„ de fes principes naturels, je n'héfiterois pas à
„ citer ces Sectaires après les Guanches, les Par-
„ fis & les Lettrés de la Chine.

„ Les Quakers doivent leur nom & leur répu-
„ tation à quelques ufages abfurdes qu'ils ont
„ adop-

,, adoptés, & non aux fervices effentiels qu'ils
,, rendent au genre humain. Ils portent tous un
,, habit fans plis & un chapeau fans ganfe; quel-
,, ques-uns tombent fréquemment en extafe &
,, appellent le Saint-Efprit au milieu des convul-
,, fions. Voilà des fingularités aux yeux des Phi-
,, lofophes. Mais ils fuivent dans la vie les prin-
,, cipes de la morale la plus pure; ils refufent
,, de tremper, de quelque maniere que ce foit,
,, leurs mains dans le fang des hommes; ils vou-
,, droient nous ramener tous à l'égalité primitive
,, de la nature, & c'eft une fingularité encore
,, plus grande aux yeux des gens du monde.

,, Le Quakre eft un fectaire pieufement abfur-
,, de, qui fait confifter fa philofophie à infpirer
,, les mœurs & à choquer les ufages; c'eft un
,, Diogene qui éclaire les Athéniens du fond de
,, fon tonneau.

,, Ces fectaires regardent la guerre comme un
,, outrage fait à l'humanité; ils croient avec les
,, Guanches & les Lettrés de la Chine, que l'hom-
,, me de la nature doit toujours être en paix; ils
,, ne fe battent jamais, non pas parce qu'ils font
,, des lâches, mais parce qu'ils ne font pas des
,, tigres. Ces principes paroiffent hardis, mais
,, ils ne peuvent guere être réfutés que par les
,, fophifmes de Hobbes & les manifeftes de la
,, plupart des Rois.

,, Leurs dogmes fur l'égalité primitive ne font
,, pas deftucteurs: ils tutoient tout le monde;
,, mais ils ont plus d'humanité que le courtifan

„ qui complimente : ils voudroient que la terre
„ entiere ne formât qu'une même démocratie ;
„ mais ils obéiffent à des Rois : ils condamnent les
„ impôts, & les payent. Les Quakers n'excite-
„ ront jamis de troubles dans les Etats ; mais
„ s'ils étoient Souverains, le monde n'en feroit
„ pas plus mal gouverné.

„ Tel eft le portrait de ces finguliers fectaires.
„ Croiroit-on cependant que David Hume, le
„ Tacite de l'Angleterre, a ofé leur donner le
„ nom de fanatiques ? Comment la belle ame de
„ cet Ecrivain a-t-elle adopté une calomnie ?
„ Comment un appréciateur fi éclairé du mérite
„ des hommes, a-t-il donné le nom de fanati-
„ que à l'éternel ennemi du fanatifme ?

„ Le Quakerifme ne s'eft pas répandu fans
„ obftacle. On joua les premiers fectaires fur
„ les théâtres de Londres : Charles premier les
„ perfécuta ; Cromwel tenta de les corrompre ;
„ mais ils méprifèrent la fatire, refufèrent les
„ guinées & bravèrent les tourmens.

„ Les Quakers prirent naiffance en 1643.
„ Le fils d'un artifan, Georges Fox, en fut le
„ fondateur : c'étoit un enthoufiafte fans talens ;
„ mais on fait qu'il ne faut pas beaucoup de
„ génie pour confoler les malheureux & pour
„ prêcher aux hommes la morale de la nature.

„ Ce Fox, homme du peuple, vit bien qu'il
„ ne tireroit fes profélytes que de l'ordre du
„ peuple ; il eut recours à des extafes ; il fup-
„ pofa des révélations ; il tenta même d'opérer

„ des prodiges. Cependant il étoit dupe plu-
„ tôt que fripon. Auſſi Cromwel, à qui il
„ reſſembloit tant, ne put en faire ni un fanati-
„ que, ni un régicide.

„ Fox ne fit que préparer les matériaux du
„ grand édifice du Quakeriſme : cet enthouſiaſte
„ avoit rompu, d'une main tremblante, dans un
„ animal dégénéré, les chaînes de la domeſtici-
„ té. Après lui vint un homme de génie qui
„ lui apprit à faire uſage de ſes facultés, & lui
„ rendit toute l'énergie de ſa nature.

„ Cet homme qui eut l'art de métamorphoſer
„ des enthouſiaſtes en Philoſophes, eſt Guillaume
„ Pen. Ce Solon Anglois étoit fils d'un Vice-
„ Amiral de la Grande Bretagne. Le Gouverne-
„ ment lui céda, en 1680, la ſouveraineté d'une
„ Province du Nouveau-Monde, ſituée au Sud
„ du Mariland. Le Monarque quaker donna à
„ ſes Etats le nom de Penſylvanie, bâtit la ville
„ floriſſante de Philadelphie, raſſembla dans ſes
„ murs vne colonie de nouveaux ſectaires, ſe
„ fit adorer des Américains, & réaliſa, peut-
„ être, la République de Platon.

„ Pen, qui pouvoit être Roi de la Penſyl-
„ vanie, ſe contenta d'en être le Légiſlateur.
„ La premiere de ſes Loix eſt remarquable; elle
„ ordonne de regarder comme ſon frere tout être
„ qui croit un Dieu. L'Amérique étonnée com-
„ para ce grand homme avec Pizarre, & elle ſou-
„ pira ſur la cendre de dix millions d'hommes
„ égorgés dans ſon ſein par le fanatiſme.

„ Hommes durs & infenfibles qui protégez les
„ loix barbares qui vous ont fait defpotes, raillez
„ les Quakers & leurs admirateurs; mais ne les
„ perfécutez pas: défendez les loix des hommes;
„ mais refpectez la loi de la nature; & fachez
„ que quand la tombe aura mis de l'intervalle
„ entre *vous* & *vos* adulateurs, la poftérité ne
„ balancera pas à mettre *Pen* au - deffus du
„ vulgaire des Rois!"

Nous voudrions, fi fa longueur ne nous en
empêchoit, rapporter une converfation entre
un Parifien & un Caraïbe; l'objet du point de
morale qu'elle traite eft de prouver que nos organes fe fortifient par l'exercice & fe détruifent
par l'excès; & ce dialogue, quoique lefte, vraiment philofophique, donne plus à penfer, prouve plus que les raifonnemens méthodiques d'un
froid logicien.

A l'article des fens, l'Auteur, pour prouver
que la fenfibilité eft le plus bel attribut de l'homme, eft proprement ce qui conftitue fon effence,
établit une correfpondance entre Fontenelle, le
plus impaffible, & le Docteur Yong, le plus
vaporeux des Philofophes. En lifant ces lettres,
on voit qu'il a parfaitement bien faifi le génie &
le ftyle de ces illuftres adverfaires.

M. Delifle eft auffi Poëte, & nous ne pouvons
nous empêcher de tranfcrire le morceau fuivant
par lequel on connoîtra fon talent en ce genre.
Nous fuppofons qu'il eft de lui, puifqu'il ne cite
pas d'autre Traducteur; & qu'il rapporte le texte

grec, comme pour mettre le lecteur à portée de comparer. C'eſt un fragment d'Orphée, où l'on trouve des idées ſublimes ſur la Divinité.

Ce Dieu, peuple du Nil, qui regne ſur vos maîtres,
Eſt lui ſeul la racine & la tige des êtres ;
Sa main ſoutient le ciel, la terre & les enfers ;
La matiere & l'eſprit partagent ſon eſſence ;
Il unit les anneaux de cette chaîne immenſe
Qui de l'aſtre à l'atôme embraſſe l'univers ;
De l'être organiſé, ſa voix produit le germe,
Il en eſt le principe auſſi bien que le terme ;
Le ſage de Memphis l'apperçoit tour à tour
Dans le flambeau des nuits, & dans l'aſtre du jour ;
La terre de ſon ſein déployant la parure,
L'onde qui rafraîchit l'émail de la verdure,
Le feu qui de nos ſens entretient la vigueur,
Tout aux yeux éclairés peint un premier moteur.
Dieu vient comme un époux ſéconder la nature,
Il s'annonce aux ingrats, mais en les foudroyant ;
Il parle, & ſes décrets font paſſer ſans murmure
Ou du néant à l'être, ou de l'être au néant.

On ne peut diſſimuler qu'il regne un très-grand défaut dans tous les morceaux littéraires ainſi enchaſſés dans l'ouvrage en grand nombre : c'eſt qu'ils ſont trop longs, trop multipliés, quelquefois peu conſéquens, enſorte qu'on ſeroit tenté de croire que le Traité de Morale à été pour les encadrer, plutôt que ceux-ci n'ont été imaginés pour les adapter à l'ouvrage. „ C'eſt en „ ce point ſurtout que l'éleve s'eſt fort écarté de „ ſon maître Tous les petits contes, toutes „ les hiſtoriettes ſont courts, & comme fondus

,, d'un feul jet avec le corps ent'er de fon
,, livre.

Ici finit , Milord., l'extrait de mon Journalifte:
il regarde les trois autres volumes comme beaucoup moins intérreſſans, comme trop fcientifiques
même en beaucoup de chofes. Ils roulent fur la
théorie du corps humain, fur les queftions de la
circoncifion , de l'onanifme, & quoiqu'il com-
plettent cette partie du droit naturel entrant dans
le plan de l'Auteur, qui regarde les devoirs de
l'homme envers Dieu & envers lui - même, on
peut les regarder auffi comme un ouvrage détaillé de fon propre aveu, ce qui annonce peu de
cohérence entre les parties du tout, & confirme
les foupçons du faifeur de l'extrait.

Paris, 21 Avril 1777.

F I N du cinquième Volume.

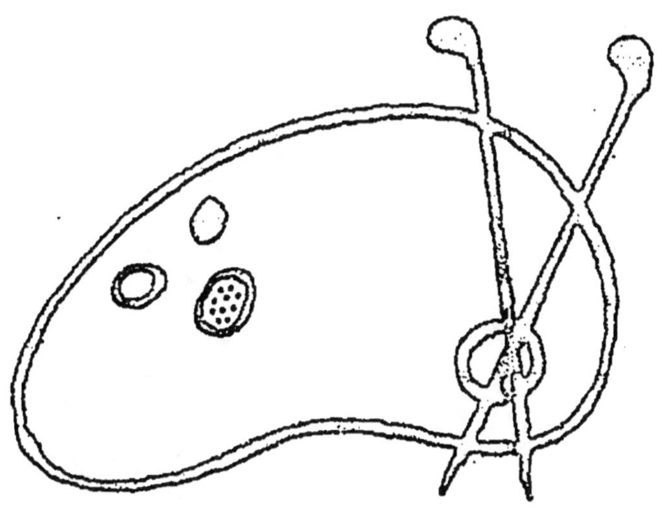

Original en couleur

NF Z 43-120-8